中国少数民族设计全集

The Design Collection of Chinese Ethnic Minorities

鄂伦春族

中国少数民族设计全集编纂委员会 编

山西人民出版社　人民美术出版社

图书在版编目（CIP）数据

中国少数民族设计全集. 鄂伦春族/中国少数民族设计全集编纂委员会编；张泽国等著. —太原：山西人民出版社，2019.10
ISBN 978-7-203-11108-5

Ⅰ. ①中… Ⅱ. ①中… ②张… Ⅲ. ①鄂伦春族－民族文化－研究－中国 Ⅳ. ① K28

中国版本图书馆 CIP 数据核字（2019）第 229212 号

中国少数民族设计全集. 鄂伦春族

编　　者：中国少数民族设计全集编纂委员会
著　　者：张泽国　等
责任编辑：席　青
复　　审：冯　昭
终　　审：秦继华
装帧设计：谢　成

出 版 者：山西人民出版社　人民美术出版社
地　　址：太原市建设南路 21 号
邮　　编：030012
发行营销：0351－4922220　4955996　4956039　4922127（传真）
天猫官网：https://sxrmcbs.tmall.com　电话：0351－4922159
E — mail：sxskcb@163.com　发行部
　　　　　sxskcb@126.com　总编室
网　　址：www.sxskcb.com

经 销 者：山西出版传媒集团·山西人民出版社
承 印 者：山西出版传媒集团·山西新华印业有限公司

开　　本：889mm×1194mm　1/16
印　　张：19
字　　数：225 千字
印　　数：1—1 000 册
版　　次：2019 年 10 月　第 1 版
印　　次：2019 年 10 月　第 1 次印刷
书　　号：ISBN 978-7-203-11108-5
定　　价：270.00 元

如有印装质量问题请与本社联系调换

中国少数民族设计全集编纂委员会

总 主 编（按年龄排序）
张夫也　王立端　戴晋明　廖　军　王　琥　李豫闽　过伟敏　顾　平
王　强　李　岗

执 行 主 编　王　琥

编 务 统 筹　张明山

中国少数民族设计全集编辑工作委员会

主　　任　刘伟冬

编　　委（排名不分先后）
王　琥　王　峰　王　强　王立端　王浩滢　白　波　过伟敏　许　星
许边疆　李　岗　李　丽　李豫闽　成光虎　肖　飞　余　强　汪传跃
罗　力　杨明朗　陈　述　陈见东　邱　珂　胡万明　顾　平　郑　静
郭立忠　姬　莹　张夫也　张泽国　张明山　张秋平　张耀引　梁盛平
樊　进　谢　玮　熊　伟　熊　微　熊建新　蔡克中　葛　芳　鞠　斐
魏　洁　廖　军　戴晋明

中国少数民族设计全集出版工作委员会

主　　任　胡彦威　周　伟
执 行 主 任　姚　军　欧京海
编 务 统 筹　阎卫斌　周小龙
编　　辑（排名不分先后）
王新斐　史美珍　冯　昭　冯灵芝　吉　昊　吕绘元　刘小玲　任秀芳
孙　琳　孙宇欣　李广洁　李建业　李　靖　员荣亮　张小芳　张志杰
张书剑　何赵云　陈俞江　吴春华　武　静　周小龙　柳承旭　郝文霞
赵　玉　赵晓丽　席　青　秦继华　高　雷　郭向南　阎卫斌　崔人杰
傅晓红　蔡咏卉　翟丽娟　樊　中　薛正存　魏　红　魏美荣

整 体 设 计　谢　成

中国少数民族设计全集·鄂伦春族

本册著者 张泽国　谢　玮　白　波　张　晶　王成玥　张　哲
　　　　　　霍　雯　任静莉　袁　玲　樊　婧　刘　洋
参与撰写 郭立忠　宋　云　郑晋仙　陈　峰　刘岳明　郭雨薇
　　　　　　林　森　钟　帅　苗雨晴　朱文静　贾西萍　崔云晶
　　　　　　彭　洁　王　萍　王佳欣　方亭月　徐文静　奥　霞
　　　　　　陈　丹　安夏雪　单　诗　李　飞　石玉婷　张　鹏
　　　　　　马江浩　刘　畅　许梅霞　刘嘉琪　王雨迪　王瑞宇
　　　　　　王哲哲　牛　信　李　栋　杨宇辉　张智龙　潘云婷
　　　　　　刘慧媛　卢　磊　张洪庆　黄星星　杨国林　候　瑞
　　　　　　杨　林　王丙懿　王　晗　金成虎　杨明华　马　倩
　　　　　　孙纪鹏

求同存异　和合共荣

刘伟冬

中华民族，是一个由56个民族组成的大家庭。在漫长的文明发展史中，汉族和各少数民族都为中华文明的繁荣发展贡献了自己的聪明才智。纵观中华文明史，其实就是一部各族群之间"求同存异，和合共荣"的文化演进史。

从根子上讲，4000年前的"中国"，仅指北方中原地区，居住在这里的相传是上古时期黄帝部落和炎帝部落的后裔，故而自称"炎黄子孙"。其时的"中国"，不过是黄河中下游（西起陇山，东至泰山）区域。在千年发展与民族融合之后，尤其是晋末"衣冠南渡"，南迁的中原汉族与南方百越民族彻底融合，来自北方的鲜卑等民族融入汉族，使汉族前所未有地壮大发展，逐渐形成后来疆域辽阔、人口众多、物产繁盛、文化昌明的中华民族的主体族群。特别值得强调的是，自从作为一个民族整体之后，中华民族就从未中断过自己的民族发展史——这在世界历史上是硕果仅存、独一无二的。

中华民族具备兼容并蓄、虚心好学的民族天性。仅以设计学范畴的事例讲：在数千年文明发展历史中，中华民族在不断向外输出优秀的文明成果（如烧造之陶瓷砖瓦、营造之榫卯斗拱、织造之丝绸刺绣、锻造之"失蜡"分模等），影响全人类的日

常生活与生产方式的同时，也不断地吸纳域外各民族的优秀文明成果，如汉魏之印度佛教和西域音乐、隋唐之西亚服饰和家具、宋元之东洋印染和漆艺、明清之西洋机器与建筑……在中华民族内部，这样的文化交流更是从未停止过，而且是风生水起、枝繁叶茂，愈发流畅、深入，中华民族各族群之间"求同存异，和合共荣"的文化大演进，共同创造了中华民族极为灿烂辉煌的造物文明历史。仍以设计学范畴为例：原本是匈奴人发明的单足绳圈，被晋代的汉族人设计成铁质双镫；最早是鲜卑人原创的毡毯卷边，被晋代的汉族人改造成"高桥马鞍"，这宗中国式马具设计案例，被誉为"13世纪中国传入欧洲的最重要文化成果"（李约瑟语）。再如，西域（今新疆地区）是全世界最早的皮靴生产地，哈尼族为主的红河地区出现了全世界最早的梯田。再如，全世界最早的"干栏式建筑"和全世界最早的稻米人工育种、栽培，均起源于长江中下游的百越地区；全世界最早的竹藤编结器物起源于闽越地区……由中华民族共同创造、发明，后来又影响了全人类文明进程的优秀造物设计案例很多，不胜枚举。几千年中华民族的文明史，就是各种文化多元融合、共同发展的最好例证。不了解中华民族内部各族群的文明交流史，就无法真正理解中国文化史，也不能理解为什么中华民族总是能在逆境中成长强大。甚至可以说，能否完整地理解中华民族的文化史，是检验每一个当代中国知识分子（特别是文史哲专业的学者）文化立场的"试金石"。

随着改革开放的逐渐深入，各民族地区的经济与社会状态已发生了天翻地覆的变化。令人遗憾和担心的是，由于各地区政策执行力度不平衡，保护措施不得力，少数民族的文化特性正在逐步衰退，有些地区的少数民族文化特征甚至已经消失殆尽，仅仅存在于徒具形式，充满口号、标语的民族文化村旅游景点中。有学者预言，再不加快整理抢救工作，中国的少数民族可能在物质形态和文化内涵的特征上，若干年后将不复存在。

从少数民族地区反映古代中国社会某些面貌的文化遗存看，这些少数民族之所以一直与汉族地区差距巨大，存在多方面的原因，其中历代汉族统治者对少数民族的歧视政策是主要原因。此外这些地区本身就处于偏僻荒地，不是沙漠就是山区，自然条件远不及汉族聚集地区，社会发展水平滞后。20世纪50年代，有相当比例的少数民族在当时仍处于原始农耕社会或奴隶制社会，不要说通电、通水、通汽车，不少人一辈子连铁器长什么样都没见过。部分少数民族聚集地的各种自然条件也较差，缺肥少水，基本生活来源，一靠老天爷恩赐的"望天收"农作物；二靠家庭手工作坊制作些竹藤编结物和土织、土陶等土特产来换取粮食；三靠养猪、兔、羊和鸡、鸭、鹅等家禽来换取日用品，如灯油、农具、衣物和油盐酱醋等；四靠为土司、头人和大户们出卖劳力（社会底层奴隶身份），年老即被抛弃。中华人民共和国成立后，党和政府在这些地区实行社会主义改造，打倒以土司、巫师和头人为首的剥削阶级，将土地和生产资料一律收归集体所有，解放了全体少数民族民众，使他们历史上第一次有了自由劳作和生活的权利。

中华人民共和国成立之初，党和政府就高度关注民族事务问题，为如何保护、关心各少数民族制定了一系列方针、政策，也为当代中国社会处理民族问题、保护民族文化树立了光辉典范。中央人民政府政务院于20世纪50年代初发布了《关于民族事务的几项决定》，为新中国民族政策奠定了最初的思想基础，其主要内容是：一、各大行政区军政委员会（人民政府）须指导各有关

省、市、行署人民政府认真推行民族区域自治及民族民主联合政府的政策和制度，并随时向政务院报告推行经验，请示者须事前向政务院请示。二、各大行政区军政委员会（人民政府）须指导各有关省、市、行署人民政府认真并有计划地实行政务院在1950年颁发的《培养少数民族干部试行方案》，并将该项工作进行情况定期加以检查，每半年向政务院报告一次。中央民族学院及西北、西南、中南各军政委员会和新疆省人民政府的民族学院，必须依计划实行，并向政务院报告。三、政务院于1951年下半年适当时间将同时召开有关少数民族的卫生、教育及贸易三个专业会议，责成政务院文教委员会、中财委指导中央卫生部、教育部、贸易部开始筹备，并责成中央民族事务委员会协助进行。有关部门如农业部、文化部也须派人参加。四、责成中央人民政府各委、部、会、院、署、行注意建立有关民族事务的业务。五、在政务院文教委员会内设民族语言文字研究指导委员会，指导和组织少数民族语言文字的研究工作，帮助尚无文字的民族创立文字，帮助文字不完备的民族逐渐充实其文字。六、扩大中央民族事务委员会委员名额，责成中央民族事务委员会提出补充名单的建议，并于1951年下半年召开中央民族事务委员会扩大会议，检查与总结关于推行民族区域自治及民族民主联合政府的经验。

20世纪50年代，中央人民政府和政务院，曾多次组织"中央慰问团""土改工作队"和"普查工作队"等，花费大量人力和物力，深入各少数民族地区，进行了大量较为翔实的社会历史调查。50年代这轮由政府统筹、由中央民委组织行政领导和人类学、社会学专家学者以及民族同志组成工作队与考察队的少数民族大考察活动，1953年正式启动，1956年结束（个别地区延期至1958年才结束）。直接成果之一，就是为1956年国务院公布的55

个少数民族的正式定名和划分,提供了可靠的依据。

从当时考察的资料看,各少数民族的社会发展水平参差不齐,不少民族呈现类似汉族曾经历过的各种历史发展状况,为我们今天考察、了解并研究过去的历史以及各学术分支问题,提供了绝好的活体范本。比如以"设计发生学"研究为例,以山寨(村落)为主的初级社会组织形态,原始手工业在农耕环境中的地位,原始造物的手工技艺与设备、工具等,都是我们极感兴趣的研究对象。

在西北、西南和东北各少数民族聚集地区,有些古时流传下来的本民族手工造物技术,迄今仍保存良好。其吸收了汉族和其他兄弟民族的技术长处之后演变出来的各时段手工造物技术,则印证了各民族互相融合、取长补短的史实。更有些原始手工艺,特别具有艺术和历史研究价值。以维吾尔族人为例,本世纪初,笔者在新疆喀什城艾格孜艾日克老街看到几样手工艺绝活:其一是整条街的维吾尔族乐器店,除了热瓦普、曼陀林和冬不拉等少数维吾尔族知名乐器外,全是些笔者叫不上名来却似曾相识的弹拨乐器和拉弦乐器,于是从心里认可了"西域古乐成就了中国传统民乐"这句话所言不谬。其二是亲眼所见一个拖着鼻涕的不到10岁的维吾尔族小男孩,拿着电砂轮在铜壶上信手飞快地刻着精美细腻的图案,一不要底稿,二没有图纸,真是佩服得五体投地,也相信了"汉族人长于热铸,西域人长于冷锻"这个说法。其三是在喀什近郊著名的大巴扎"金器一条街"上看见近百家金店生意红火,家家门前毡毯上都围坐着一群金店伙计和顾客,正在热烈讨论、共同设计着花样繁多的未来金饰嫁妆,感受到了"中国传统样式的金银首饰工艺,最富有创意的设计和最先进的工艺制作,原来在维吾尔族人手里"这句大实话。还有,笔者

在云南景洪县城集市上，曾亲眼见过景颇族老乡用古老的"焖烧法"烧出的红彤彤的土陶——跟笔者一知半解的仰韶彩陶的烧制工艺几乎一模一样。还有，笔者在大西北甘陕宁各省亲眼所见的回族、保安族、裕固族和东乡族老乡巧手做出的那些花样繁多、样式复杂的面塑造型，真是个个精妙绝伦。这方面的事例实在太多了。

50年代的少数民族地区社会大普查，以及半个多世纪以来社会各界对其丰富而珍贵的考察、研究，意义深远，价值极为重大。这些地区客观上保存的较为完整的、与数千年前中国原始社会最初形态近似的许多社会特征，为我们研究社会的最初形态形成和当时的经济、文化、政治的基本状况以及"设计发生学"的相关课题，提供了珍贵的类型学"活化石"范本，价值非凡。改革开放以来，这些少数民族地区也获得了前所未有的巨大发展，人民生活日新月异；但与此同时，少数民族地区的民族性在不可避免地愈发衰减、退化，甚至消失。如果我们再不采取保护措施，若干年后，各少数民族的许多宝贵民族文化遗产将无法挽救地彻底消亡，这部分同属于全人类精神财富和中华民族集体智慧的宝藏，我们将再也看不到了。

在"设计发生学"问题上，我们一向秉持文化多元论的观点，认为人类文明是全世界人民共同创造的，各国家、地区、民族均做出过大小不一、形态各异的贡献；同理，中华民族的灿烂文明是中国的各族人民共同创造的，每个民族都对中华传统文化做出过贡献，也都应当得到尊敬和肯定。中国的各少数民族在中华文明漫长的演化过程中，都曾经以自己独特而充满智慧的文明成果，补充、完善甚至改良着中华文明。比如，古代西域的龟兹古国各民族创造或引自西亚的弹拨乐器和拉弦乐器以及音律、曲

式，彻底改造了中国古代音乐，新创作出代表中国古乐精髓的江南丝竹；南疆的维吾尔族和北疆的哈萨克、塔塔尔、塔吉克等族首创了制革术，并引进古波斯革皮书籍装帧术和制靴术、制毡术、毛衣编结术；海南岛的黎族率先种植棉花并纺织棉布，传入内地后棉织业逐渐形成中国古代手工行业的"天下第一营生"……保护少数民族的民族文化特性，就是保护我们的历史遗产，就是传承我们的文明。我们应进一步发扬文化兼容的优良传统，把振兴中华的百年民族复兴梦，逐步落实为将大中华建设成为中国各民族共同拥有的美好家园。

由上千名来自全国各高等艺术院校的教授、研究生组成的55支团队参与编撰的《中国少数民族设计全集》（55卷），正是有识之士基于对各少数民族的民族文化特性正在快速衰减、消亡的严重现实问题的深切忧虑而进行的抢救、发掘、整理中国少数民族文化遗产的重要文化工程。经过两年精心筹划，六年努力写作，在国家出版基金管理部门的支持下，在山西人民出版社和人民美术出版社的策划和组织下，目前《中国少数民族设计全集》的书稿编撰工作已基本完成，即将付梓。在长达八年的漫长过程中，全国兄弟院校各团队涌现出的各种可歌可泣的事迹经常感动着笔者，并不时鞭策着全体作者克服千难万险，一路向前。有的分卷作者身患绝症仍不眠不休地忘我工作，有的分卷作者遭遇各种意外仍坚持工作。特别是，很多民族同志公而忘私、不计较个人得失，有人不惜将自己赚钱的企业关张歇业，全身心地投入各自所负责分卷的繁重编撰工作中；有人义无反顾地将自己珍藏多年的本民族实物、资料和研究成果无偿提供给相关分卷作者。大家万众一心，克服各种复杂得难以想象的困难，以确保这部凝聚了众人八年心血的巨著，能按计划如期完成。借此机会，笔者谨

代表本丛书编委会全体成员,向领导、编辑和作者们表示衷心的感谢!

作为一项文化创举,笔者深信《中国少数民族设计全集》必将在未来岁月的长期检验中,愈发显现其非凡的、独特的文化价值。

2017年夏季于南京

前言

鄂伦春族名来自鄂伦春语,含义主要有两种:一是"住在山岭上的人们";二是"使用驯鹿的人们"。"鄂伦春"这一名称最早见于文献记载是清康熙二十二年(1683年)的"上谕"和"奏折",内有"俄罗春""俄乐春""俄论春""鄂伦春"等称呼。地域仅仅局限在额尔古纳河流域,直到20世纪50年代才统称为鄂伦春族。

鄂伦春族游猎地域最早见诸史籍的是东胡之地,魏、晋、南北朝时是鲜卑、室韦先后分布的地区。辽金时期以兀底改族为主形成了通古斯族,其中就包括鄂伦春族的先人。元代对于生活在内外兴安岭的所有渔猎民族,统称为"林木中百姓",明代称为"北山野人"。明末后金,努尔哈赤把居住在黑龙江中上游两岸及精奇里江流域和外兴安岭一带的索伦、达斡尔和鄂伦春等民族收编为索伦部,这些称谓中包含着鄂伦春族。清建立后,鄂伦春人绝大多数被迁到大兴安岭东坡嫩江直流的多布库尔河、甘河、诺敏河、那都里河、托河等河流两岸的原始深林中游猎,由清政府中央理藩院直接管辖,后划归黑龙江将军管辖。同治时期设立五路八佐管辖。

新中国成立后,政府经过周密的考虑,在鄂伦春族聚居地区设立了鄂伦春民族自治旗,实行民族自治。根据当时鄂伦春族的实际情况,开始进行定居准备。定居点地址选择原则一是依山傍水、交通方便;二是利于猎、农、牧、副等业发展,特别是主要土质条件,以便发展农业;三是水质要好,以免大骨节病等地方病的发生;四是距离汉族村屯较近,以利于相互间的往来和交易等。根据这些条件,从1952年秋季开始,在黑龙江选择10个定居点。经过建设,

到1953年10月1日前夕全部搬进了新居，鄂伦春族人结束了四处游猎、居无定所的生活，实现了具有历史意义的定居生活。内蒙古自治区鄂伦春自治旗的定居开始于1953年，全部定居是在1958年。

鄂伦春族是我国人数较少的民族之一，主要集中在内蒙古和黑龙江。鄂伦春族是我国唯一的一个单纯的狩猎民族，同时也被称为"北半球渔猎民族的活化石"。作为典型的森林民族，鄂伦春族人世代居住在黑龙江流域的大小兴安岭上。兴安岭上有着丰富的森林、河流和动植物资源。鄂伦春族人在几百年的繁衍中，创造了依托地域资源的渔猎民族生活方式，以及精彩的民族文化和成果，为华夏文明的丰富做出了特别的贡献。

鄂伦春族有自己的语言，但无文字。鄂伦春语是中国少数民族语言中历史悠久、词汇丰富、具有很强表达力的语言，属于阿尔泰语系满—通古斯族语通古斯语支。其语言有关反映狩猎、捕鱼、采集等生产生活及自然方面的词语异常丰富，而有关现代生活和社会活动方面的词语较少，多借用汉语和其他民族词语。鄂伦春语有方言差别，但差别不大。①

鄂伦春族在原始社会阶段也曾经历过母系氏族和父系氏族公社时期。其氏族公社——"穆昆"，是指同一父系血统的人们的团体，首领称为"穆昆达"。鄂伦春族人社会的基本社会细胞，是"穆昆"之下的各个家庭公社"乌力楞"。几个"乌力楞"方能组成一个"穆昆"。每个乌力楞都有一个家族长，鄂伦春语称为"塔坦达"。"乌力楞"就是共生一堆火、同吃一锅饭的具有亲缘关系的人们共同体，同时也反映出当时的鄂伦春人的生产生活关系是共同劳动、共同消

---

① 王再祥、关小云：《中国鄂伦春》，宁夏人民出版社，2012，第15页。

费。①鄂伦春族实行一夫一妻的男婚女嫁的婚姻制度，坚持同姓不婚，并严禁在同一氏族内部或辈分不等的男女间通婚，长期保持着古老的氏族外婚制，婚姻一般都由父母来包办。中华人民共和国成立以前，鄂伦春族人曾保留有若干群婚和对偶婚残余。

鄂伦春族的礼俗也具有一定的特色。其传统神职祭司着萨满神服，服饰组成复杂繁多，体现了一种常人所不能理解的神秘之感。鄂伦春族人的婚丧嫁娶各式传统礼仪和程序，表达了其特定的生活方式和价值观。

鄂伦春族人对于山神"白那恰"非常崇拜，凡是高山峻岭、悬崖绝壁或是洞窟之类，都认为是山神所在的地方。除了狩猎过程，在日常生活中，也有敬奉山神"白那恰"的习俗。鄂伦春族人还供奉"饲马神"，祈祷生活富裕和马生良驹。还有选用桦木或松木雕刻成的木刻神偶，其形态各异、千奇百怪，规格大小不一，体现了比较高的雕刻水平，表达鄂伦春族人的祖先崇拜精神，在其生活中占据重要地位。

游猎时代的鄂伦春族人，根据季节变化而改变住处。野生动物是鄂伦春族人的主要食物，辅之以鱼和交换得来的少量粮食，兼食各种野菜野果。鄂伦春族人主要吃狍子、犴、鹿、野猪和熊肉，还吃一些小动物和飞禽肉，另外还晒制大量的肉干，用作食品储备，直到现在仍然保留着一些食生的习惯。

鄂伦春族人在长期狩猎实践中，积累了丰富的知识和经验。传授狩猎经验，一般是采用口头传授和实际狩猎相结合的方法。其狩猎方法灵活巧妙，能够根据野兽的习性去寻找，主要采取骑马跟踪

---

① 韩有峰：《黑龙江鄂伦春族研究》，哈尔滨理工大学出版社，2002，第36—37页。

追击法，用鹿哨引诱、用猎犬围堵法，蹲碱厂或蹲狍子法，烟熏出洞法，挖洞灌水法，下地箭和夹子法等。

传统鄂伦春族人的居所"斜仁柱"，具备了生活的各种基本功能，其建造均取材于自然。日用器具主要是木制、桦树皮制、狍皮制各种箱笼和用品，骨制食具等。至于烟荷包、烟口袋、婴儿摇篮（恩莫克）等具有实用功能的用品，更是精心装饰，反映了鄂伦春族人对生活的美好期待和祝福。

鄂伦春族人的皮革传统工艺非常高超，随着现代生活方式的侵入，传统鞣制硝制技艺逐渐没落。鄂伦春族传统衣着，男女主要为狍皮制大衣。立领、在衣襟袖口镶有薄皮贴边，女装还有装饰精美的花纹，衣袍上兼有横条装饰。这些装饰既防止衣襟、衣领磨损，又起到美化衣袍的作用。其头饰主要为头围，应是从佩戴鲜花的习俗转化而来。最早是在脑后用条带系上固定，后用钩或扣固定，而现在是圆形的箍。多用色彩鲜艳、大小相同的各色纽扣横竖对齐均匀排列，或根据扣的颜色和大小按一定规律进行排列，装饰在头箍的底色布上。头饰两鬓饰以各色样式的串珠较长坠饰，增加了活动感的韵味。近代制作的各种妇女头饰上，纽扣少了，代之以运用色彩鲜艳的亮片、形状不同的彩色珠球等进行有规律的装饰，头饰的前额处加上一排漂亮的各式垂饰，艺术性越来越强。鄂伦春族人也不乏娱乐生活。口弦琴是其主要的民族乐器，称为"天恩共"。

传统的鄂伦春族人，在生产生活的各个方面设计上都与游猎生活相适应。注重装饰，用以表达各种祝福和美好的情感。鄂伦春族人的各类生活设计中体现了尊重大自然的设计理念。这不仅仅是体现在萨满教仪式和对天地鬼神的敬畏与祭祀，还体现在生产生活中。如对幼崽和怀有身孕的动物的禁猎，风葬强调将鄂伦春族人归属于大自然。在造物设计上，原料的采集均来源于自然，最后又归于自然，

保护了当地的生态环境。这些都体现了鄂伦春族人对于养育他们的大小兴安岭的热爱之情。

1996年，为拯救珍贵、濒危野生动物，保护、发展和合理利用野生动物资源，维护大兴安岭的生态平衡，世代以狩猎为生的鄂伦春人怀着对大自然的无限眷恋和对国家政策的大力支持，告别了传统的狩猎业，开始谋求新的生产生活方式。伴随着传统渔猎生活生产方式而生的鄂伦春族传统文化也随之发生着变化。

鄂伦春族的各种传统设计民族性、地域性显著。其传统生活方式的逐渐消亡，传统用具、传统图案、传统设计理念随之势弱，传统文化面临断裂的危险。从设计的目的来看，一切设计均为特定的生活场景服务，其实用性占据首要位置。从这个角度来看，传统生活方式消亡了，传统用具只能放置在博物馆作为记录，其承载的传统设计理念似乎在现代化潮流下也没有立足之地。然而，传统设计中承载的独有民族文化价值表现形式和情感表现形式，依然具有鲜活的生命力。这种情感表现必然要以新的设计形式出现在新的生活方式中。设计的情感维度，必然是民族性的。

本书的撰写是基于"大设计"的视角，对鄂伦春族传统生活方式下的各种用具、图案等设计进行分析，既是对鄂伦春族传统文化生态的一种记录和保护，更是出于对传统文化价值提炼、文化价值设计再创造的一种必要准备。由于文字图片资料稀缺，编撰困难较多。此次对鄂伦春族传统建筑、传统服饰、传统餐饮、传统生活生产方式、用具与传统手工艺以及传统民俗和宗教造像等方面，择其代表性的案例进行分析，力图生动展现传统鄂伦春族人丰富而独具特色的生产生活。鄂伦春族人在传统生活环境中，充分发扬其聪明才智所得的各种设计成果，均从理念、用途、审美方面表现了人们的多方面创造才能。这些设计成果均能成为现代设计继续成长的丰富养料。

由于时间紧、任务重，著者未能亲赴鄂伦春族居住地进行实地考察，颇为遗憾。尽管资料有限，著者仍然秉持着多方求证的研究精神，多次就案例择选、案例分析进行团队研讨。希望这些精心绘制的案例图形、辅之的案例说明，能为读者提供准确清晰的鄂伦春族传统生活各方面的设计面貌。尚有不足之处，唯祈读者原宥。

目录

第一章　鄂伦春族传统建筑

鄂伦春族木刻楞　002

鄂伦春族斜仁柱　010

鄂伦春族亚塔柱　016

鄂伦春族奥伦　022

鄂伦春族麦汗　028

第二章　鄂伦春族传统服饰

鄂伦春族苏恩　036

鄂伦春族敖罗奇　042

鄂伦春族密塔哈　045

鄂伦春族阿文　048

鄂伦春族莽给晃布吞　052

鄂伦春族得勒枯萨满神服　055

鄂伦春族萨满神服　061

鄂伦春族得呵列　067

鄂伦春族粉巴黑、考呼洛、地莫　072

第三章　鄂伦春族传统餐饮

鄂伦春族都柿酒　078

鄂伦春族柳蒿芽　084

鄂伦春族晒肉干　089

鄂伦春族手把肉　094

鄂伦春族灌血清　099

　　鄂伦春族金刚圈　105
　　鄂伦春族淬渝肉　110
　　鄂伦春族粘粥　114

第四章　鄂伦春族传统生活用具
　　鄂伦春族恩莫克　120
　　鄂伦春族爬犁　125
　　鄂伦春族烟锅子　130
　　鄂伦春族马鞍　135
　　鄂伦春族刻伊纳　141

第五章　鄂伦春族传统生产工具
　　鄂伦春族窖布告、额勒固　148
　　鄂伦春族地夹子　152
　　鄂伦春族阿兰阿　156
　　鄂伦春族乌力安　161
　　鄂伦春族皮卡兰　166
　　鄂伦春族乌其康　171
　　鄂伦春族桦皮船　176

第六章　鄂伦春族传统手工艺
　　鄂伦春族阿达玛勒盒　182
　　鄂伦春族桦皮筒　188
　　鄂伦春族桦皮篓　194
　　鄂伦春族针线盒　199
　　鄂伦春族毛皮背包　205

  鄂伦春族手闷子图案　214
  鄂伦春族单指手套图案　217
  鄂伦春族五指手套图案　221
  鄂伦春族烟荷包图案　229

第七章　鄂伦春族传统民俗和宗教造像

  鄂伦春族山神白那恰　236
  鄂伦春族萨满　242
  鄂伦春族占卜　246
  鄂伦春族祖先神偶像　249
  鄂伦春族婚俗　253
  鄂伦春族风葬　260
  鄂伦春族春节　267
  鄂伦春族古伦木沓节　274

第一章 鄂伦春族传统建筑

鄂伦春族木刻楞

图一　鄂伦春族木刻楞主图

木刻楞的建筑形式取材方便、做法简单，近代以来已成为东北林区常见的住宅形式。鄂伦春族的建筑木刻楞是继承和发扬了俄罗斯的木刻楞民居形式，经过多年演变改造发展而来，所筑的木刻楞房主要是为越冬避寒所建造的，尤其是一部分以农业为生的鄂伦春族人，建造这样的房子通常都要住上三至五年，不宜频繁搬迁，房屋通常选择有山有水、农作方便和距离猎场较近的地址。

木刻楞是木结构的住房，建筑均为朝南的正房。房屋的地基以石头砌筑而成，较为结实耐用。盖房的原料木材选择直径30厘米左右粗的原木，修建时量好尺寸，将原木之间的连接处刻成可以相连的凹凸面，原木两端分别砍平，之后一层层地将加工好的原木垛起来，苔藓垫在两根原木中间，木层之间缝隙用大泥封死，密不透风，房屋在冬季温暖舒适，夏季清爽凉快。建筑的顶棚是在房梁上搭建三角形人字桁架，架梁上搭接原木檩条，檩条上铺一层相互叠压的木板结构，防止漏雨。房屋一般为一户一栋，根据家庭人口的多少，屋内的布局主次分明，紧凑合理。结构可为两间或三间，两间房的东间为厨房，西间为住人间，三间房的中间开门用作厨房，东西两间住人。

鄂伦春族人居住的大小兴安岭树木众多，为木刻楞的建造提供了充足的原料，可以就地取材，减少了建造的成本和时间。直径30厘米的树木作为原料，保证了寒冷的冬季室内热度不会很快地挥发，又可有效地阻挡外部寒冷空气，而夏季这样的厚度又可以有效地防止太阳暴晒，保持室内较低的温度。这是鄂伦春族人在长期的实践生活中总结出来的经验，现在东北地区很多民居建筑仍然采用30厘米厚度的墙体。面南背北的设计，也可以充分利用太阳的光照，增加温度，延长光照时间，保持室内空气清新。

木刻楞的建筑外观粗犷浑厚、宽大结实。层层相叠的木构承重墙结构稳固，受力合理，具有良好的抗震效果。上部屋架采用人字形结构，造型简单、稳定。所用的木质材料可塑性强，柔韧性好，使用寿命长，并且木质材料可以调节室内空气和湿度，有利于人体健康。木刻楞冬暖夏凉，就地取材，建造简便，民族特色浓郁，是寒冷地区理想的建筑形式。虽然大多数鄂伦春族人已搬离了传统的木刻楞房，但它承载的历史和文化价值应被给予重视和保护。

图片来源
图一至图十二　刘洋　制图
图十三　刘慧媛　制图
图十四　张泽国、杨国林、侯瑞　制图

图二　鄂伦春族木刻楞结构名称图1

图三　鄂伦春族木刻楞结构名称图2

图四　鄂伦春族木刻楞正立面尺寸图（单位：mm）

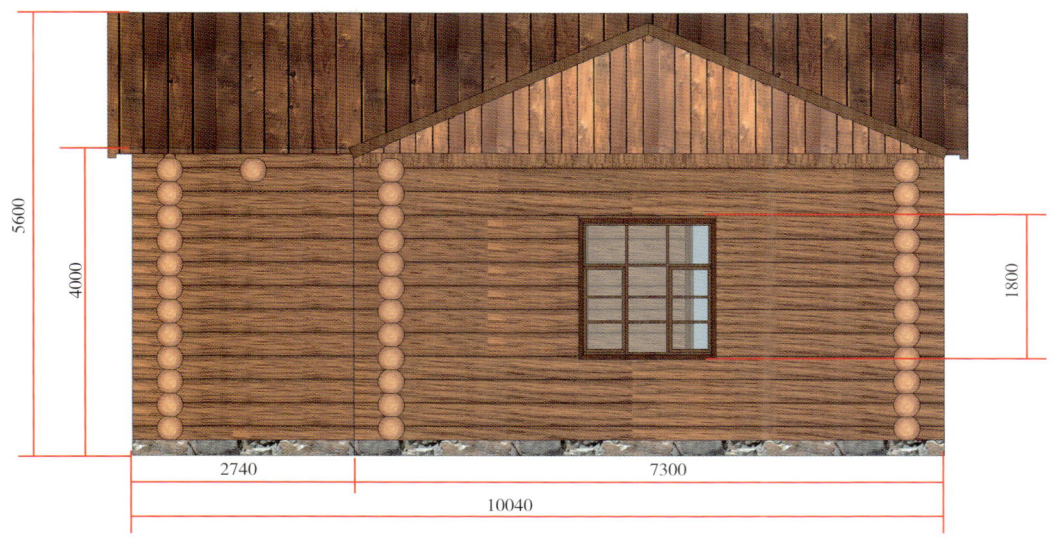

图五　鄂伦春族木刻楞后立面尺寸图（单位：mm）

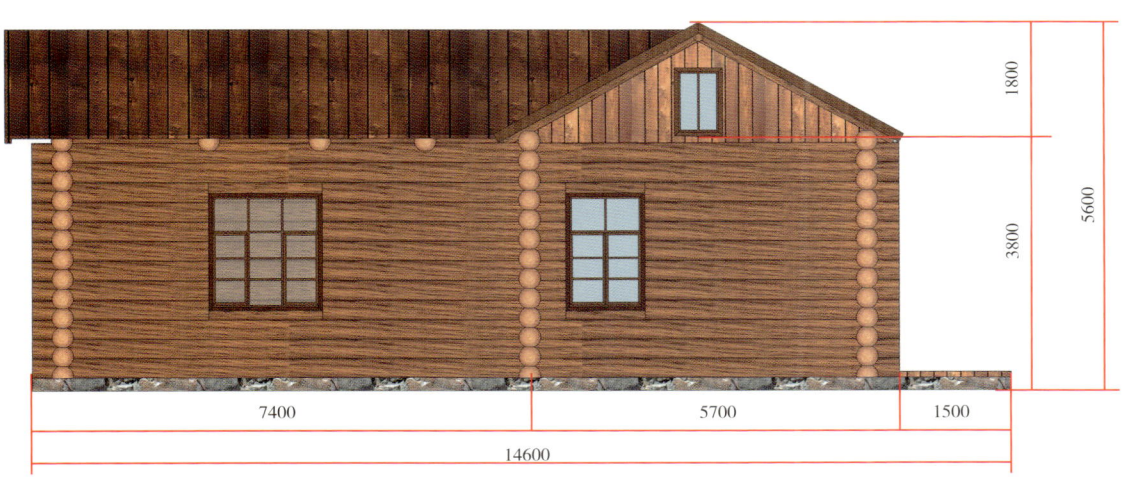

图六　鄂伦春族木刻楞侧立面尺寸图（单位：mm）

图七　鄂伦春族木刻楞顶视尺寸图（单位：mm）

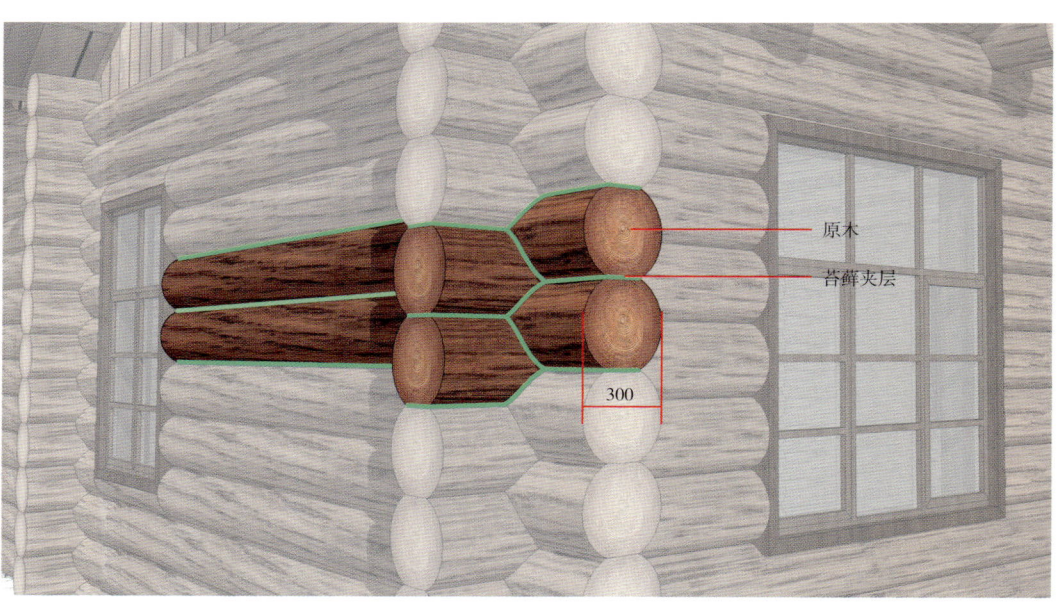

图八　鄂伦春族木刻楞墙面结构解析图（单位：mm）

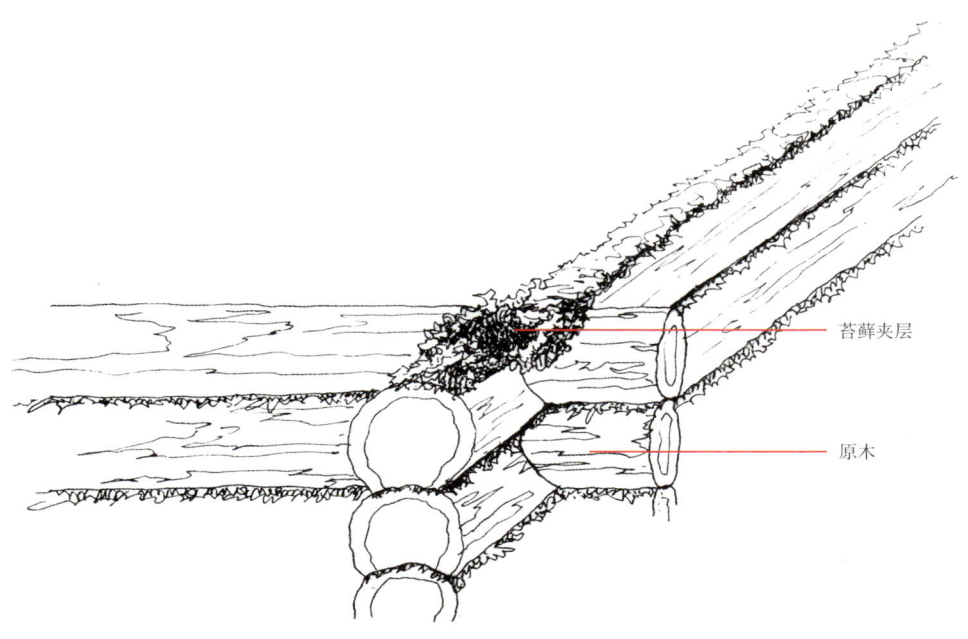

图九 鄂伦春族木刻楞墙面苔藓夹层名称图

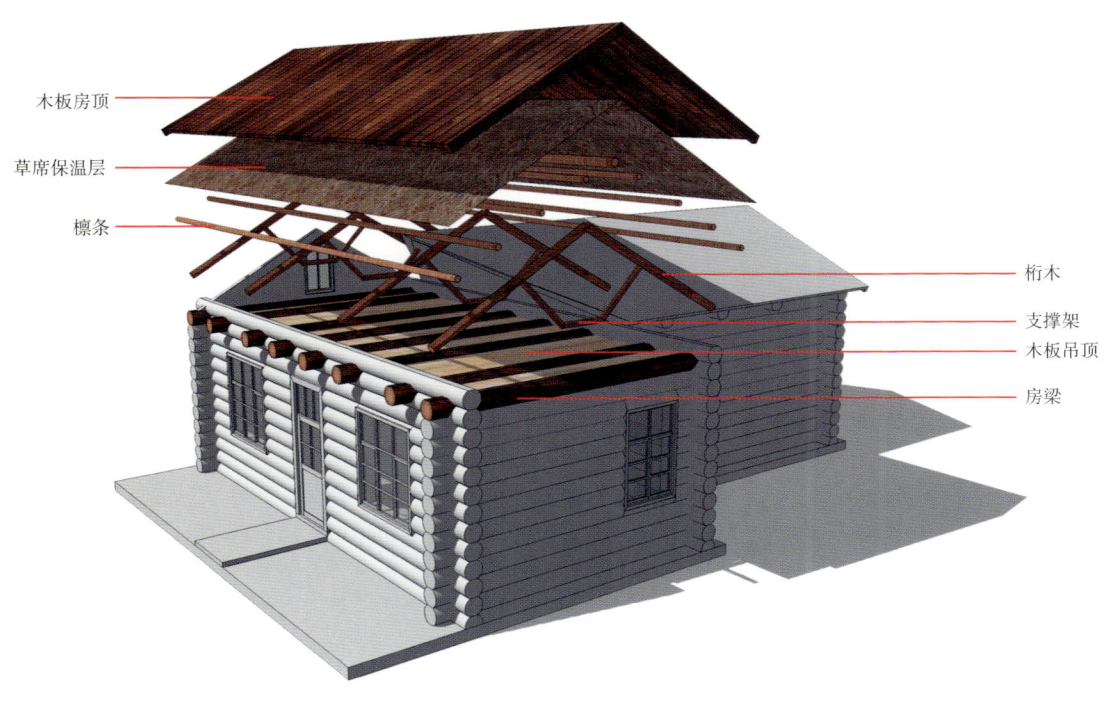

图十 鄂伦春族木刻楞屋顶结构名称图

第一章 鄂伦春族传统建筑

007

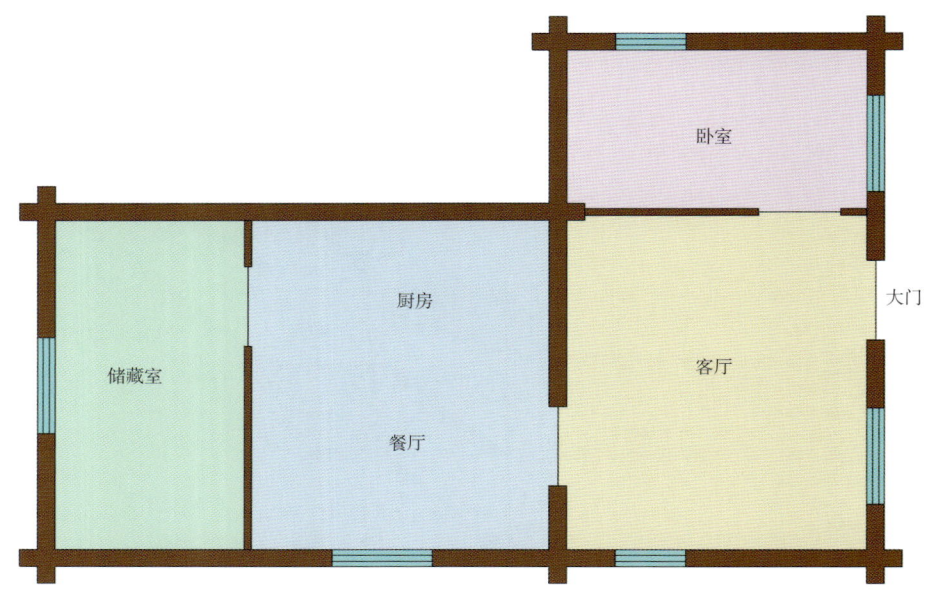

图十一　鄂伦春族木刻楞室内平面区域划分示意图

图十二　鄂伦春族木刻楞平面情境图

图十三　鄂伦春族木刻楞老房示意图

图十四　鄂伦春族木刻楞气氛图

第一章　鄂伦春族传统建筑

009

鄂伦春族斜仁柱

图一　鄂伦春族斜仁柱主图

斜仁柱，也称"仙人柱"或"撮罗子"，是鄂伦春族在游猎生活时期的居所。

斜仁柱的建筑外观呈圆锥形，其内部结构是用直径约10厘米，长4到5米的细木杆搭建而成的，建筑内高3到4米，底圆直径为4米左右。修建斜仁柱时，将三根顶端可以相互咬合的木杆支撑成一个三角形作为斜仁柱的主体骨架，然后将细木杆均匀地搭接于骨架之上，木杆底部埋于土下大约10厘米，使之形成一个伞状的结构，然后将顶部用乌鲁包腾（湿柳木条）捆扎好。斜仁柱结构的外围覆有遮盖物，遮盖物在顶部设有开口，为室内通风和篝火的烟道。门称作"乌如库"，高1米左右，宽80厘米左右，位于面朝南的方向，门框选择2根结实的木杆构建。

斜仁柱外围的覆盖物分为冬夏两种，冬季的覆盖物主要是用狍皮制成，一般由三大块狍皮组合而成，两块较大的狍皮围子各用狍皮25张，一块较小的用狍皮10张。狍皮做的"欧伦"呈扇面形。两块大的扇面形围子用来覆盖斜仁柱主体支架的两侧，一块小的狍皮围子覆盖在后面。用皮条绳系在斜仁柱支架杆上。顶部以狍皮做成锥形套，夜晚套在斜仁柱外顶上，白天拿下来。最后在欧伦上面有间隔地用细木杆压牢，防止冬天的强风把狍皮围子掀起或刮走。这种以狍皮做成围子覆盖的斜仁柱叫做"额勒敦"，春至夏初的覆盖物主要是由桦树皮制成，称作"铁克沙"。这种桦树皮围子，柔软不易折断又有弹性，透风性与防雨性好，经久耐用。"铁克沙"形式的斜仁柱是鄂伦春族最为常见，最具代表性的斜仁柱形式。斜仁柱群落的布局需一字排开，不能前后排也不能排成弧形，斜仁柱后面的树对外人是禁地，是供奉神灵的地方。

斜仁柱室内地面中央设有篝火火塘，火塘终年不熄，其上有支架，支架上吊有器皿，可以随时煮食。斜仁柱内部除了门口外都是铺位，陈设简单。"玛路"是家里长辈和尊贵客人的铺位，位于正对门口的地方，也称作客座。"玛路"铺位铺的褥子是用狍腿皮缝制的，被子是狍皮被。"玛路"上方通常挂有祖先的神像，家人一般不允许坐在这上面，特别是绝对禁止妇女靠近这里。左右两侧的铺位叫"奥若"，是中年夫妇和青年夫妇的席位。右侧"奥若"是年长夫妇的铺位，左侧是年轻夫妻及其孩子的铺位。

斜仁柱搭建方便简单，搭建时间为20多分钟。在建造地点上，充分利用地形因素，选择山坡避风向阳地点，增加光照时间，减轻寒风侵扰。建材上就地取材，覆盖物根据不同的季节进行调整，保证了室内的温度。在结构上，圆锥形的外形，使受风面面积变小，避免被寒风吹倒；人字形的结构，将顶部负重平均地转移至各木杆支架和地面，也避免了由于积雪重力导致垮塌的危险。顶部留有的空隙，既可以通风将室内因火塘燃烧而产生的有害气体排出室外，保证空气新鲜，又可以采光，增加室内亮度。

斜仁柱是鄂伦春族为适应大兴安岭地区恶劣的气候，经过长期生活实践发展创造出来的，是因地制宜、就地取材、时间和效能的完美统一，其设计原理与现今的野外帐篷有异曲同工之妙。

图片来源
图一至图十　刘洋　制图

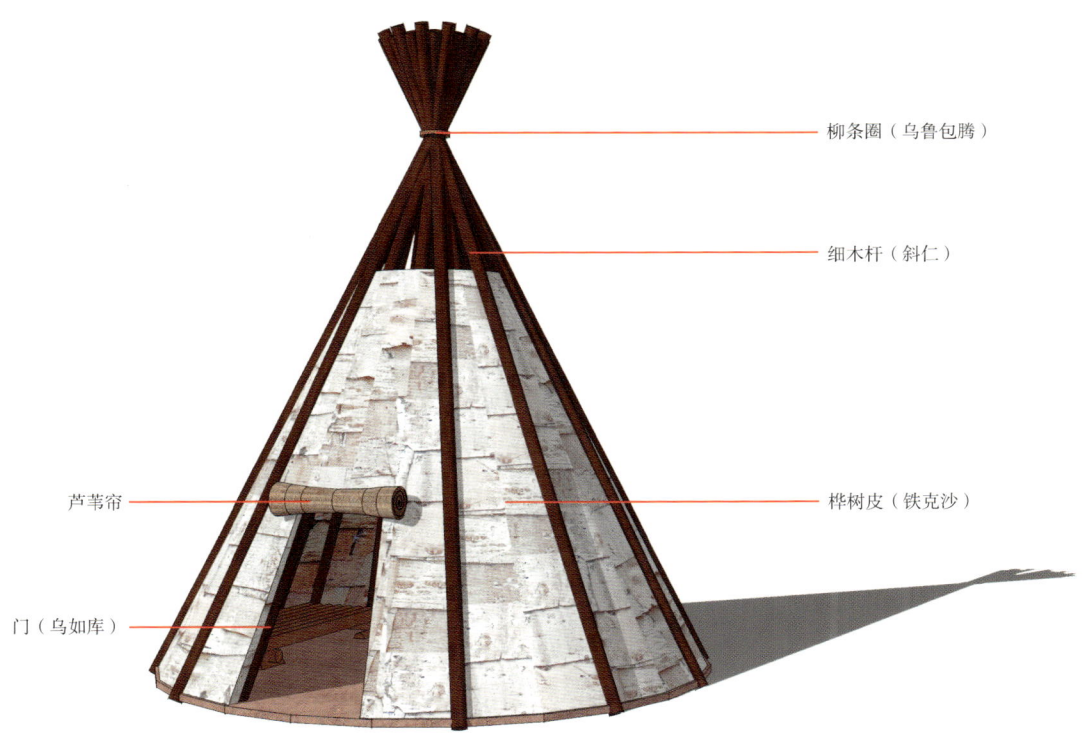

图二　鄂伦春族夏季斜仁柱结构名称图

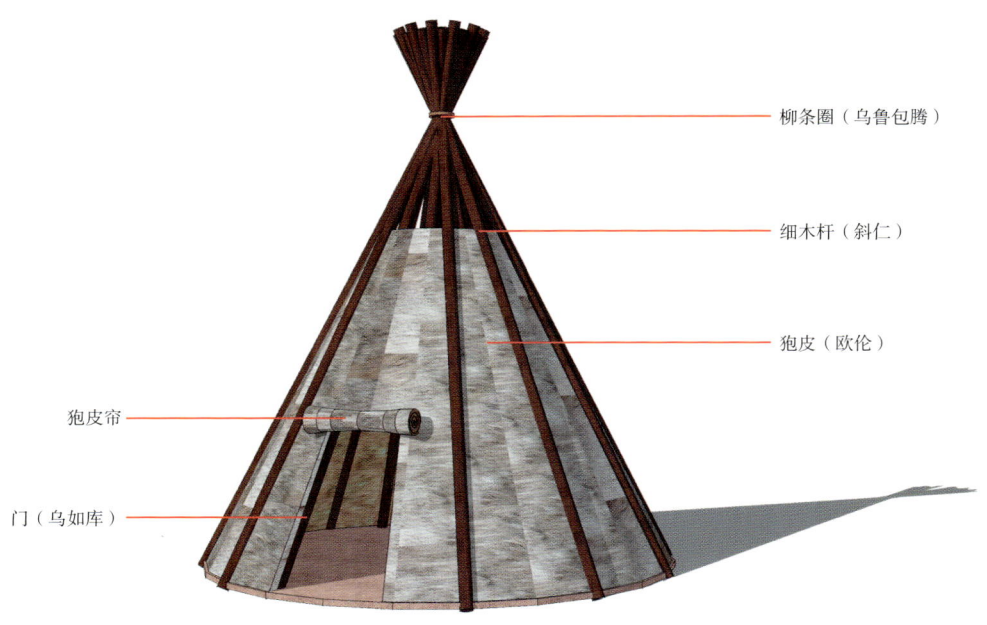

图三　鄂伦春族冬季斜仁柱结构名称图

图四　鄂伦春族斜仁柱正立面尺寸图（单位：mm）

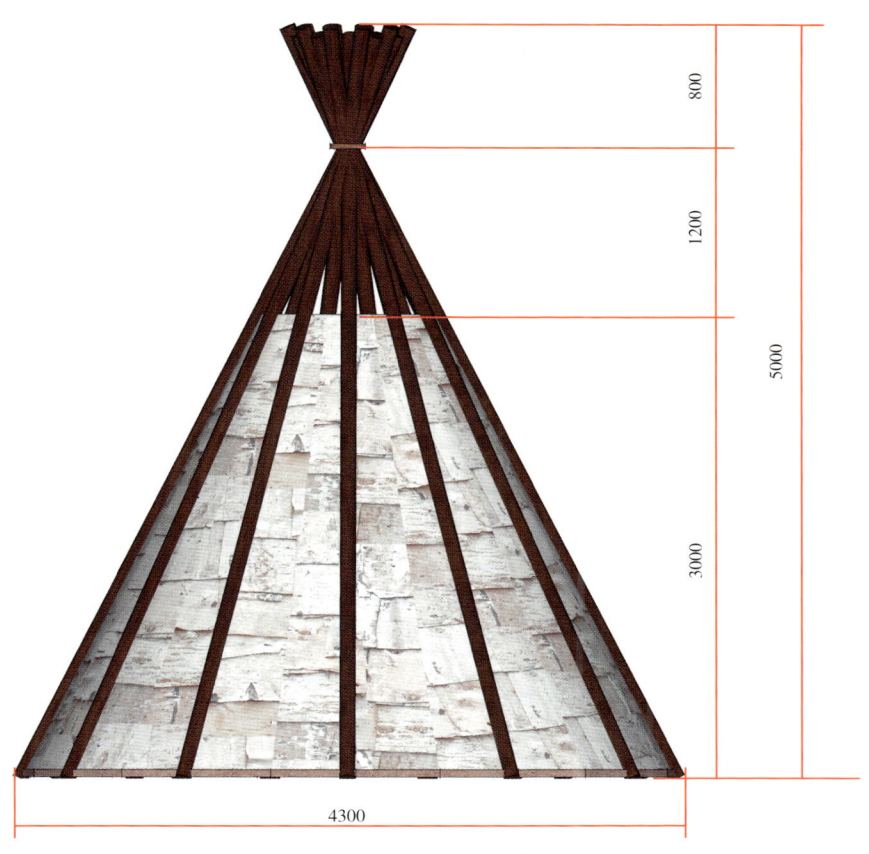

图五　鄂伦春族斜仁柱侧立面尺寸图（单位：mm）

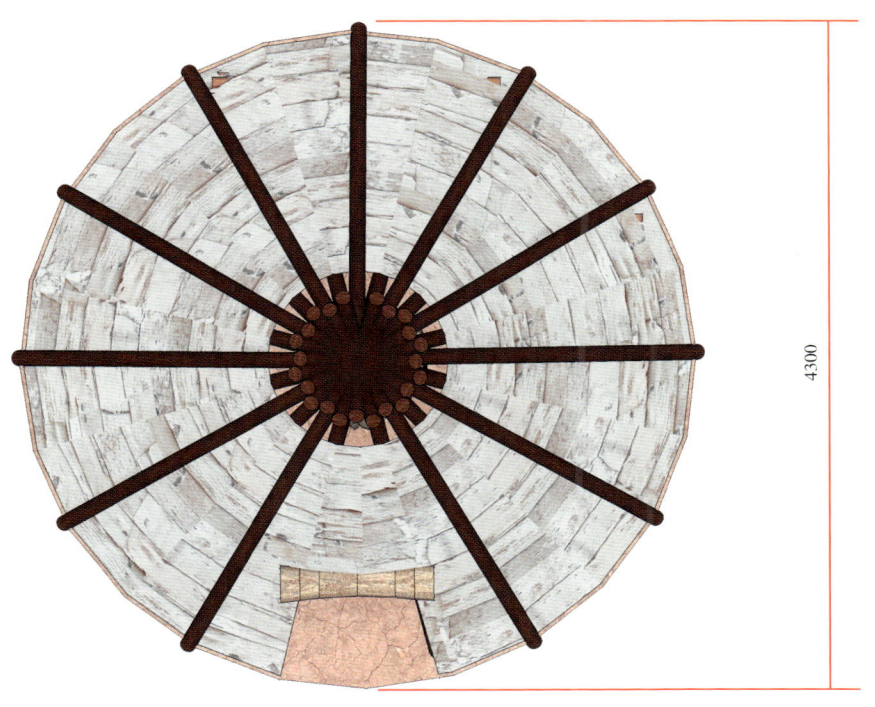

图六　鄂伦春族斜仁柱顶视尺寸图（单位：mm）

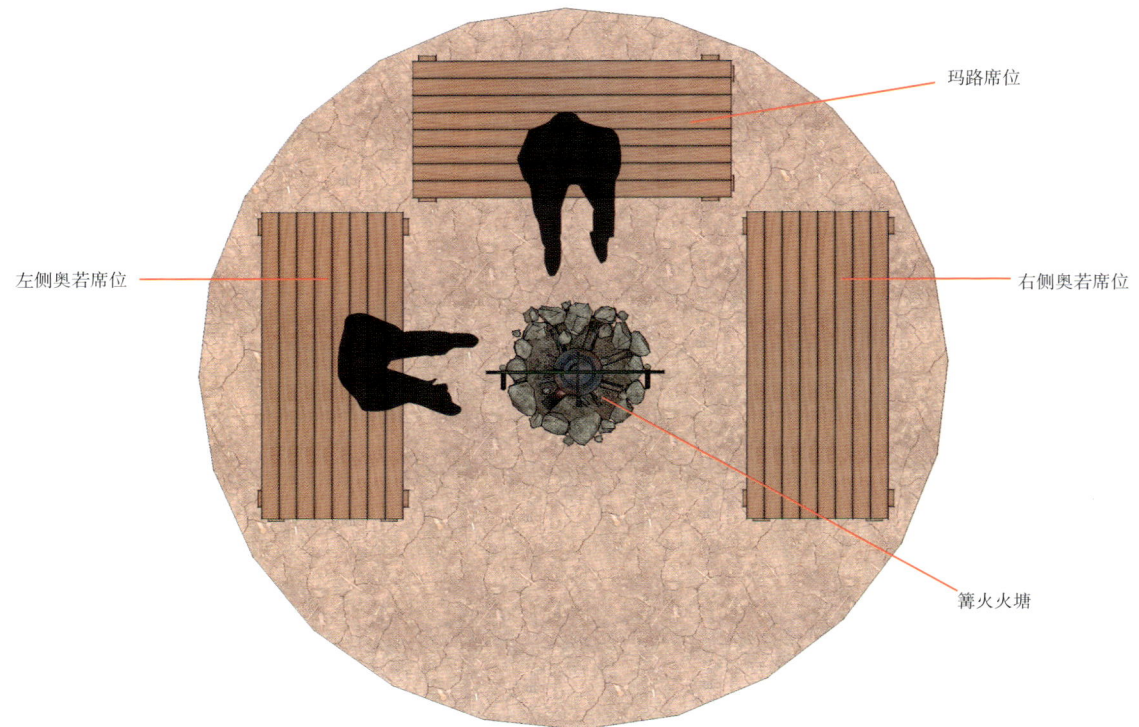

图七　鄂伦春族斜仁柱平面布置名称图

图八　鄂伦春族斜仁柱外部结构名称图

图九　鄂伦春族斜仁柱内部陈设名称图

图十　鄂伦春族斜仁柱群落平面场景图

鄂伦春族亚塔柱

图一　鄂伦春族亚塔柱主图

鄂伦春族人在距离家中斜仁柱七八十米的地方会为产妇搭建一个简易的产房，称作"亚塔柱"，亦称"恩科那力柱哈罕"，意思是有摇篮的小屋子。在亚塔柱里，产妇的产床席地而铺，多铺上干草或狍皮褥子作为保暖措施，当然熊皮除外，因为鄂伦春族人视熊为图腾。因为怕触犯火神，产房内也很少生火。

亚塔柱的尺寸比斜仁柱要小得多，直径在两米左右。上层结构用细木杆搭接而成，建筑高度在1.8米左右，室内布置非常简单，主要就是产妇所居住的床铺，还有用来给婴儿使用的恩默克（摇篮）。室内除了悬挂助产神"奥克楚克神"之外，没有其他任何神像。

鄂伦春族妇女要分娩时，就搬到亚塔柱内。生完孩子后，照顾产妇的人主要是家族内其他生过孩子的妇女。小米粥和面片是产妇生产后的主要饮食，产后五六天可以食用肉类。如果男人给妻子送饭，就只能用木棍挑进去，因为鄂伦春族人忌讳男人接触产妇，自己的丈夫也不例外。一般产妇要在亚塔柱内居住一个月，要孩子满月之后才能搬回斜仁柱内。

亚塔柱分娩条件比较差，特别是在冬天分娩，由于很少生火，气温很低，这对产妇和婴儿都是一个严峻的考验。鄂伦春族的人口增长率很低，除了高寒地区自然因素之外，这种落后的分娩习俗也是一个重要原因。随着经济生产的发展和物质文化水平的提高，鄂伦春族人慢慢过上了定居的生活，妇女的生活禁忌已经解除。

图片来源
图一至图十　刘洋　制图

图二　鄂伦春族夏季亚塔柱结构名称图

图三　鄂伦春族冬季亚塔柱结构名称图

第一章　鄂伦春族传统建筑

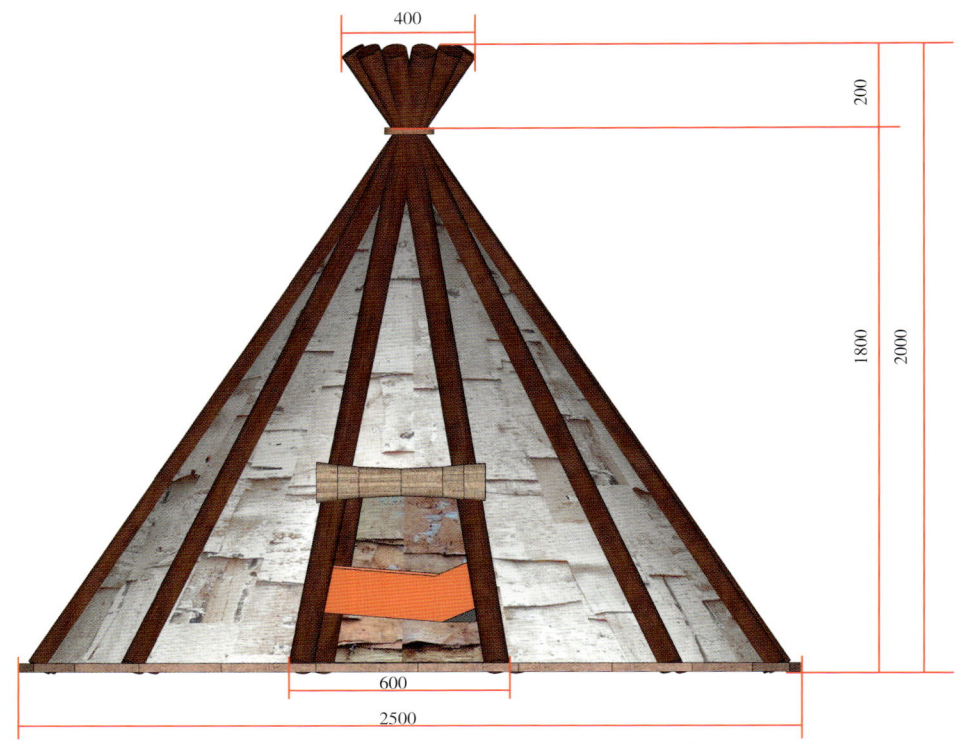

图四　鄂伦春族亚塔柱正面尺寸图（单位：mm）

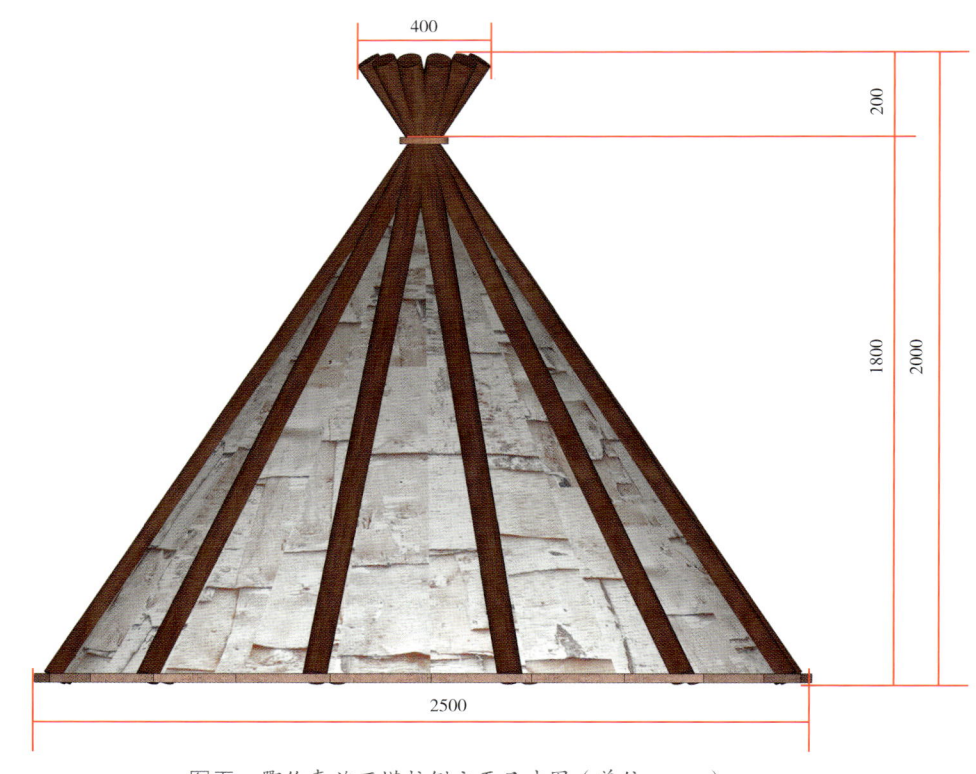

图五　鄂伦春族亚塔柱侧立面尺寸图（单位：mm）

图六　鄂伦春族亚塔柱顶视尺寸图（单位：mm）

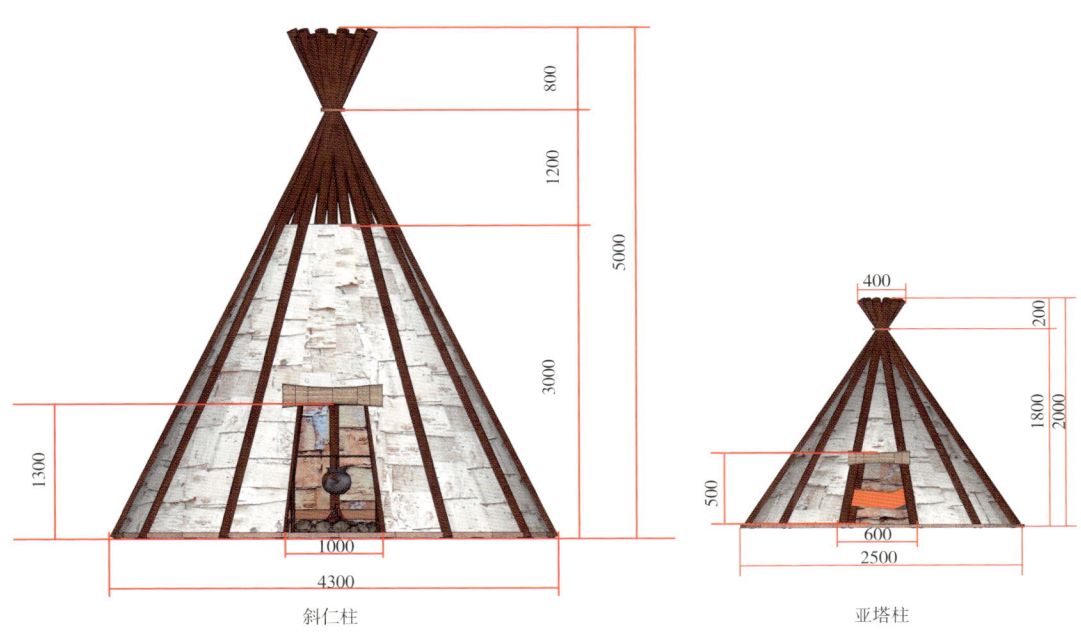

斜仁柱　　　　　　　　　亚塔柱

图七　鄂伦春族亚塔柱与斜仁柱对比尺寸图（单位：mm）

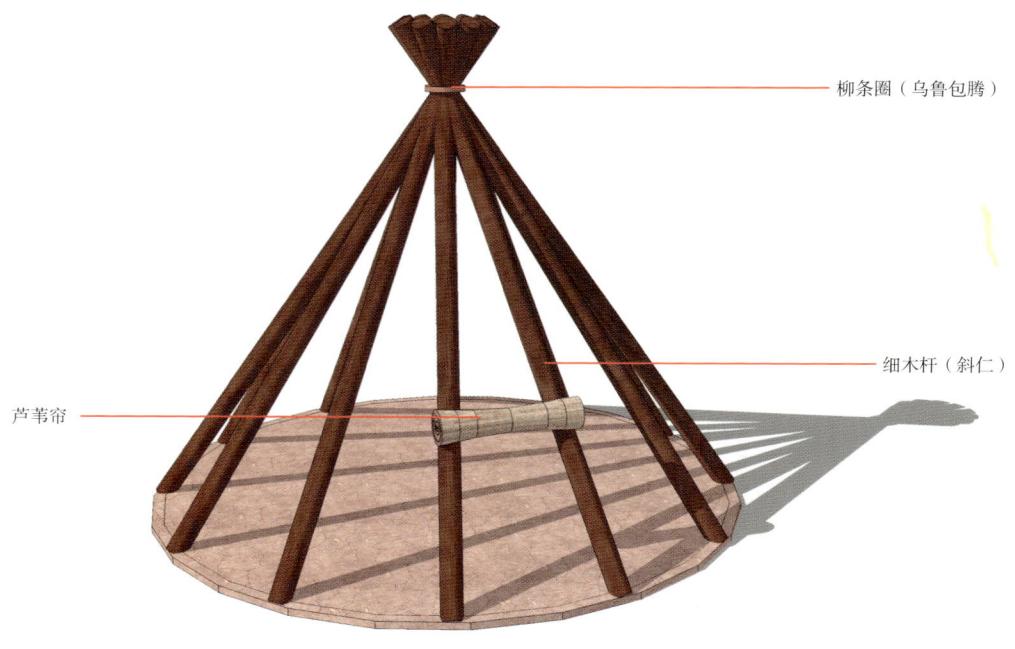

图八　鄂伦春族亚塔柱外部结构名称图

图九　鄂伦春族亚塔柱内部环境情境图

图十　鄂伦春族亚塔柱与斜仁柱平面场景图

鄂伦春族奥伦

图一　鄂伦春族奥伦主图

奥伦，是鄂伦春族人搭建的小仓库，用来仓储物品。奥伦建成以后一般固定不动，即使鄂伦春人迁徙到别的地方，奥伦也是不动的，鄂伦春族人如需取用物品和放置物品时会骑马来取。

奥伦搭建的地点选择在游猎地区的中心地带，选择四棵自然生长、直径在20厘米左右的四边形的树木，一般是白桦木，在距离地面三四米左右的高度留有一个树杈，砍掉其余的树头，在树杈上架两根直树干，树干上面一根挨着一根地平铺木杆为底座，底座上用树杈做一个半圆形的架子，覆盖桦树皮，然后用藤条或树皮绑缚固定。一侧留有进出的小门，借助木梯上下，为防止野兽攀爬糟蹋东西，平时都把木梯放到在一边，另外还将树干磨光，防止野兽通过树干爬上奥伦。奥伦有门却不上锁，鄂伦春族猎人如一时困难，可以直接在各家奥伦内拿取物品，事后告知主人即可，以后有了如数奉还，不还主人也不索要。因为这种仓库为许许多多的猎人解决了困境，也因为这种仓房的形状与北斗星相似，因此，鄂伦春族人把北斗星奉为"奥伦神"，以其为掌管仓库的女神。这是鄂伦春族人对奥伦心存感激而产生的美好愿望。定居以后还有鄂伦春族人将这种仓库建在庭院内，用来存储粮食，还可以防鼠。

奥伦的建造有历史渊源。在地点选择上，奥伦建于狩猎区域的中心地区，可以保证鄂伦春族人无论在哪里都可以很快地到达奥伦。距离地面的高度，支撑树干表面刮平，可以防止大部分动物攀爬进入奥伦内部。奥伦覆盖桦树皮，防止雨水侵蚀；高于地面，四周有较大的空隙，保证了奥伦内通风良好，避免仓储的物品发霉变质。奥伦虽简单粗糙，但蕴含了众多的设计原理，是鄂伦春族人结合地域、气候特点所建造的，与现今的设计原理有众多重合之处。

图片来源
图一至图十　刘洋　制图

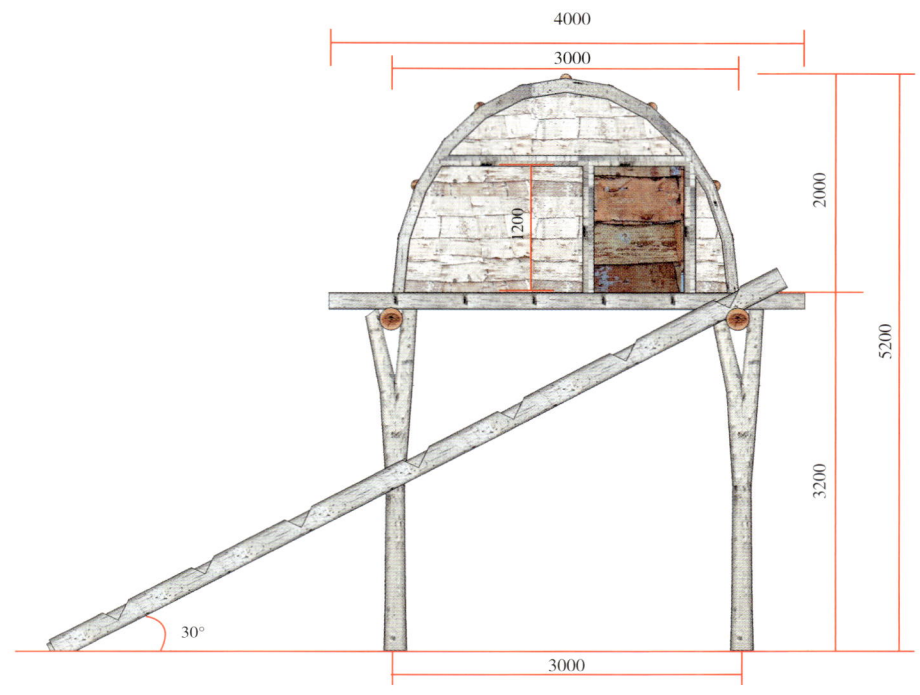

图二　鄂伦春族奥伦正立面尺寸图（单位：mm）

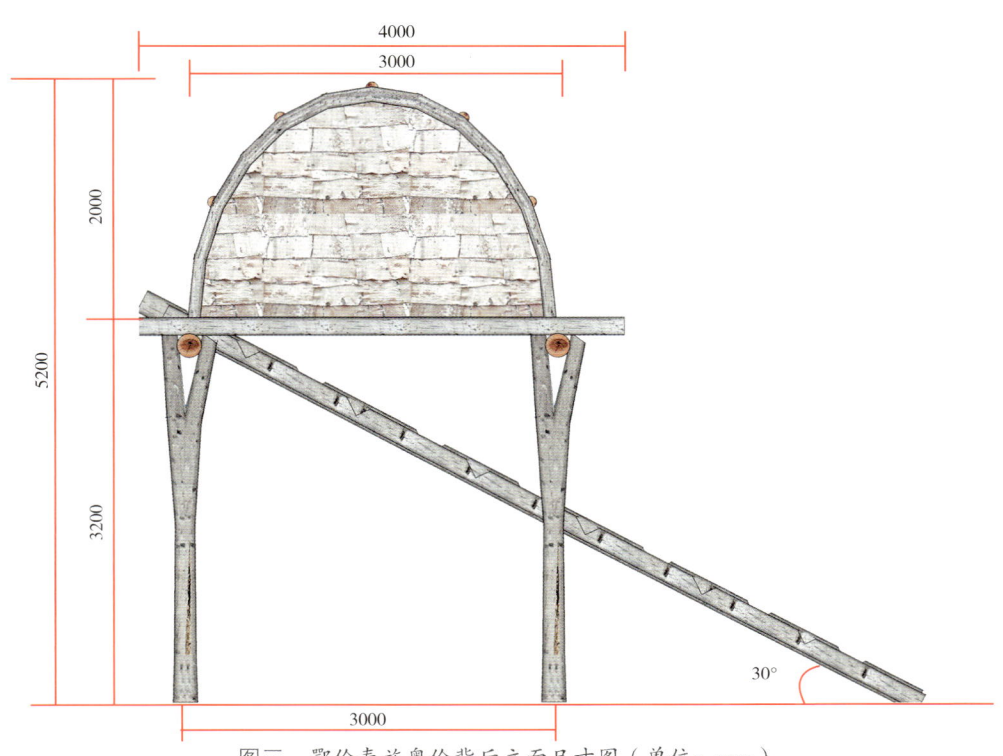

图三　鄂伦春族奥伦背后立面尺寸图（单位：mm）

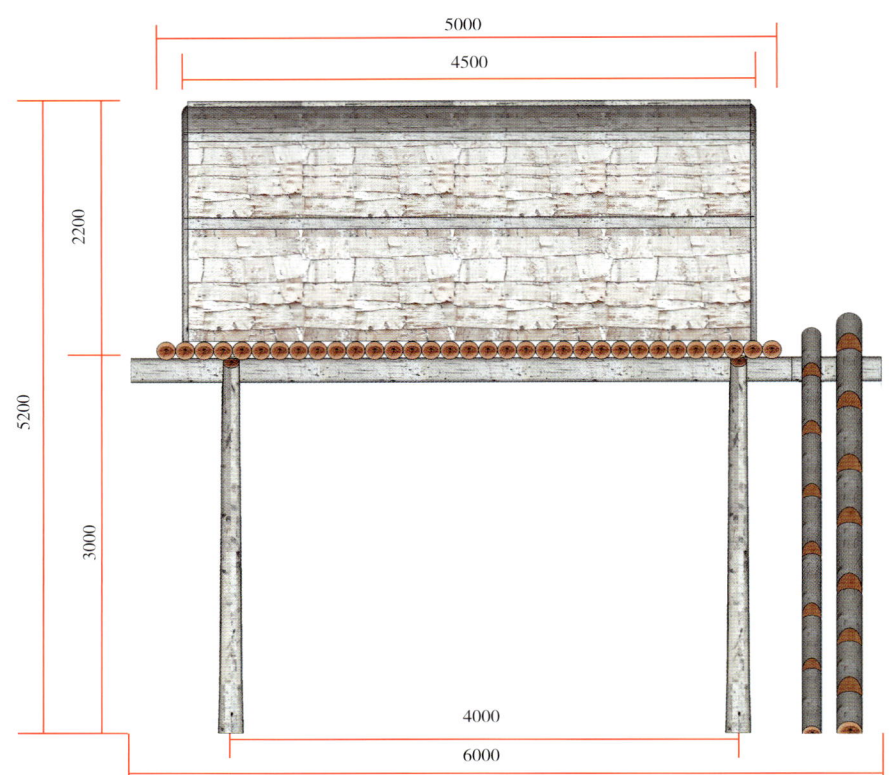

图四　鄂伦春族奥伦侧立面尺寸图（单位：mm）

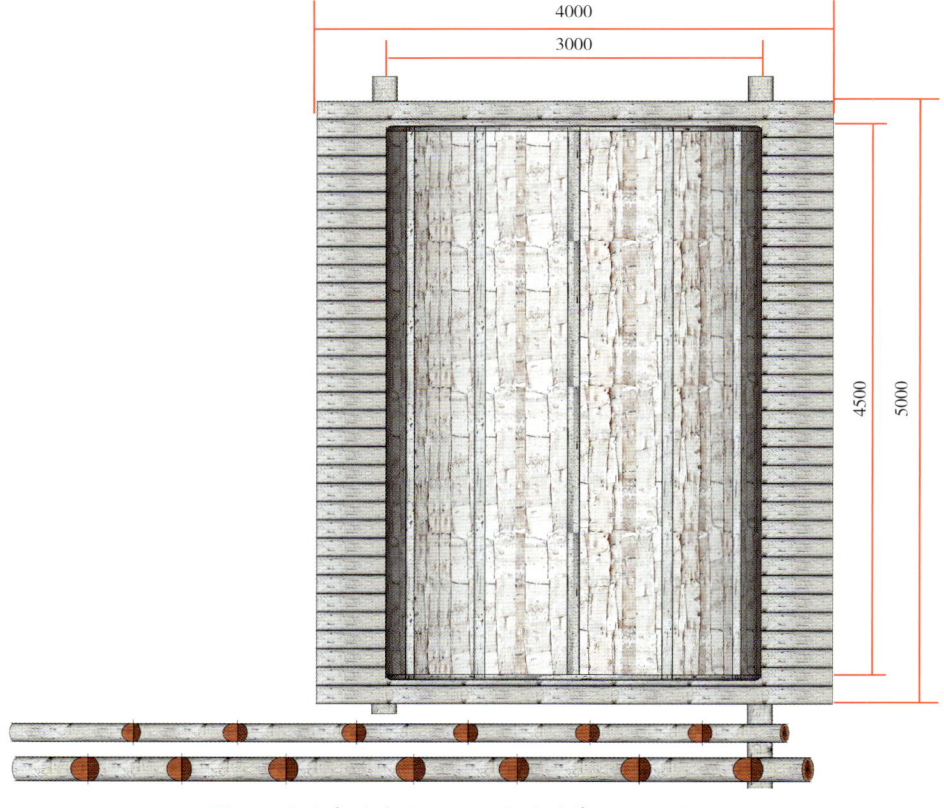

图五　鄂伦春族奥伦顶视尺寸图（单位：mm）

图六 鄂伦春族奥伦结构名称图

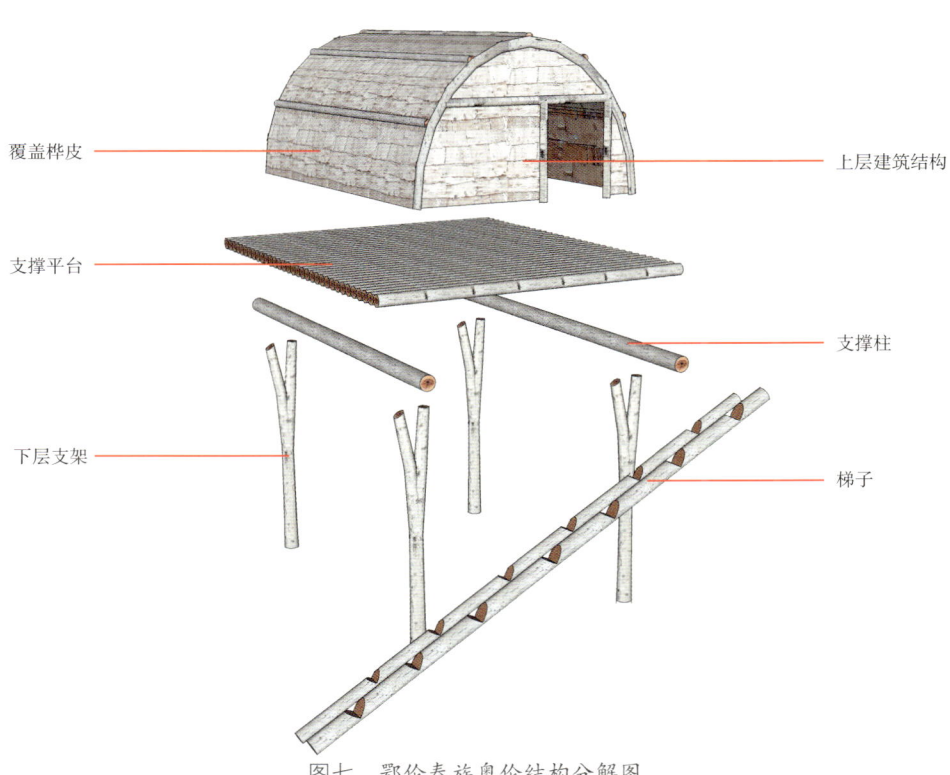

图七 鄂伦春族奥伦结构分解图

图八 鄂伦春族奥伦平面场景图

图九 鄂伦春族奥伦使用情境图

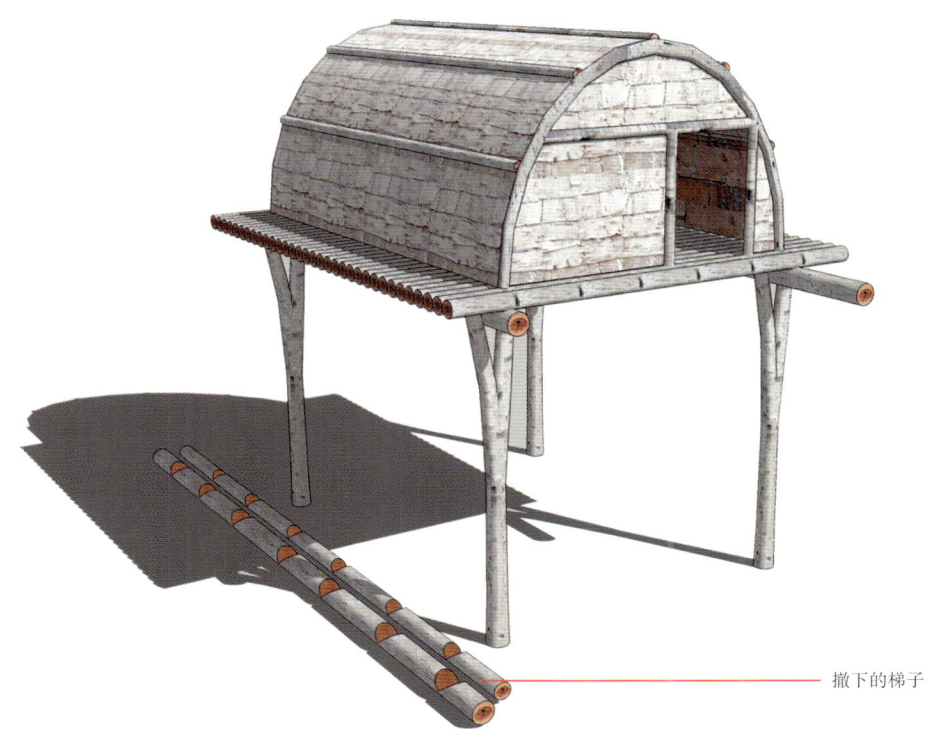

———— 撤下的梯子

图十　鄂伦春族奥伦搁置情境图

鄂伦春族麦汗

图一　鄂伦春族麦汗主图

鄂伦春族是以狩猎为生的民族，建筑的功能与形式也是为了长期在外的狩猎生活。与木刻楞与斜仁柱等长期驻扎建筑不同的是，麦汗这种建筑主要是为外出狩猎而临时居住的简易棚舍。麦汗，也称为布棚，是鄂伦春族人夏季狩猎时可以随身携带的一种简易防雨帐篷。其结构十分简陋，主要由下层的支撑结构和篷布构成。支撑结构通常就地取材，选用两根十几厘米左右，顶端带杈的树杆，固定于地面，之间间隔2米左右，两根树杈之上搭一根较为平直的树杆作为横杆，则完成了麦汗的支撑结构。在鄂伦春族人居住的大小兴安岭树木众多，为麦汗的建造提供了充足的原料，减少了建造的成本和寻找材料的时间。篷布是猎人随身携带的装备，展开后长约5米，宽约3米，其材料是用3块长约5米，幅宽约1米的防水白布缝合而成，篷布的四边缝上马尾绳以防止篷布开衩脱线，篷布的宽边两头分别钉上4~6个绳套，以方便固定。

鄂伦春族猎人在野外搭建麦汗时，应首先就地取材完成支撑结构的部分，并对结构的树杆表面予以处理，防止划破篷布和刮伤猎手。篷布在铺设时，首先应搭在横杆之上，向两侧撑开，绷紧拉成人字形，运用削成楔形的木桩穿过绳套固定于地面上，尽量使篷布拉直形成45度的倾角，起到抗风防雨的作用。

麦汗的内部陈设相对简单，主要以猎人随身携带的生活用具为主，猎具放在铺盖一侧，铺盖下面垫了厚草，防潮防寒。室外搭设篝火，用于煮饭烧水和夜晚防寒。

麦汗的建筑外观简易轻巧，搭接快速容易。木结构与篷布的搭配组合，为夏季在外狩猎的猎手提供了良好的临时休息的处所。同时木结构原料方便获取，结构简单，篷布折叠后可随身携带，具有极大的便利与临时性。麦汗的建筑形式具有极强的民族特色与地方特色，是林区狩猎时理想的临时建筑，彰显了鄂伦春族人的聪明才智和独特的狩猎文化特色，承载了民族的历史和文化价值。

图片来源
图一至图十　刘洋　制图

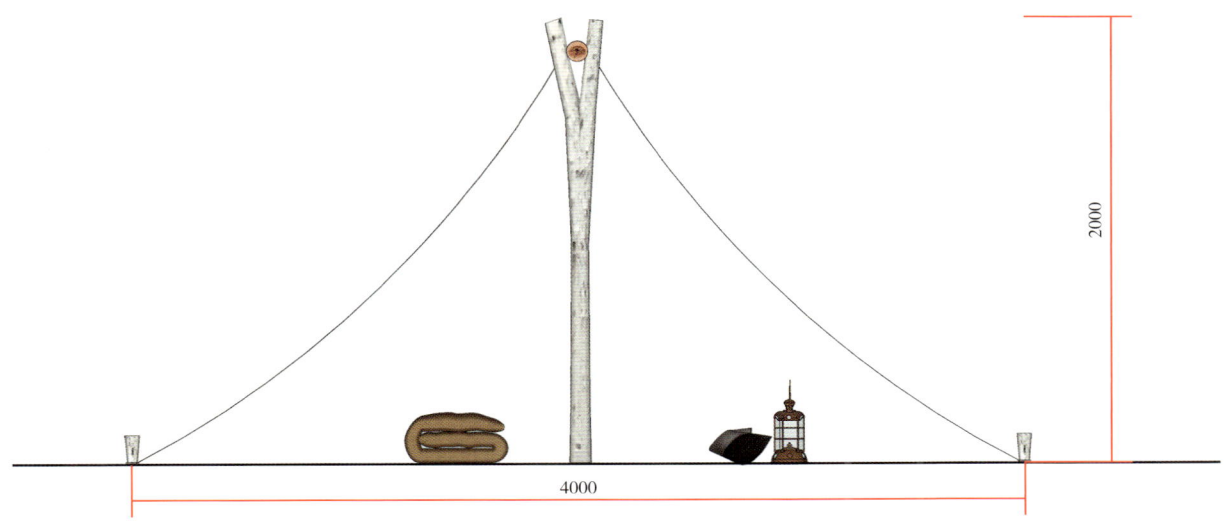

图二　鄂伦春族麦汗正立面尺寸图（单位：mm）

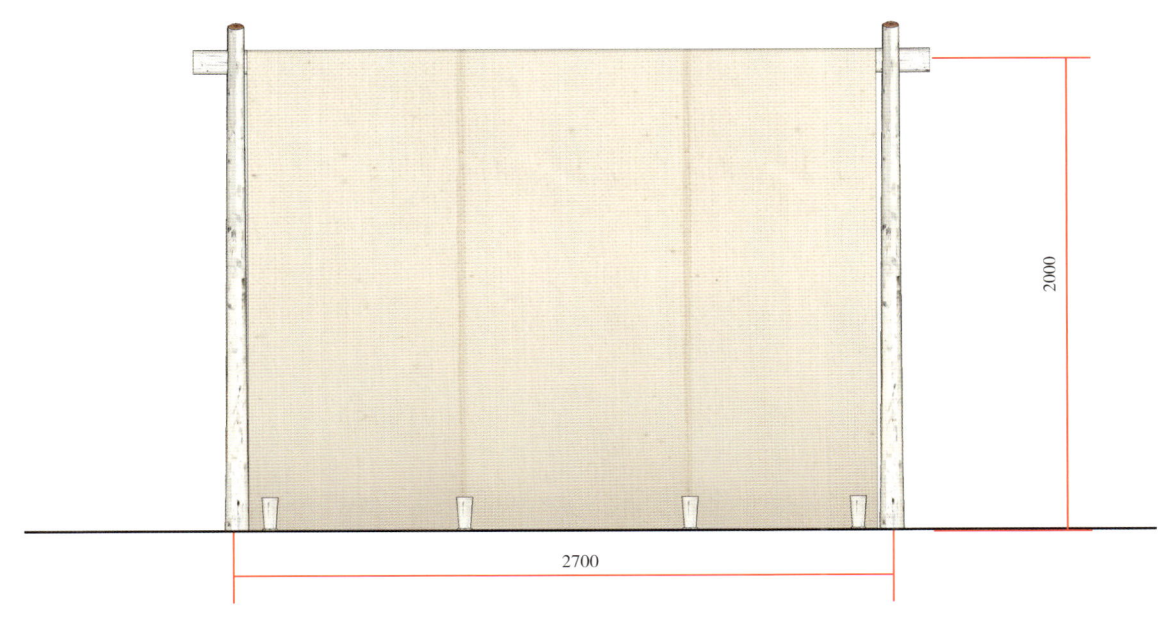

图三　鄂伦春族麦汗侧立面尺寸图（单位：mm）

图四　鄂伦春族麦汗顶视尺寸图（单位：mm）

图五　鄂伦春族麦汗防水篷布尺寸图（单位：mm）

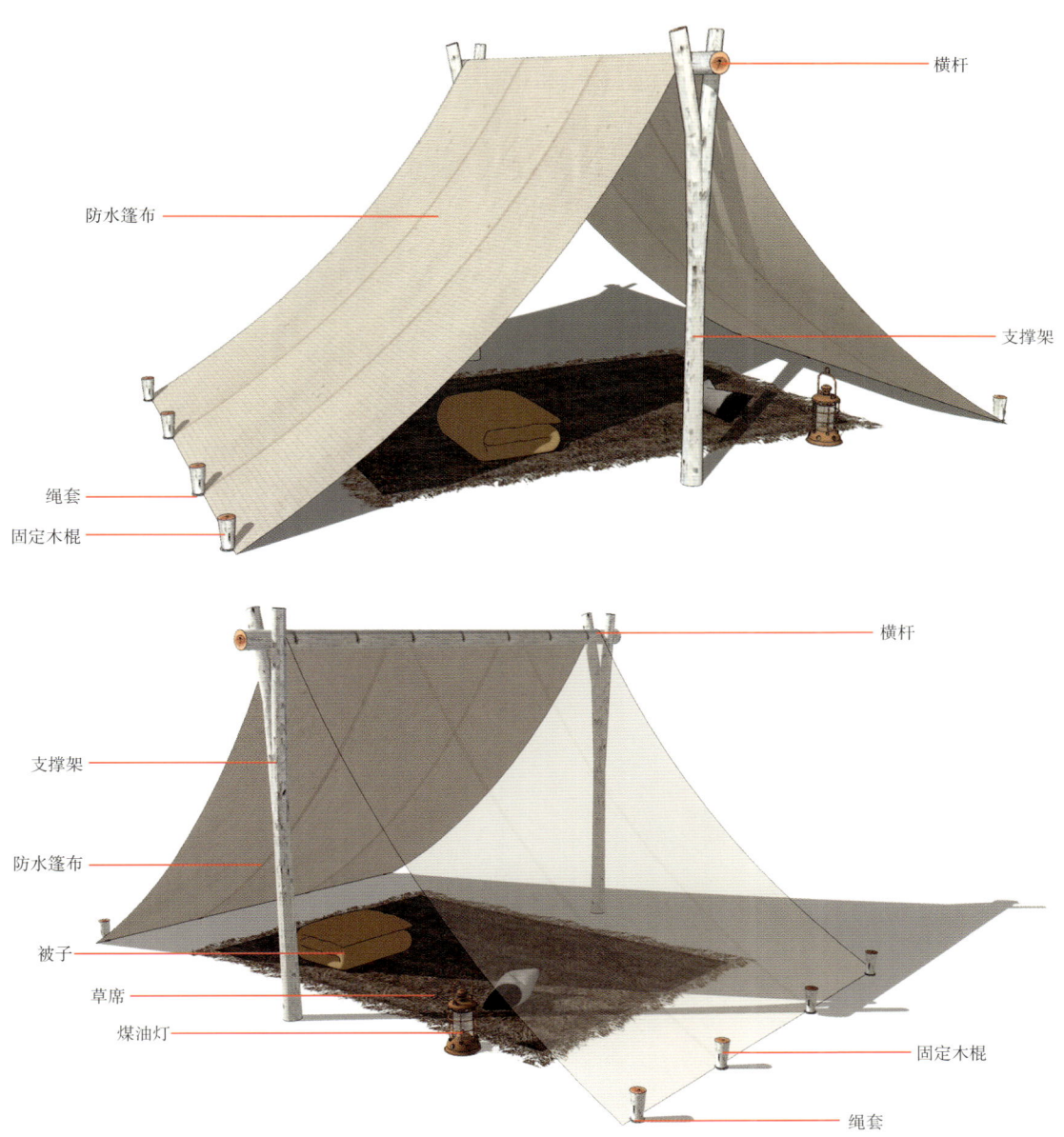

图六　鄂伦春族麦汗结构名称图

图七　鄂伦春族麦汗内部情境图

图八　鄂伦春族麦汗平面场景图

图九　鄂伦春族麦汗使用情境图

图十　鄂伦春族麦汗携带于马背上情境图

第二章 鄂伦春族传统服饰

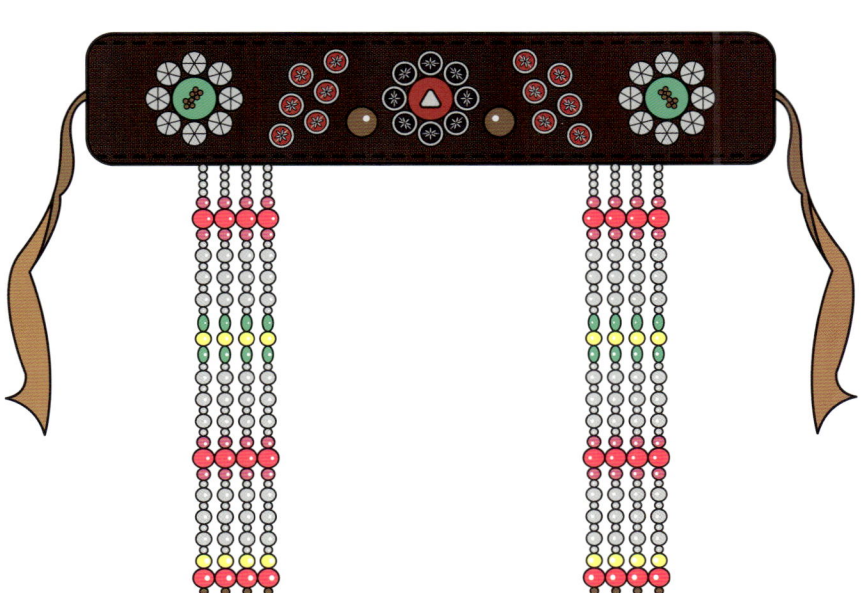

鄂伦春族苏恩

图一　鄂伦春族苏恩主图

"苏恩"即鄂伦春语"皮袍"的意思。长期狩猎生活的经验，使得鄂伦春族人独具匠心地创造了狍皮服饰文化。苏恩多以冬季猎取的狍皮经过加工缝制而成，既分男女，也分季节。男袍有长短两种，长皮袍没过脚面，为冬季一般时候的穿着。短皮袍则到膝盖，为打猎时候方便骑马穿着，并前后开衩。女袍则较长，左右开衩，样式较多，并绣有花纹。男袍多系皮制腰带，年轻妇女则系彩布带，年长些的妇女则系素色腰带。一年四季动物毛皮也各异，狍子毛皮在冬季毛皮为白灰色，绒毛厚且长，可以做冬季衣袍；春秋季节毛色为灰黑色，适合春秋使用；夏季为红色，毛短皮薄，多用于夏季衣物。

男式狍皮衣称作"尼罗苏恩"，立领，用纽扣连接领子与衣物，可拆卸，宽一到两寸。衣身为侧开襟，边缘用薄皮料子进行包边缝制，衣身为白色时开襟边缘则为黄色，相反衣身黄色则开襟边缘为白色。下摆和纽扣处也有包边处理。制作苏恩的材料多为冬季皮厚毛长的狍皮，工序较为复杂，一般需要四至七天的时间。第一步是将狍皮割好后，进行鞣制处理，对皮子进行发酵，有两种方式：一是"肝脑发酵法"，在皮板上涂上捣烂的生狍肝、狍脑，待其发酵后，将血丝等污垢刮去，再反复鞣，到皮板鞣软为止，鞣好的皮子非常柔软，与布料类似。另一种是"水浸法"。用水将皮板淋湿，再沥水一天一夜，到其渐干为好。然后剪裁，制作一件苏恩大约需要五六张狍皮，将狍皮剪成六大块，即上背、后襟、前胸、左袖、右袖，再根据狍皮的形状进行拼合缝制。缝制的线是由狍、鹿、犴的筋制成的，非常结实，很难绽开。苏恩的边缘缝制着有颜色的狍皮，男袍多为黄色薄皮，女袍则为黑薄皮。一件苏恩大约能穿三年，一般是狍皮为面，毛为里，但反正都可穿。起初没有装饰纹样，只起到防寒蔽体的作用，后期随着技术和审美心理的成熟而出现各种纹样。

鄂伦春族人因地制宜，根据其地理位置、气候环境以及动植物等特点，充分利用狍子的特性，肉为食、皮为衣，形成了自己民族特有的服饰文化。苏恩具备保温好、行动方便、耐穿等优点，也有经济环保的设计思想。一方面其对于皮质的处理和利用，以及男女狍皮不同的开衩方式，给现代服饰中皮毛的设计带来灵感与启示。但是另一方面，其绣、织和印染、缝制等工艺及独特的图案内容和艺术表现正处于濒临灭绝的境地。苏恩作为民族智慧的结晶，有着重要的文化意义和价值，我们应该对其充分重视，对非物质文化遗产进行保护和关注，使其民族精神更好地发展与传承。

图片来源
图一　郭立忠　摄影
图二至图九　刘岳明　制图

参考书目
何青花，宏雷. 鄂伦春服饰. 北京：民族出版社，2010.

背面　　　正面

图二　鄂伦春族苏恩男袍外观图

背面　　　　　　　　　正面

图三　鄂伦春族苏恩女袍外观图

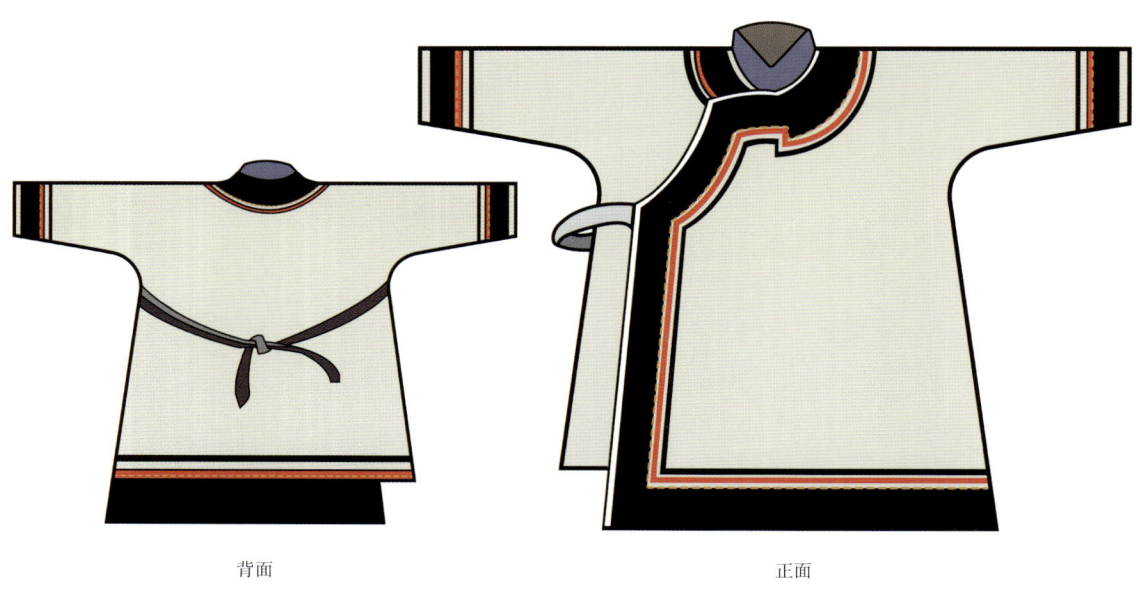

背面　　　　　　　　　正面

图四　鄂伦春族苏恩童装外观图

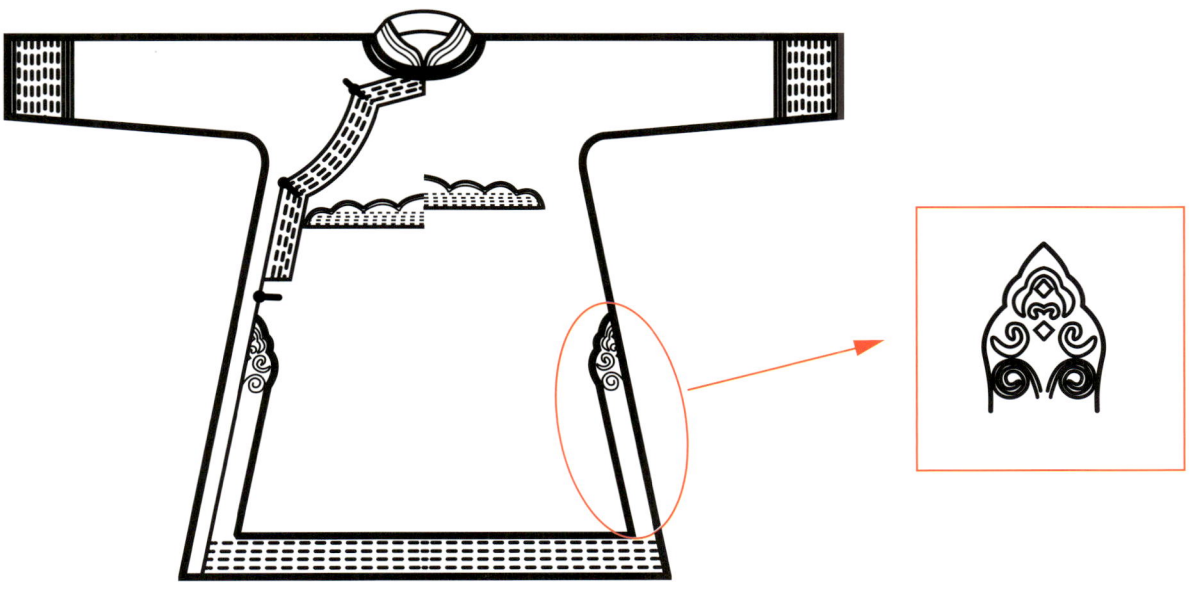

图五　鄂伦春族苏恩男袍纹样示意图

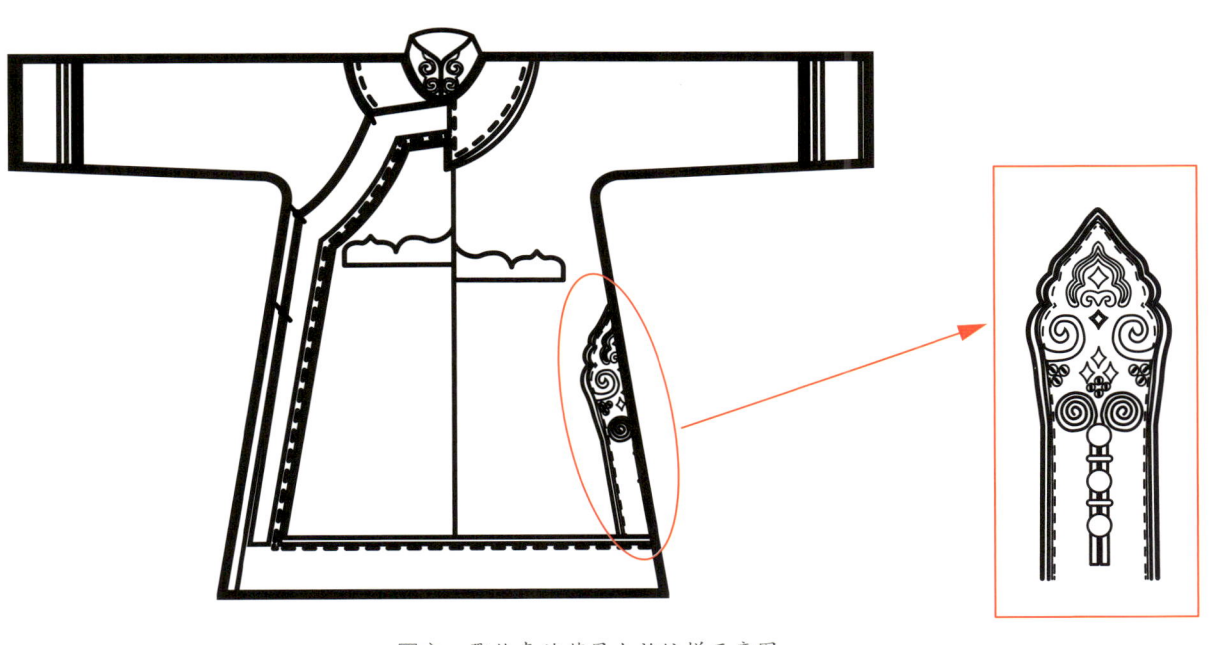

图六　鄂伦春族苏恩女袍纹样示意图

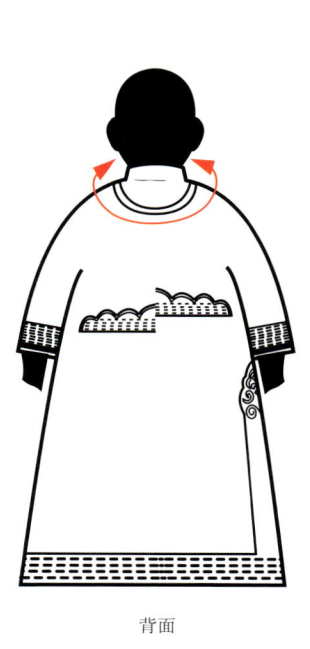

背面　　　　　　　　　正面

图七　鄂伦春族苏恩男袍穿着效果示意图

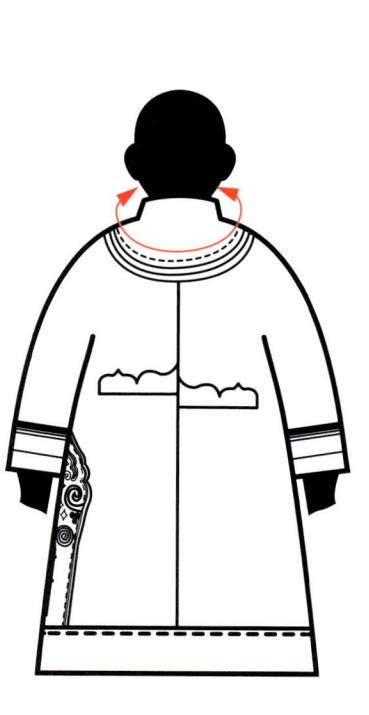
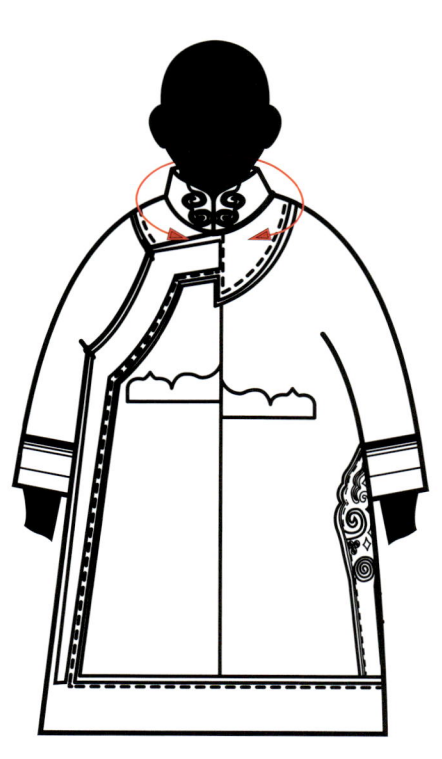

背面　　　　　　　　　正面

图八　鄂伦春族苏恩女袍穿着效果示意图

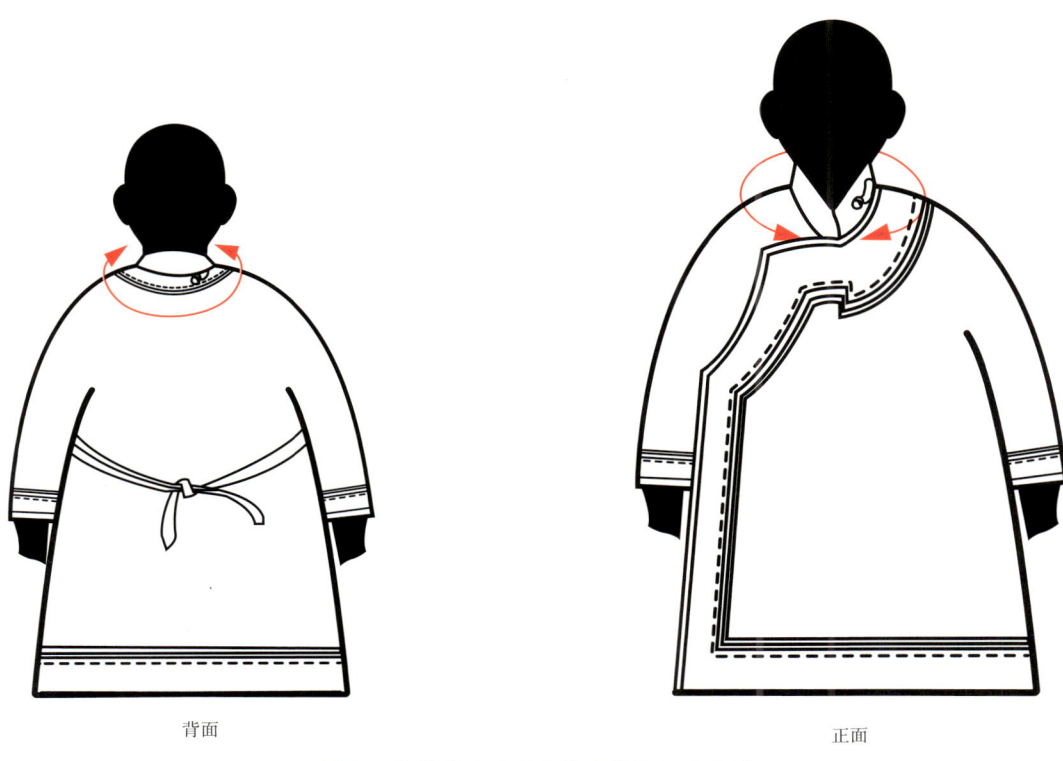

背面　　　　　　　　　　　　正面

图九　鄂伦春族苏恩童装穿着效果示意图

鄂伦春族敖罗奇

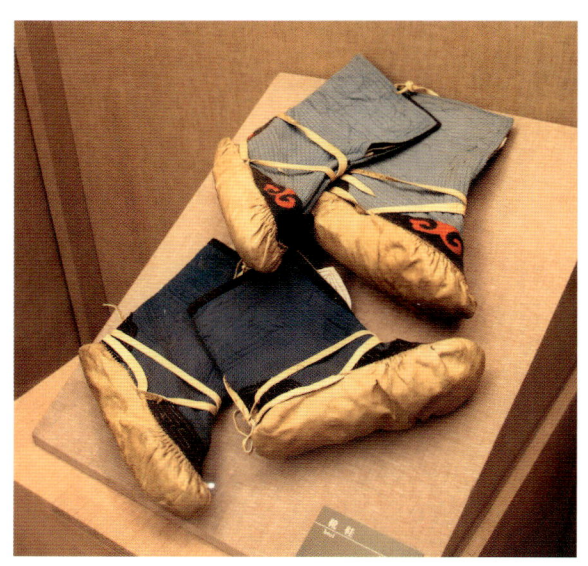

图一　鄂伦春族敖罗奇主图

"敖罗奇"是鄂伦春语的音译，是鄂伦春族人穿的"布鞋"的意思。鄂伦春族人由于地处严寒，加上打猎后动物毛皮剩余多，服饰上多为狍皮等动物毛皮所制。敖罗奇即为其夏季日常穿着的由动物毛皮制作的布鞋，由三到四层布做鞋帮，狍皮或犴皮做底，鞋面上绣有花纹，鞋后有两根长绑带，穿鞋时缠绕在腿上，防止鞋脱落。

制作敖罗奇的原料为鄂伦春族人猎取的狍皮、犴皮等，多为其腿部毛皮。犴皮皮质较厚，喷水定过型之后不易变形，结实耐穿，因此，犴皮常作为鞋底，制作方法是将狍皮和犴皮砸软后进行缝制。黄色和蓝色的布料缝制成鞋面，鞋帮也是由布料制成的，靴子前尖有装饰并微微上翘，鞋底做成人脚大小的形状，布料缝合处针脚很小，只露出浅浅的小坑，或者直接作为装饰而整齐规律的绕缝合处一周，鞋面和鞋跟缝合处有各式精美的绣花图案，女鞋上的绣花要比男鞋多一些，这些绣花既起到缝合的作用，又起到装饰美观的作用。鞋子前帮处有一个四到五厘米的开口，是为了方便穿鞋，鞋子后跟处有两条皮条带子，穿着时前后交叉系在脚脖上。穿着敖罗奇时不穿袜子，为了走路舒服，鄂伦春族人在鞋内放少量的靳撒草。雨天的时候，敖罗奇也可以当作雨鞋来穿。鄂伦春族人冬季穿着的皮鞋音译为"其克密"，鞋子的样式与现代短靴类似，鞋底的材料和制作与敖罗奇一致，只在鞋帮的上端又增加了一段高度。这样做能更好的保护好脚和小腿，在增加的高度部位有各式绣花。鞋面由狍皮制作，鞋侧面无开口，鞋口较大，利于穿鞋。鞋的后跟，有两条较长的皮带，穿的时候和敖罗奇一样，将带子反复绕道小腿上，与鞋带作用相似。鞋面、鞋底和后跟缝合处有绣花图案，其克密在雪地上穿着非常适用，一来御寒保暖，二来走起路来声音小，利于狩猎，所以狩猎多穿这种鞋子。

鄂伦春族人在敖罗奇制作上充分利用了大自然给予的自然材料，将狍子和犴的腿部毛皮用来制作靴子。因为狍子身上的大块毛皮是服饰的主要来源，而腿部等毛皮面积较小不利于服饰的制作，鄂伦春族人将狍皮、犴皮充分析分，布料做鞋面，狍皮、犴皮做鞋底，制作出了既实用又美观的布鞋。装饰上，采用多块布料拼贴而成，缝合处用绣花图案做装饰，既美观又结实。色彩上，一年四季狍子随季节不同毛皮颜色不同，又因为制作者的喜爱不同，"敖罗奇"的颜色也不尽相同。使用上，靴子由犴皮做底，靴底柔韧，防寒保暖，布料质量较轻，利于长途行走，透气轻盈。"敖罗奇"是鄂伦春族人智慧的结晶，充分体现了地理环境和气候因素对鄂伦春族人服饰的影响。

图片来源

图一　郭立忠　摄影
图二、图三　刘岳明　制图

参考书目

何青花，宏雷.鄂伦春服饰.北京：民族出版社，2010.

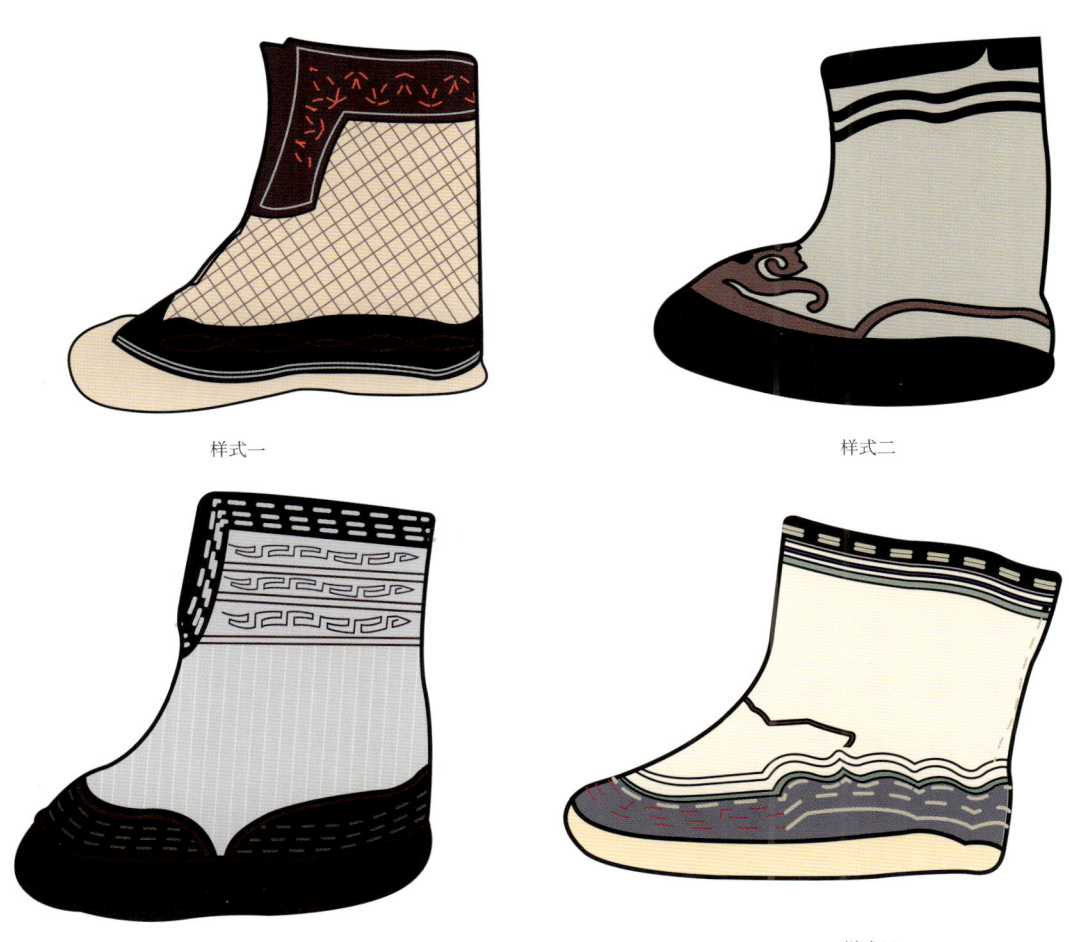

样式一　　　　　　　　样式二

样式三　　　　　　　　样式四

图二　鄂伦春族敖罗奇样式示意图

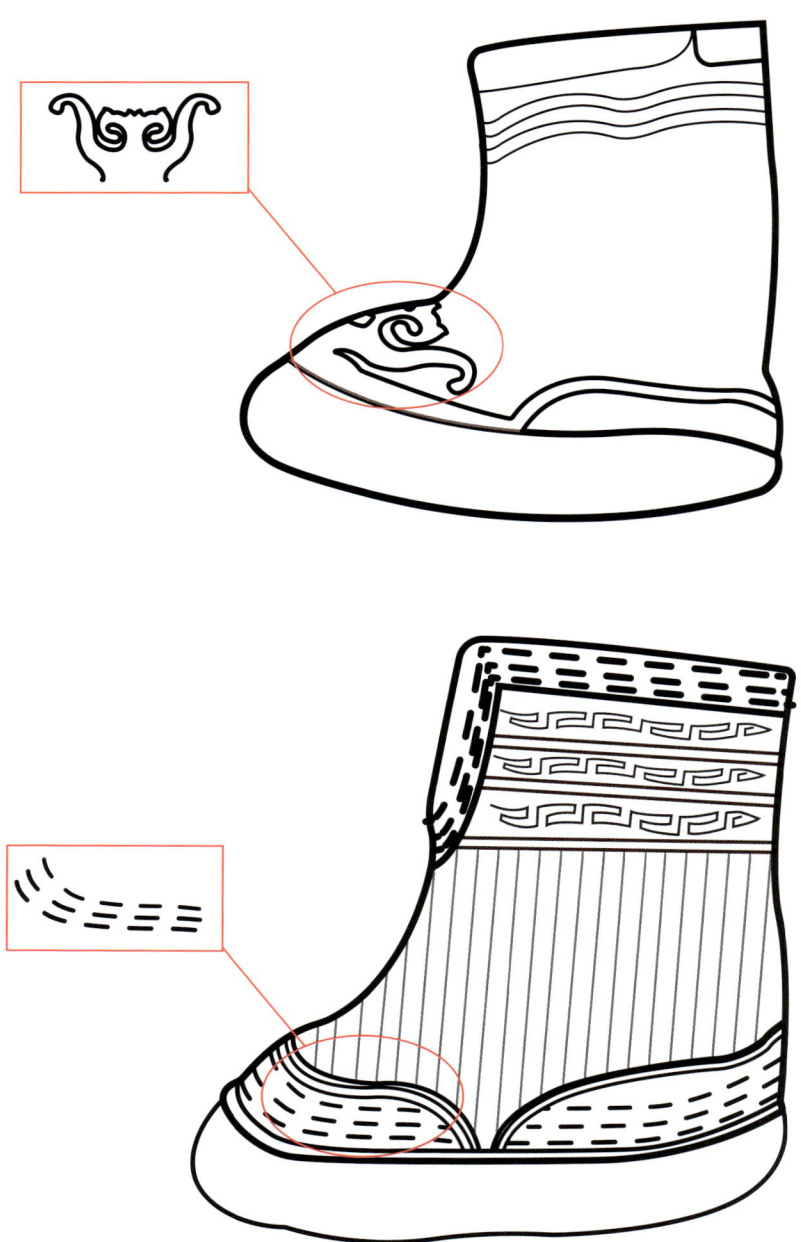

图三 鄂伦春族敖罗奇纹样示意图

鄂伦春族密塔哈

图一 鄂伦春族密塔哈主图

"密塔哈"是鄂伦春语,意为"狍头帽"。它是由狍子头部原样剥下来制作而成的。佩戴季节多为冬天,鄂伦春族人在打猎时将其戴在头上,这样既保暖又不暴露自己,打到的猎物自然较多,长久下来,便形成了独特的狍皮帽文化。密塔哈多为男子和儿童佩戴,女子则喜欢戴绣有花纹的猞猁皮帽,造型精美,帽耳和帽沿镶珍贵皮毛。

密塔哈皮帽一般是用公狍子的皮制成的,将狍头皮从鼻子下部割开,形成半圆形为40~60厘米的口。制作难度一般。第一步：将完整的狍子头部剥下，掏空其内部，头部里面的脑肉剔除，保留狍子的眼睛、鼻子、耳朵和角，撑开来晾干。第二步：将朽木的木屑蘸水装入晾干后的头部内，反复进行揉搓，再闷上大约一天一夜的时间，待水分完全渗入皮子后，将木屑去除。第三步：用"毛丹"和"贺得勒"进行熟制，将其用盐水浸湿，然后在炭火上烘烤进行定型。第四步：用苇子等物件填充，防止皮子干缩。最后，用棉花和布料等缝制里子，将眼睛部位的窟窿用黑色皮子补上，并绣有眼珠的纹样；用于打猎的男子狍皮帽上的真耳朵割掉，换上用兽皮缝制的假耳朵，儿童佩戴的狍皮帽则保留了真的狍子耳朵；狍子的两个角被保留下来。皮帽下边镶一圈毛皮，当作帽耳，平时卷在上边做帽沿，冷的时候放下来做护耳，美观且实用。

最开始时，"密塔哈"主要的作用是为了伪装。鄂伦春族人在狩猎时，动起来会惊动动物，长此以往，鄂伦春族人便想到将自己伪装起来，头戴狍头皮帽，身披动物皮，这样动物便不易察觉，使得狩猎成果增加。但是由于是多人狩猎，藏匿起来难免连猎人们之间也难以辨认，因此打猎时候戴的皮帽将动物的真角去掉，换成自制的假耳朵，既骗过动物，又不易被其他猎人误伤。而孩子们戴的皮帽则无需更换假耳朵，多为狍子的真耳朵。

随着时代的发展，密塔哈也在不断演替，功能更为成熟，造型也更为美观。密塔哈是鄂伦春族的得意之作，其影响也远远超过了鄂伦春族猎人的生活范围。它不仅具有很好的保暖和装饰作用，还是鄂伦春族人物尽其用的典型代表。鄂伦春族人猎取狍子，肉为食，皮作袍，狍爪成靴，头部则变帽，将狍子利用至极。另外其设计意识，用狍头做帽子来打掩护；将狍子真耳朵换成狍皮制成的假耳朵，用于猎人间互相识别等，与现代的敌我识别系统有异曲同工之妙。密塔哈是鄂伦春族人智慧的结晶。鄂伦春族人在其独特的生产方式、地理和气候环境下，通过长期的打猎经验总结、发明的密塔哈皮帽，不但对其民族产生了现实效益，更是影响了当代和未来设计师的设计思想，为其提供丰富的文化底蕴和创意启示。

图片来源
图一　郭立忠　摄影
图二至图四　刘岳明　制图
参考书目
何青花，宏雷.鄂伦春服饰.北京：民族出版社，2010.

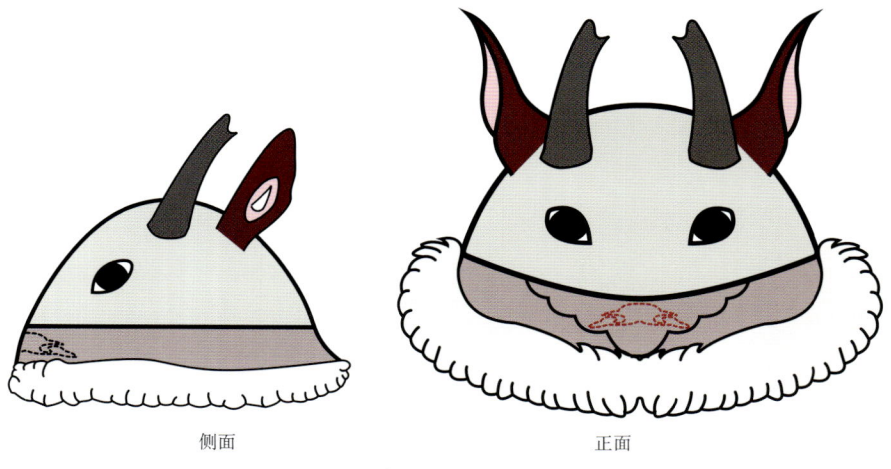

侧面　　　　　　正面

图二　鄂伦春族密塔哈样式一外观图

侧面　　　　　　　　　　正面

图三　鄂伦春族密塔哈样式二外观图

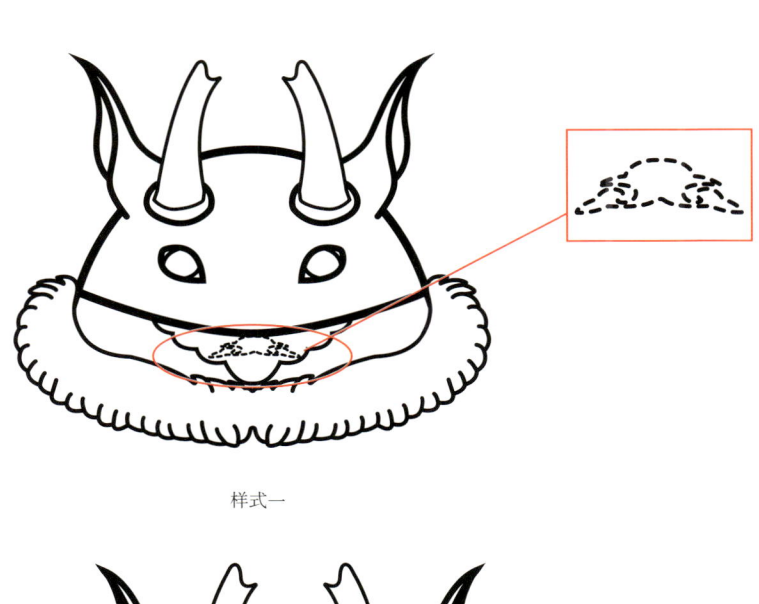

样式一

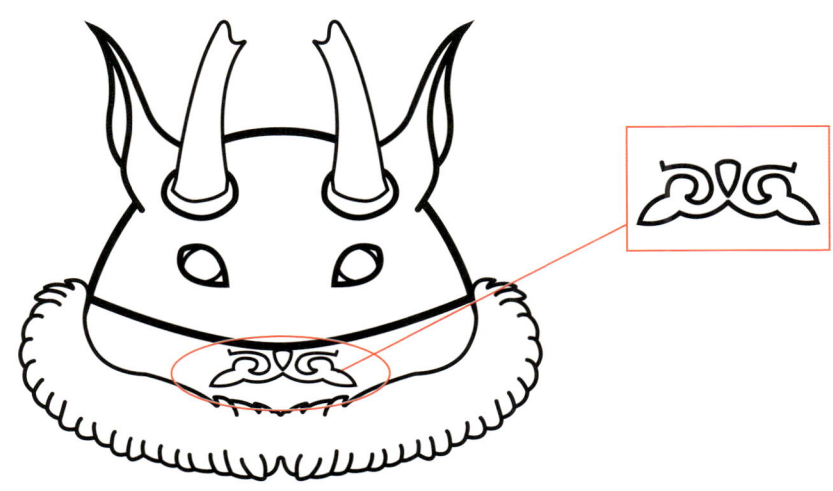

样式二

图四　鄂伦春族密塔哈纹样示意图

鄂伦春族阿文

图一　鄂伦春族阿文主图

鄂伦春族语"阿文",即鄂伦春族妇女冬天常佩戴的皮帽。因其居住地区寒冷,帽子是鄂伦春族人日常必须品,相比于男子和孩童佩戴的直接取自动物头颅的密塔哈,妇女皮帽则更偏向美观和装饰性。阿文做工精美,帽檐和帽耳的里面镶上狐狸、兔毛或猞猁皮毛,毛外围绣有各式装饰图案,帽顶有彩穗垂直于脑后,帽檐和左右耳可根据天气冷暖情况翻起或放下,美观又实用。

鄂伦春族妇女佩戴的阿文皮帽分为两种,一种是春秋佩戴的布帽,另一种则是冬天戴的毡帽。区别在于布帽较轻薄,帽顶一般无装饰,而毡帽内部则缝有较多毛皮,用于保暖,帽顶装饰物也较多。阿文皮帽的加工总的来说分为三道工序。首先对毛皮进行加工,经过晾制、沤制、去脂、刮皮、揉搓。然后是进行染色,选取天然的染色材料,如自然环境中的一些树木的皮、各种野花野果、中药材等。这样,染后的材料不仅鲜艳,还具有防止腐烂的功效。最后是进行缝制,先将皮料剪成需要的形状,再用骨针和筋捻成的线进行缝制。三道工序下来,就完成了皮帽的制作。制作阿文皮帽的材料并非是单一的狍皮,还包括狐狸皮、貂皮和水獭皮等，后来随着社会不断发展，也有现代材料的融入，如布料、人造毛、毛线等。样式上也不再有动物的角，而是皮制的四个耳朵，因此得名"四耳皮帽"，前面和后面的耳朵较小，两侧的耳朵较大，放下可用于冬季御寒。帽子的顶端一般会有装饰皮条、彩带、红色樱子或者灰鼠尾巴，意为吉祥如意。皮帽两侧缝有系带，寒冷天气里可以系上带子，使帽子更好贴合头部，起到防寒保暖的作用。装饰上由于制作的人不同，花样和图案也不同，多见彩条、纽扣、珠串、花草和动物绣纹。阿文皮帽上的图案，使用不同毛皮进行拼接，还有的用彩色布条和彩色绣花线缝制，极具美学性和艺术性。点、线、面的运用相互呼应，具有韵律感。绣纹各不相同，韵味也不尽相同。色彩运用丰富，造型具有美感，形成鄂伦春族传统服饰极具特色的亮点。色彩搭配种类繁多，一般以黄棕色毛皮为主，饰有各式彩色布条、绣纹、彩穗等，装饰效果很好。

阿文皮帽是鄂伦春族妇女通过生活实践并注入对美好生活的热爱而设计出来的，鄂伦春族妇女用其极具特色的服饰，表达了鄂伦春族人的智慧和汗水，也承载着这个民族对生活的追求和美好希望。帽上镶嵌的各种装饰物，如动物毛皮和绣案等，不但有美化装饰的作用，还具有更实用的保暖用途。侧面两耳可向上翻的设计，不仅美观且实用，可根据气候变化选择是否放下帽耳，更好的适应天气变化。帽子色彩多样，搭配美观。阿文皮帽的设计，既适合鄂伦春族人居住地的寒冷气候，又极具装饰性，对现代设计起到了很好的启发作用。

图片来源
图一　邢锦韬　制图
图二至图五　刘岳明　制图
参考书目
何青花，宏雷.鄂伦春服饰.北京：民族出版社，2010.

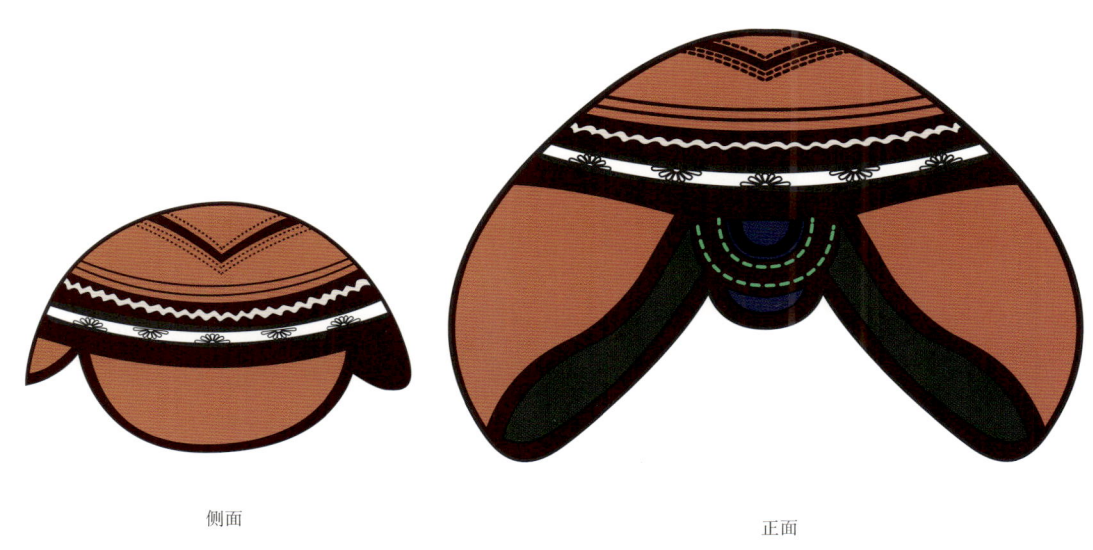

侧面　　　　　　　　　正面
图二　鄂伦春族阿文样式一外观图

侧面　　　　　　　　　　正面

图三　鄂伦春族阿文样式二外观图

正面　　　　　　　　　　侧面

图四　鄂伦春族阿文样式三外观图

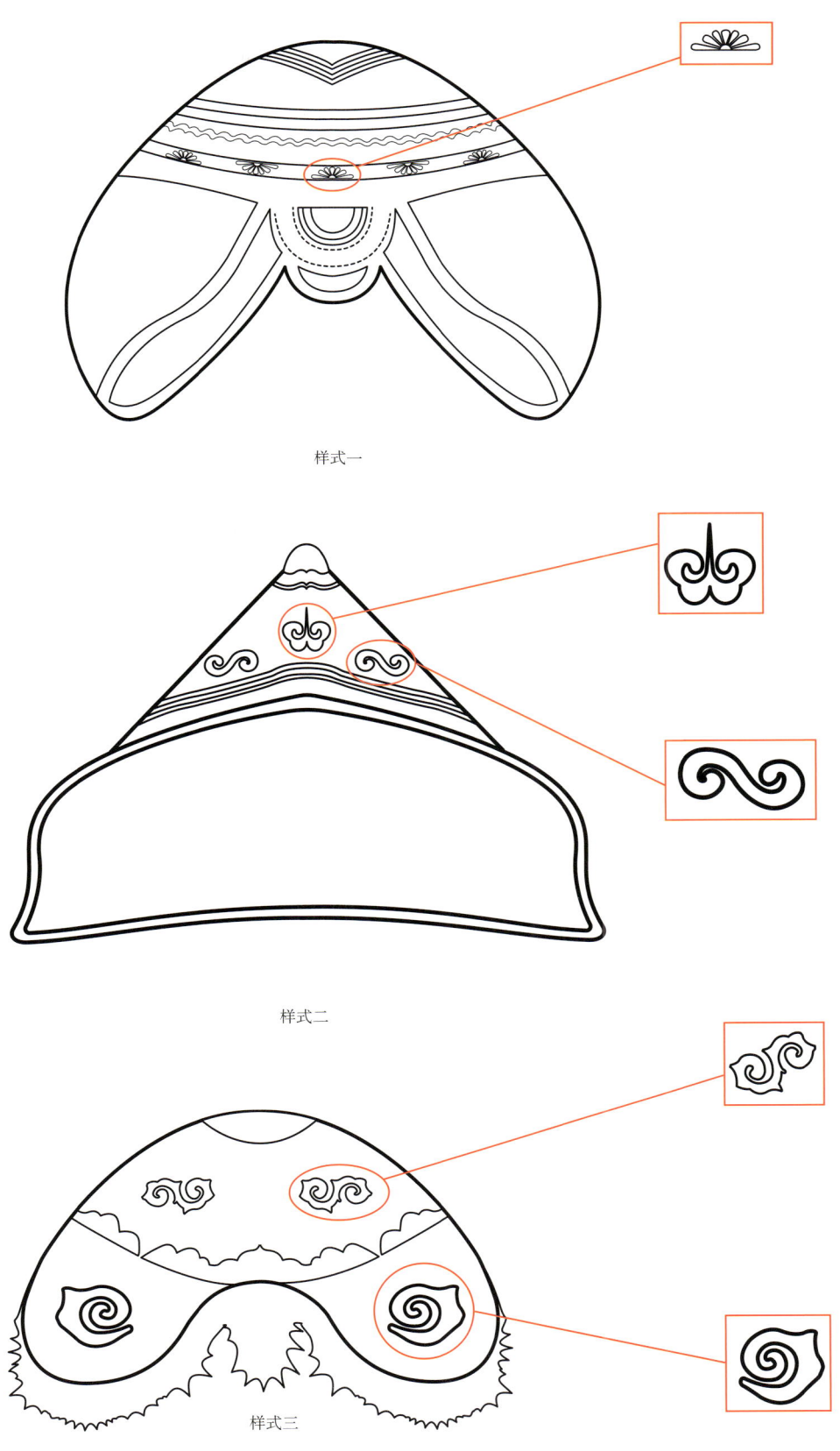

样式一

样式二

样式三

图五 鄂伦春族阿文纹样示意图

鄂伦春族荞给晃布吞

样式一

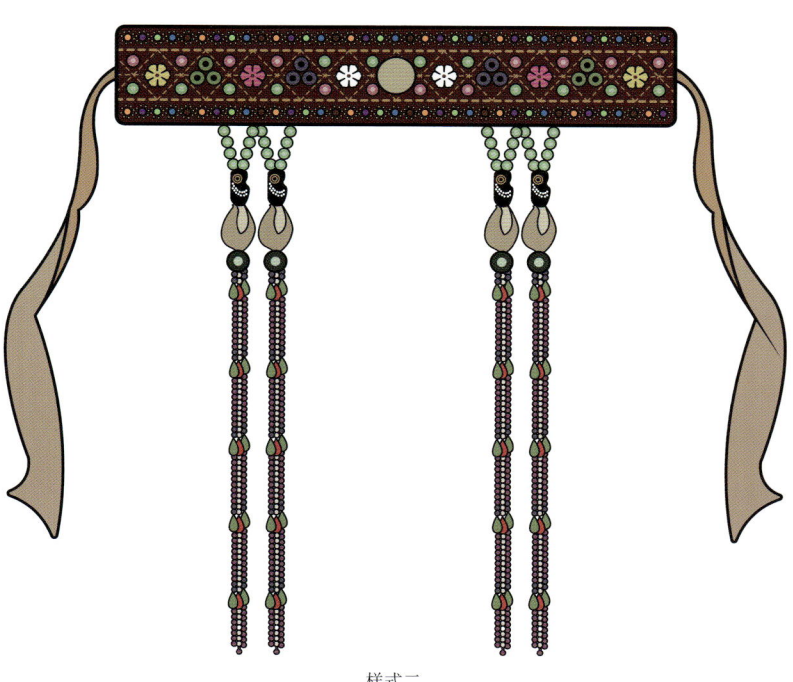

样式二

图一 鄂伦春族荞给晃布吞主图1

在长期的狩猎和社会实践生活中，鄂伦春族人创造了属于自己的独特的文化，鄂伦春族妇女的头饰便是其中一项。早期的鄂伦春妇女用彩色的布条绕在额间作为装饰，后来逐渐演变成鄂伦春族特有的妇女头饰。

鄂伦春妇女的头部的装饰分为头饰和发饰两种，发饰通常较为固定，而头饰则种类较多，主要由花草、耳环、各色扣子和贝壳制成的头饰组成。早期鄂伦春族妇女上山劳动时，看到各种美丽的山花，觉得很漂亮，就将其采摘下来编成花环，戴到头上，后来逐渐形成一种习俗，但是美丽的山花并不能长久，鄂伦春族妇女便利用生活中类似的材料代替花环，就有了色彩斑斓的纽扣制成的头饰。早些时候的头饰颜色与样式单一，类似于发带系在脑后，钩或者扣用于固定，后发展为圆形的发箍。头饰的长为头的大小围度，制作时测量好佩戴人头围尺寸，防止因大小不合适而无法佩戴，宽度为三至四厘米。头饰的底色布根据制作者的喜好而定，多为黑色和红色。制作头饰的配饰多为大小形状相似，色彩鲜艳的纽扣，起初纽扣是按照横竖对齐的均匀排列，整齐划一，缺少变化。后期则依据色扣的大小和形状排成错落有致的图案，比前期更耐看。后期发饰的宽度也有所增加，以便能在上下两端绣有更多

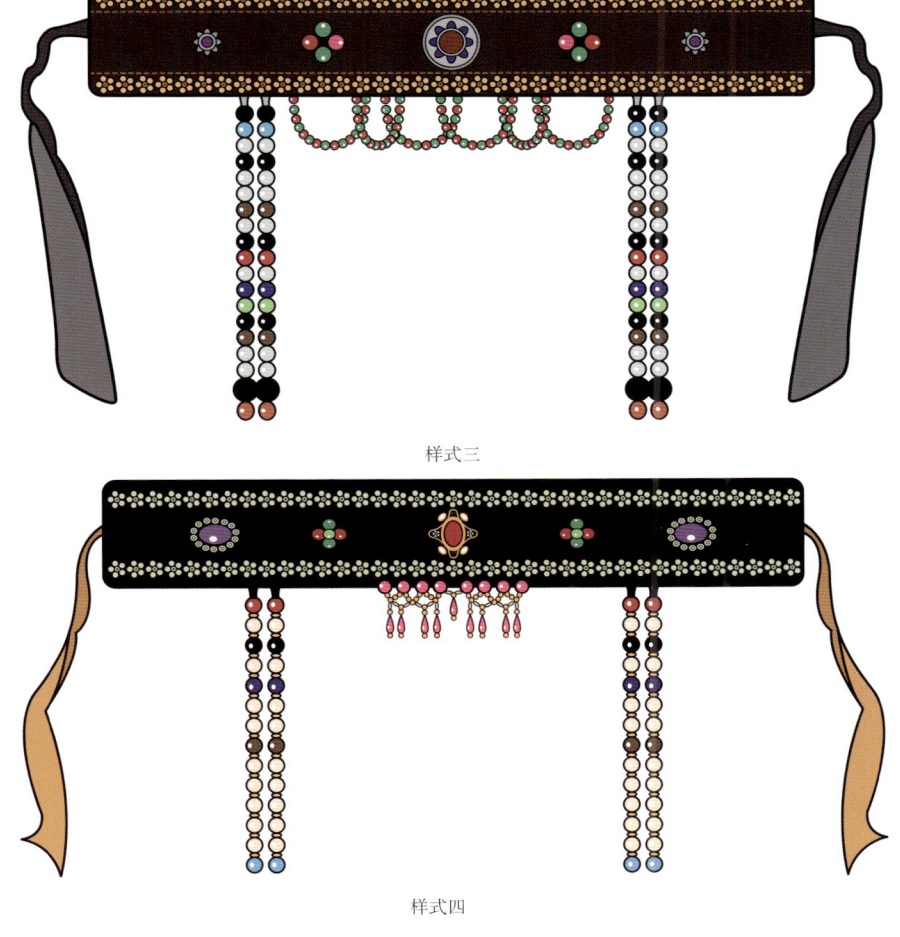

样式三

样式四

图二　鄂伦春族荞给晃布吞主图2

第二章　鄂伦春族传统服饰

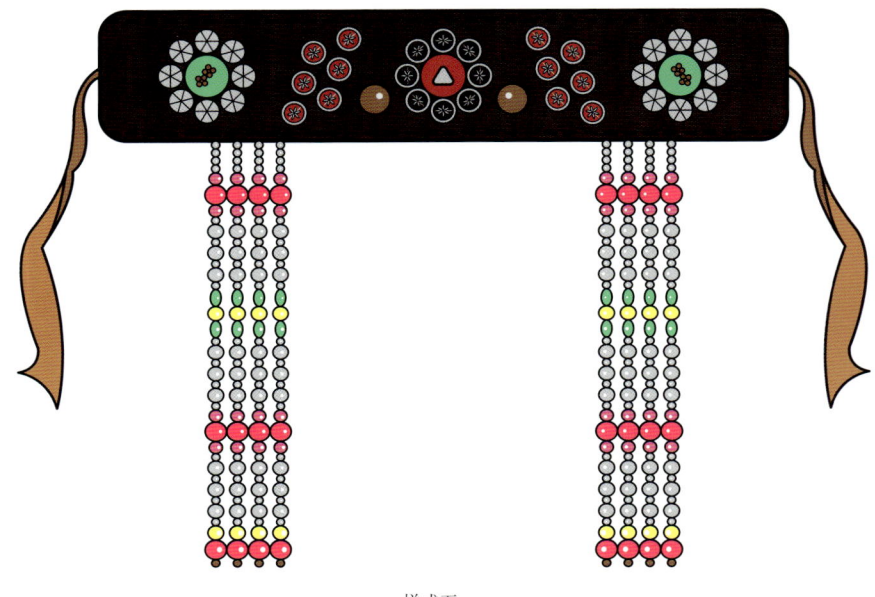

样式五

图三　鄂伦春族莽给晃布吞主图3

图案。图案的排列以正前方为中心，向两边对称着排列，中间重点装饰，两侧推进进行装饰。上下两端有封边装饰，并在底布上锈有绣纹，艺术性很强。头饰上的装饰物在色彩和形状的搭配上讲究对比性、同一性和搭配性。前额处有一排类似刘海儿的各式垂饰物，头饰的两鬓有较长的坠饰，用不同颜色和样式的串珠穿成，用于增加头饰的动感，发带佩戴时系上后面的绑带即可。

从鄂伦春族妇女头饰的变化可以看出时代的进步，由花环到布绳，再到各式色扣制作的精美头饰，可以选择的材料越来越多。近代制作头饰的装饰材料也在发生着改变，头饰上的色扣变少了，取而代之的是用各色鲜艳的亮片和彩色珠球进行的各种分布排列。鄂伦春族妇女在保持其原有形态的基础上，又向前发展。现代制作头饰的材料增加很多，但是制作过程没有发生大的变化，头饰变得越来越精美。

鄂伦春妇女用自然界的花草来装饰自己，这既表明鄂伦春族人对于美的追求，又体现了其对于大自然的热爱，色彩斑斓的纽扣和珠串在物资较为匮乏的森林里很难得，因此鄂伦春族妇女的头饰更是财富的象征。鸟类的羽毛很少出现在鄂伦春族妇女的头饰中，这是因为鄂伦春族人只会因为果腹的目的来射杀动物，而很少因为装饰的目的来滥杀飞禽，体现了鄂伦春族人对大自然的敬畏和生态保护的理念。

图片来源
图一至图三　刘岳明　制图
参考书目
何青花，宏雷.鄂伦春服饰.北京：民族出版社，2010.

鄂伦春族得勒枯萨满神服

图一　鄂伦春族得勒枯萨满神服主图

　　得勒枯萨满即流浪者萨满。清朝以后，随着布匹的传入，萨满神服开始有布衣，但样式还保留原有的兽皮服饰的风格。得勒枯萨满神服的衣襟和下摆位置处有加宽的皮条包着边，包边呈黄色或黑色，这样的毛皮包边不仅有美化的作用，还有固定边缘和防止磨损的作用。得勒枯神服作为萨满神服之一，其特点是图案、花纹和飘带等元素黑色较多。

　　得勒枯萨满帽运用了较多的绣花手段，帽子的主体是用蓝色布制做，帽边翻转处有红色的包边，帽顶有金属制的鹿角，在耳部有布制的两个耳朵，这是动物崇拜和鹿文化的产物。帽前上方是个尖角形宽条装饰，有红布包边，中间绣有圆头双十字形图案和像人形的图案绣花，在帽围正中的下面有一个桃形的精美修饰与上头的箭头饰物上下呼应，好像一种武器，用于保护萨满精神的安全。前面的遮面饰物是用黑色针织物所制成，帽子后有长长的彩色布条飘带。披肩饰为蓝色布面和其他色布合在一起缝制，上面绣有各种独立的美丽装饰图案。以绣花代替海贝壳是一种新的表现形式，可能当时是由于贝壳缺乏，但其情况下的创新，无疑丰富了萨满神服的表现形式。护肩的外圈有精致的绣花飘带，是用蓝、红布料制作，都有考究的包边。袖上臂和袖口部都有红黑底的彩色线绣花，袖口造型有圆形变化。其中部护身铜镜运用很多，左右各两竖行，每行为五个共二十四个铜镜。铜镜的下摆部有三条横绣花装饰皮带，每条图案都有区别，装饰的下方都有五个虎头铃铛。得勒枯萨满神服皮袍对襟和下摆都用黑色宽皮，外加黑皮条装饰。服饰的下摆有皮条穗。后面和其他神服基本相同。

得勒枯萨满神服是由绣花飘带、铜镜、装饰条带、虎头铃、皮条、皮条穗等元素构成。蓝色象征着祭天、河流和湖泊，红色则象征着祭火。披肩是用于保护萨满做法时不被恶魔所伤害；披肩上的飘带上绣着日月等自然物，象征万物皆有灵；铜镜则是起到保护萨满在做法时身体不受鬼神和恶魔伤害，是防备恶鬼攻击的护身保护工具，还代表着宇宙的星月和四方的城池和城堡。这些铜镜正面都磨得很光滑，背面是各种不同类型的精美图案，有花草、故事、人物及动物等元素，重量很重；虎头铃用于跳舞时起到音响效果；彩带则是被认为用于萨满与神灵沟通的心灵感应。

图片来源
图一　郭雨薇　制图
图二　刘岳明　制图
图三至图七　郭雨薇　刘岳明　制图

参考书目
何青花, 宏雷. 鄂伦春服饰. 北京: 民族出版社, 2010.

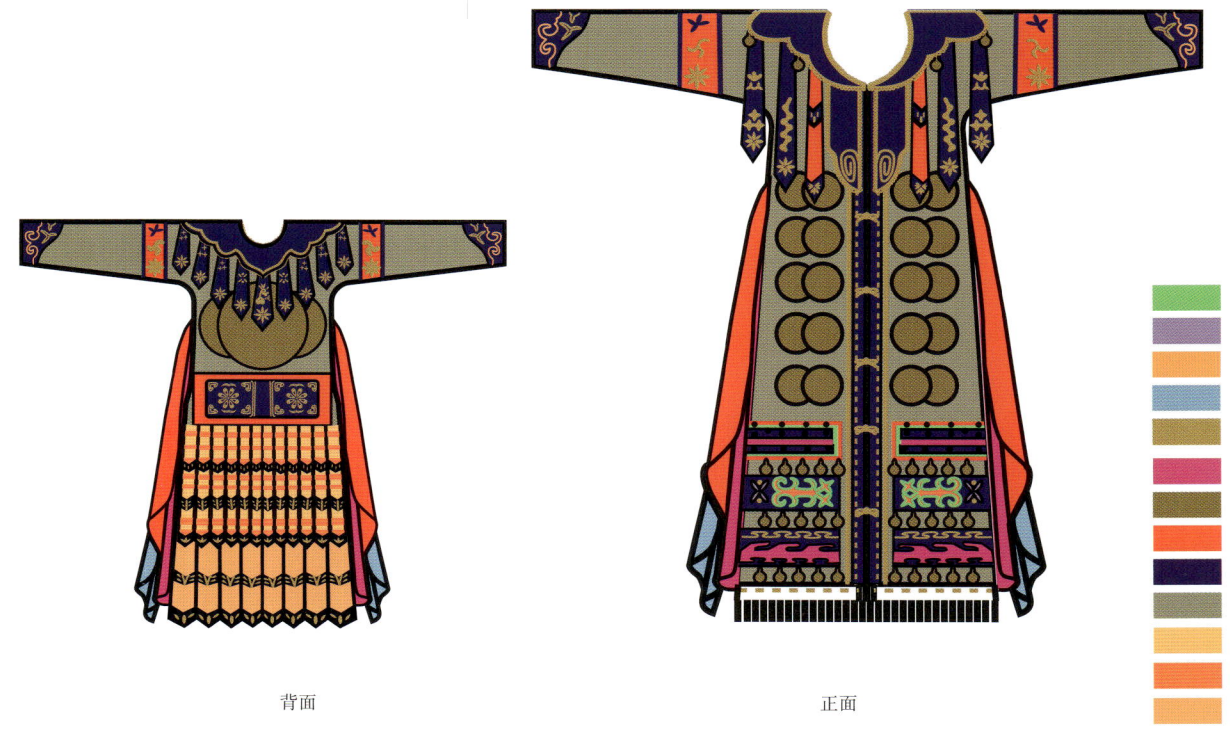

背面　　正面

图二　鄂伦春族得勒枯萨满神服色彩示意图

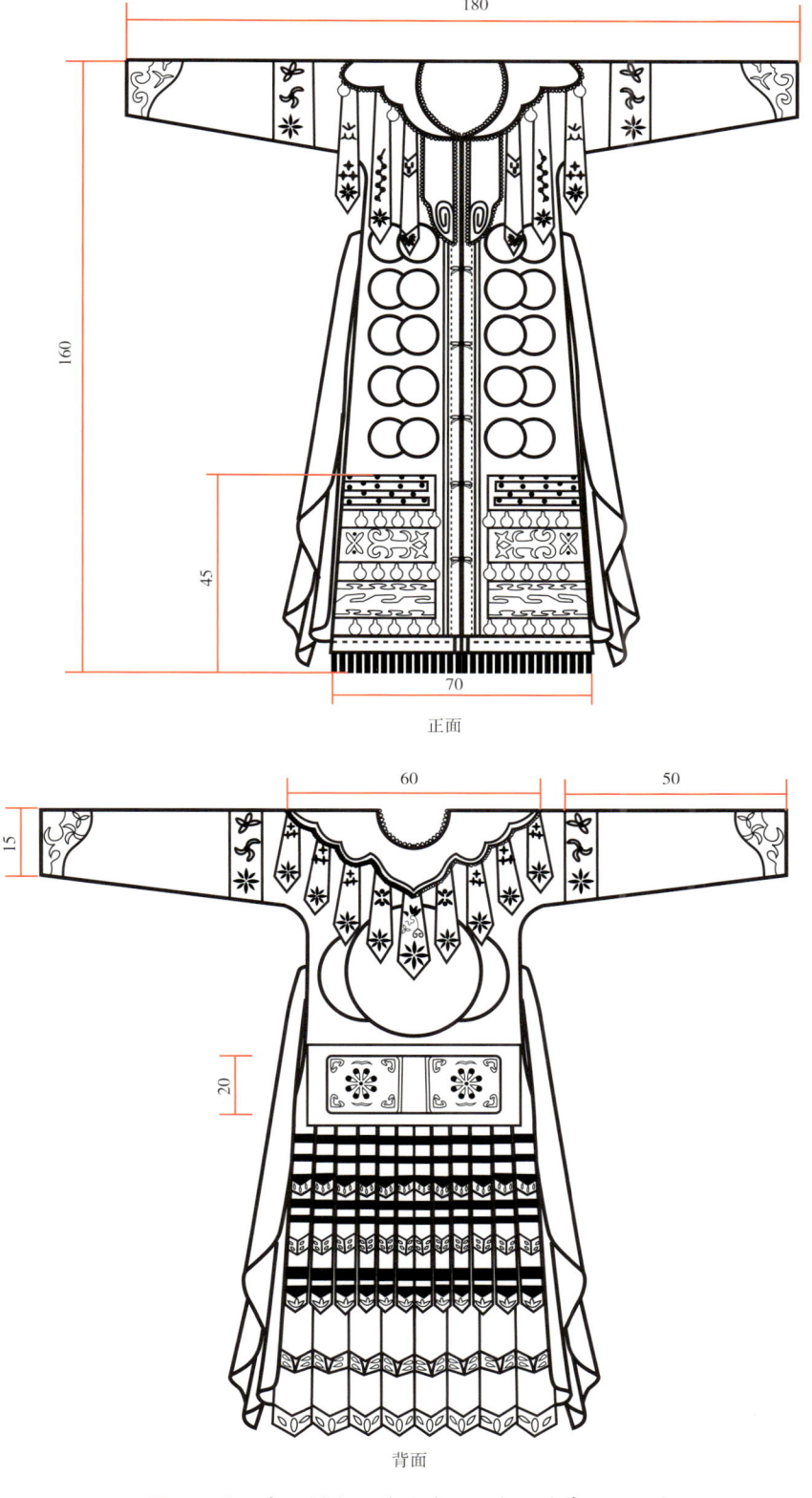

图三　鄂伦春族得勒枯萨满神服尺寸图（单位：cm）

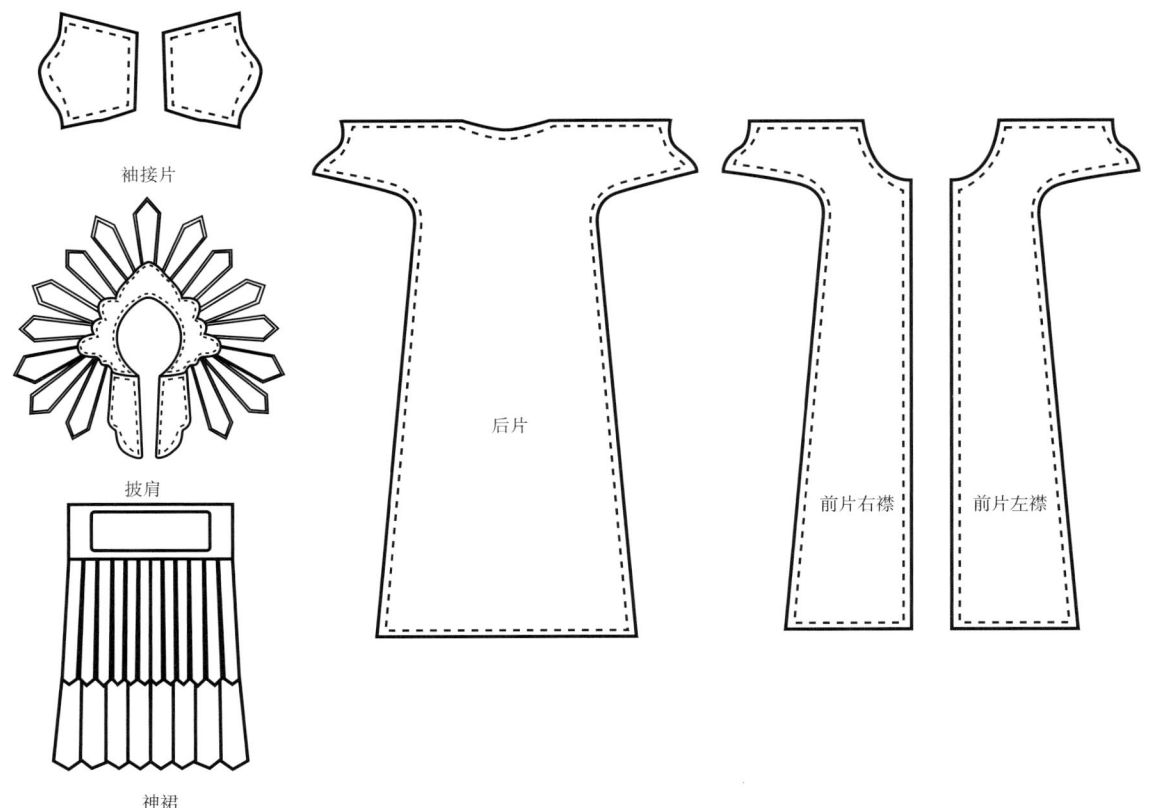

图四　鄂伦春族得勒枯萨满神服开片图

图五　鄂伦春族得勒枯萨满神服配饰示意图

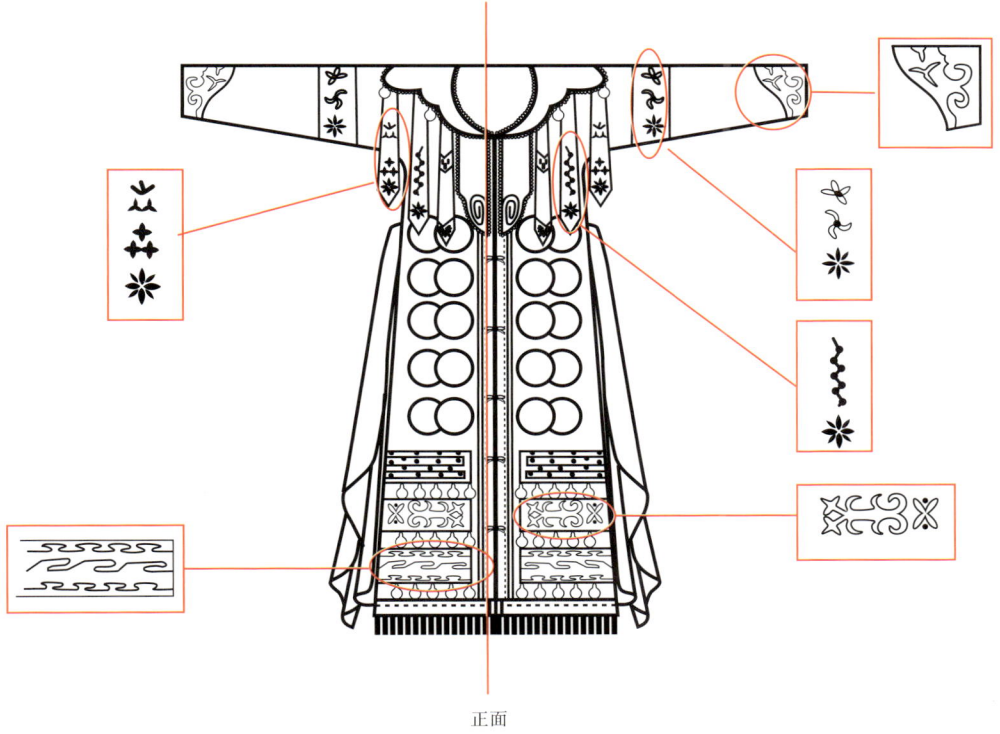

正面

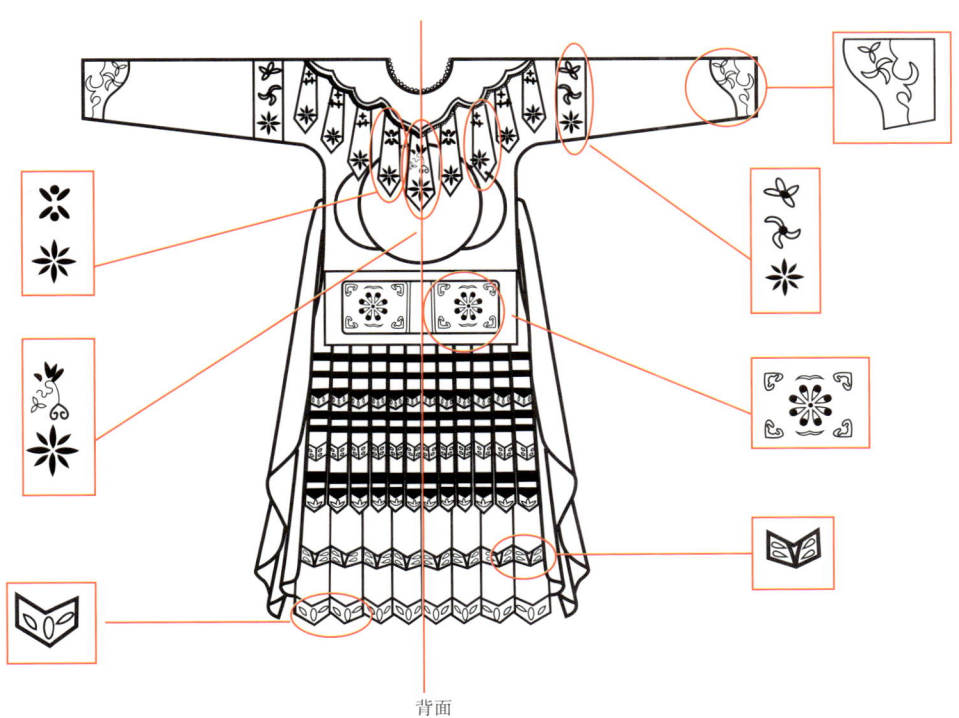

背面

图六 鄂伦春族得勒枯萨满神服纹样示意图

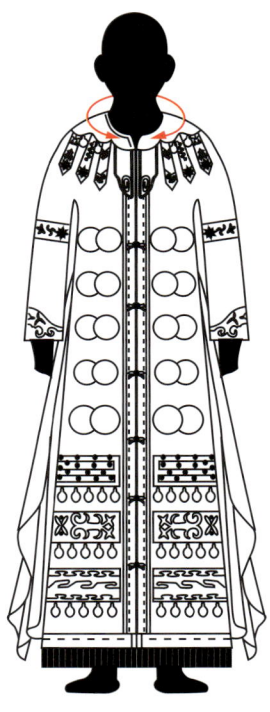

图七　鄂伦春族得勒枯萨满神服穿着效果示意图

鄂伦春族萨满神服

图一 鄂伦春族萨满神服主图

萨满服饰的造型和纹案图样都有鲜明的宗教文化性和艺术审美性。由神帽、披肩、神衣、靴子组成。由于使用者和诉求不同，分为女萨满服、男萨满服、得勒枯萨满神服、摩昆萨满服，还有祈萨满服等。

鄂伦春族萨满服饰的造型具有游牧民族的特征，多采用狍皮、鹿皮、犴皮型等兽皮制作。分量很重，轻则几十斤，重则上百斤。整体为袍状，长度约1.3米。萨满帽的造型主要有两种：一种被称作"羽式神帽"，由金属构成各种鸟的造型，一般有三到五只。来源于鄂伦春族人对灵禽的崇拜。另一种则为"角式神帽"，由动物角装饰，意为驱除魔鬼。萨满服的披肩造型与一般服饰的披肩无甚区别，特点在于披肩上的装饰品多而奇，由贝壳、龟骨、象牙、布条等组成。样式上分为：鱼鳞式、骨饰式、还有龟纹式。萨满神衣是对襟长袍，随着社会的发展，外族文化的浸染而种式繁多，上面饰有铜镜、彩带、皮带条、铜铃和绣花图案等，一般有深色皮布包边。萨满神服的皮靴与一般皮靴类似，但是作为神服只在做法等场合才会穿。神服一般是由绣花飘带、铜镜、装饰条带、虎头铃、皮条、皮条穗、绣花图案等元素构成。从汉族传入，背面是各种不同类型的精美图案，有花草、故事、人物及动物等元素，重量很重；虎头铃用于跳舞时起到音响和声效果；彩带则是被认为用于萨满与神灵沟通的心灵感应；绣花图案主要有云卷图案、动植物花样、回纹和角隅纹样等。

萨满神服的配饰元素：比如铜镜、虎头铃、彩带、皮条穗等，还有它的服装材料，都给现代世界带来了不一样的视角。通过借鉴其设计特点，当代设计中可以创新性的使用大片金属、彩带、花纹和皮质等元素，更具震撼力。鄂伦春族人通过生活实践，在满足生存需求的前提下，逐步产生了审美意识。从大自然中提炼动植物和花草的图案，将其在服饰上得以展现和发挥，体现出人们对于美好事物的追求，这种审美形式既具有自身的民族价值和审美意识，又具有现代借鉴意义，为当代和未来设计师们提供了有益而丰富的创意灵感。另外，萨满文化慢慢被人忘却，其服饰更难找到继承者，因此更值得我们关注其艺术特色。

图片来源
图一　郭雨薇　制图
图二、图四至图七　刘岳明　制图
图三　宋汶师　刘岳明　制图

参考书目
何青花，宏雷.鄂伦春服饰.北京：民族出版社，2010.

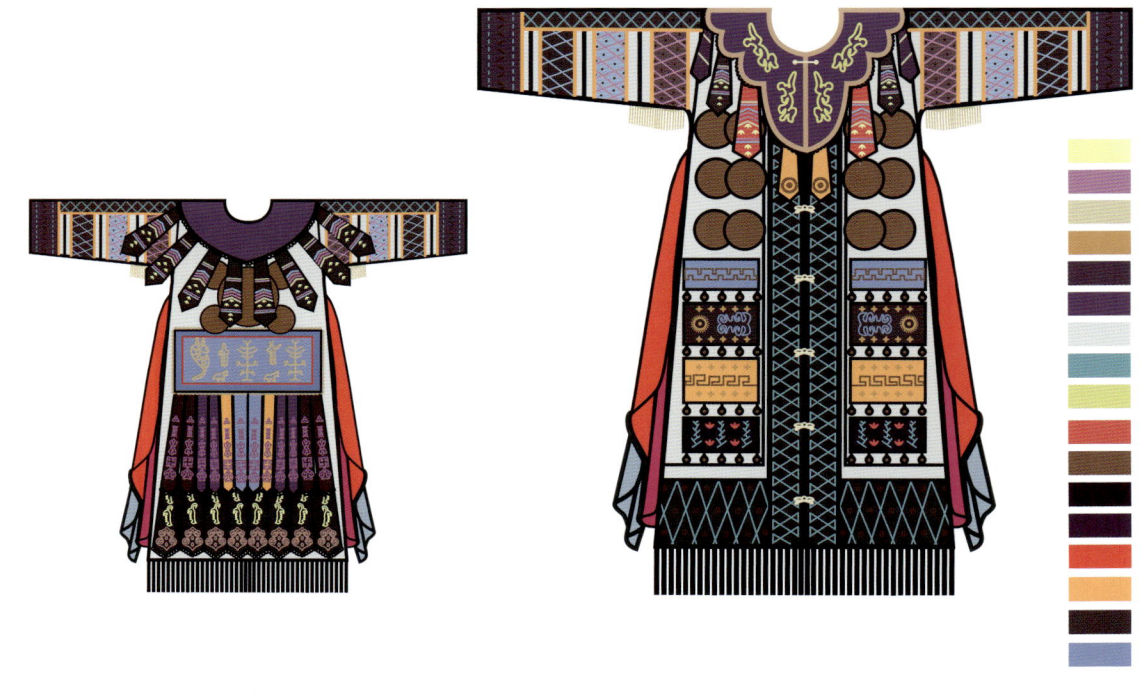

背面　　　　　　　　　　正面

图二　鄂伦春族萨满神服色彩分析图

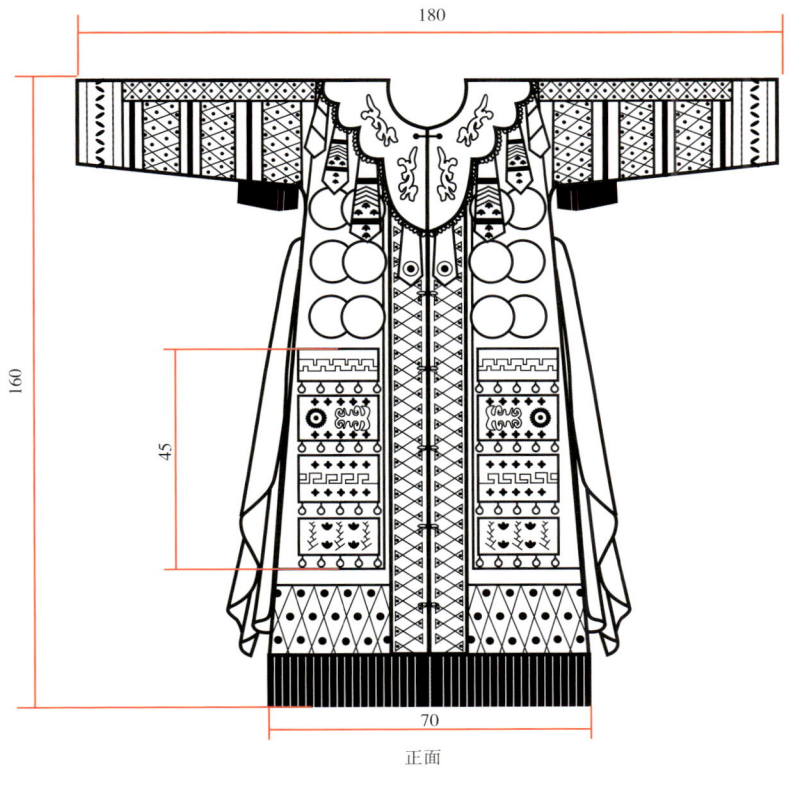

正面

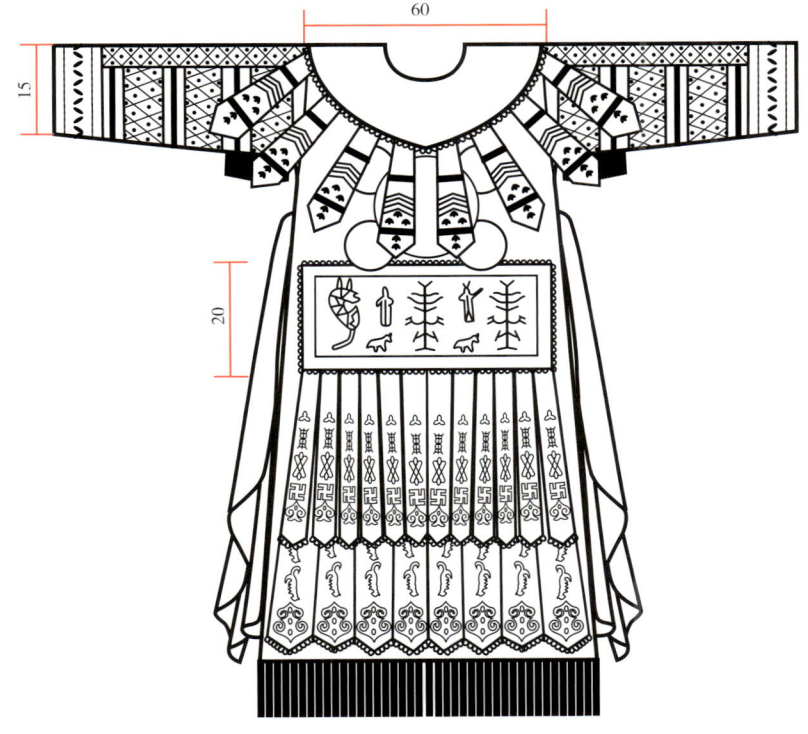

背面

图三 鄂伦春族萨满神服尺寸图（单位：cm）

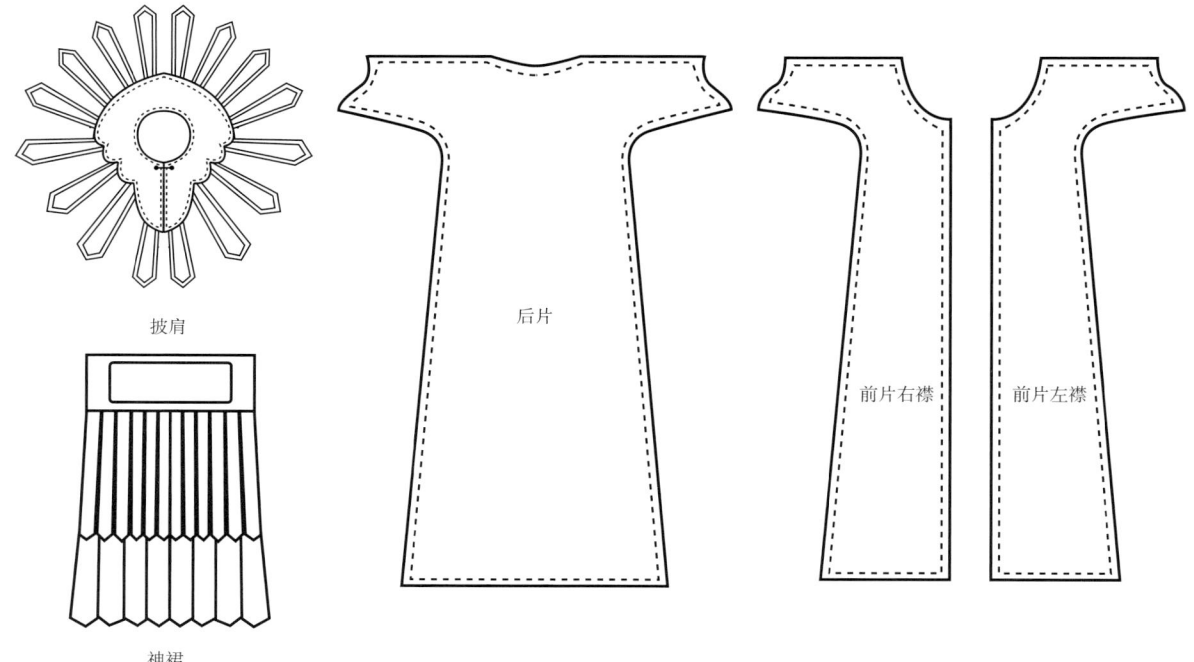

图四　鄂伦春族萨满神服开片图

图五　鄂伦春族萨满神服配饰示意图

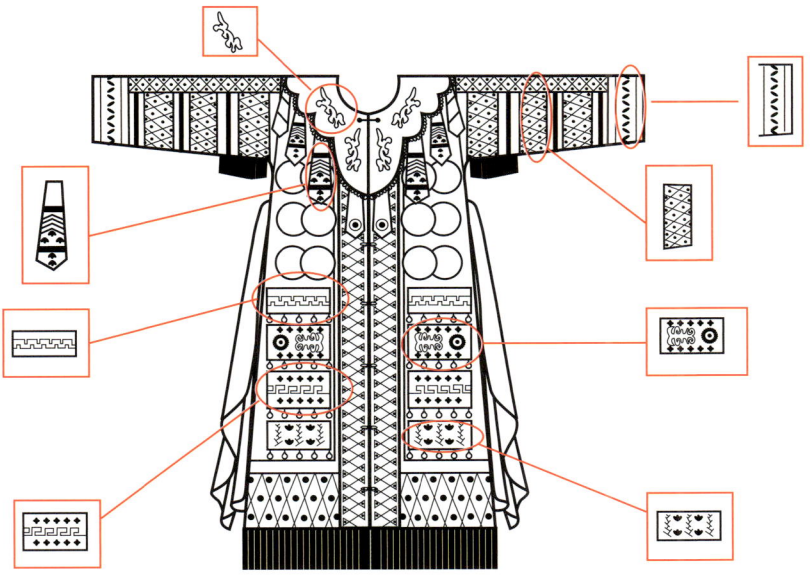

正面

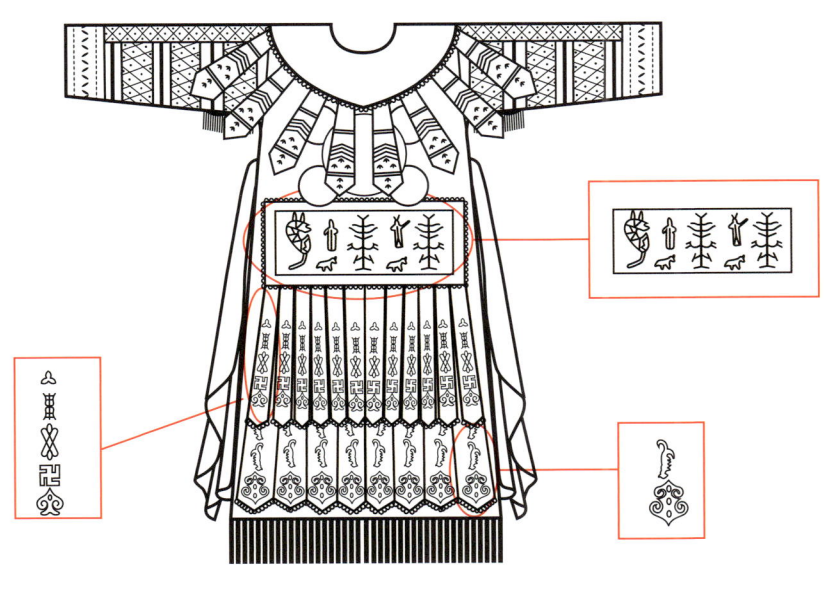

背面

图六　鄂伦春族萨满神服纹样示意图

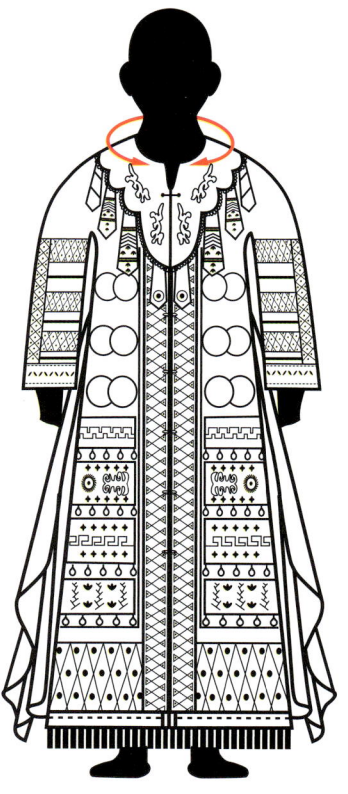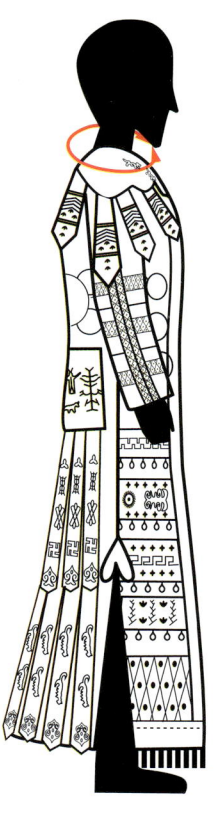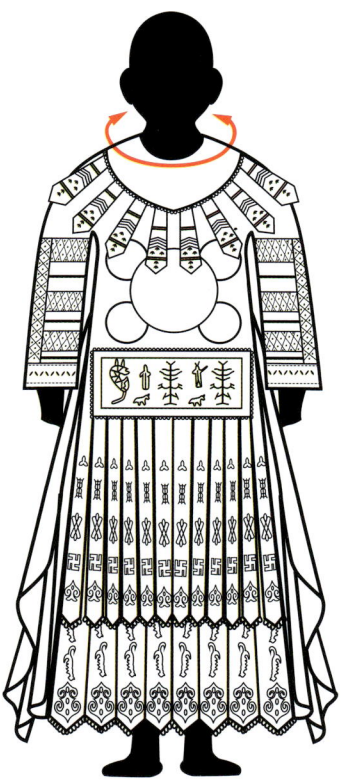

图七　鄂伦春族萨满神服穿着效果示意图

鄂伦春族得呵列

图一　鄂伦春族得呵列主图

改革开放后，随着鄂伦春族与外界其他民族交往变得密切，布匹等材料开始成为鄂伦春族妇女制作服饰的新材料来源，鄂伦春族的服饰也有了新的变化，一些富裕的鄂伦春族人春夏时开始穿长袍，并在长袍外配上坎肩。"得呵列"即鄂伦春族语皮坎肩的意思。由狍皮制作，由于其轻便、保暖、方便行动而广受鄂伦春族男女老幼的喜爱。

得呵列的男女款式大同小异，与现代常见样式类似，都是无领，侧开襟或者对襟，由狍皮、犴皮等皮料制作而成。皮面在外，毛面在里，儿童的皮坎肩则是毛在外，穿在身上毛绒绒的很可爱。男式得呵列在领口、坎肩下摆、袖口等部位由皮布条包裹缝制而成，布条主要有黑色和深蓝色两种颜色，最开始是为了防止磨损和变形，但同时也起到固定和装饰的效果，整个皮坎肩的装饰一致，布料的颜色和坎肩主体颜色做区别，形成统一或对比的装饰效果。布料和皮毛的缝合处有整齐排布的针脚，以线条型的装饰为主，大多数为红色、蓝色和黑色。与满族服饰的纽扣类似，"得呵列"的衣扣是由布条编制而成的，类似中国结似的纽扣。女式的得呵列与男式大致相同，只是在领口、袖口和开襟位置的包边上有装饰性的绣花图案，年轻姑娘制作的得呵列，在用色上更为大胆，多用红色和绿色布料包边，女式的得呵列做工更为精美，颜色也更为多样，开襟的皮坎肩在衣摆的左右两端有小的开叉，侧开襟的皮坎肩前后有小开叉，开叉处也有包边装饰和绣案，显示出鄂伦春族妇女飒爽的风姿。

得呵列的制作和狍皮上衣的制作类似，将狍皮从袍子身上剥下，进行鞣制，然后对鞣好的皮子进行剪裁。皮坎肩一般需要剪裁成三部分，后背一整块，前襟两块，并准备好包边的布条和作为装饰的彩条，接着对其进行缝制，缝制时用右手的食指带上顶针，用大拇指和中指拿针，针尖向里，缝纫的线是由狍子、犴等的筋制成的，非常结实，熟练的妇女能很快的缝制好，制作一件皮坎肩的时间需要一两天，做好的得呵列能穿三四年。

鄂伦春族人民依靠勤劳和智慧，创造了属于本民族特有的狍皮文化。鄂伦春族是游猎民族，本民族没有织布纺纱的能力，改革开放后，鄂伦春族人发挥自己的聪明才智，将传入的布料和本民族特色皮料相结合，设计出具有民族特色的得呵列。得呵列的设计不论是在造型、材料、结构、色彩和装饰上，都体现出其民族的智慧，对现代设计者有深刻的启示。鄂伦春族人根据不同的需求设计出不同款式的狍皮服饰，这些皮制服装制作既实用又美观，具有浓郁的民族特色。

图片来源
图一　郭立忠　摄影
图二至图八　刘岳明　制图

参考书目
何青花，宏雷.鄂伦春服饰.北京：民族出版社，2010.

背面　　　　　　　　　　　正面

图二　鄂伦春族得呵列样式一外观图

背面　　　　　　　　　　　正面

图三　鄂伦春族得呵列样式二外观图

背面　　　　　　　　　　　正面

图四　鄂伦春族得呵列样式三外观图

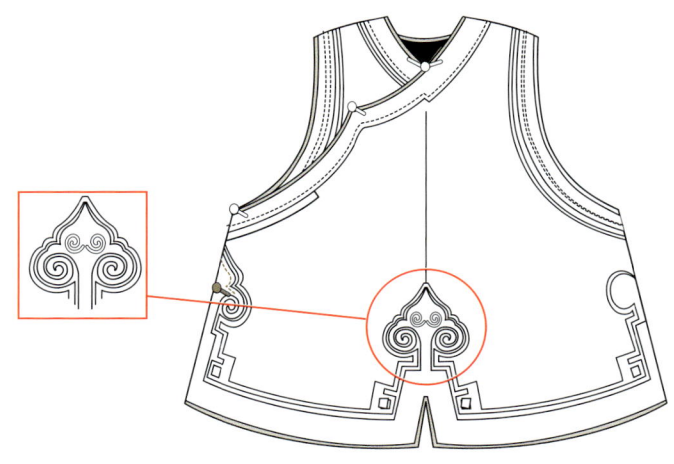

图五 鄂伦春族得呵列样式一纹样示意图

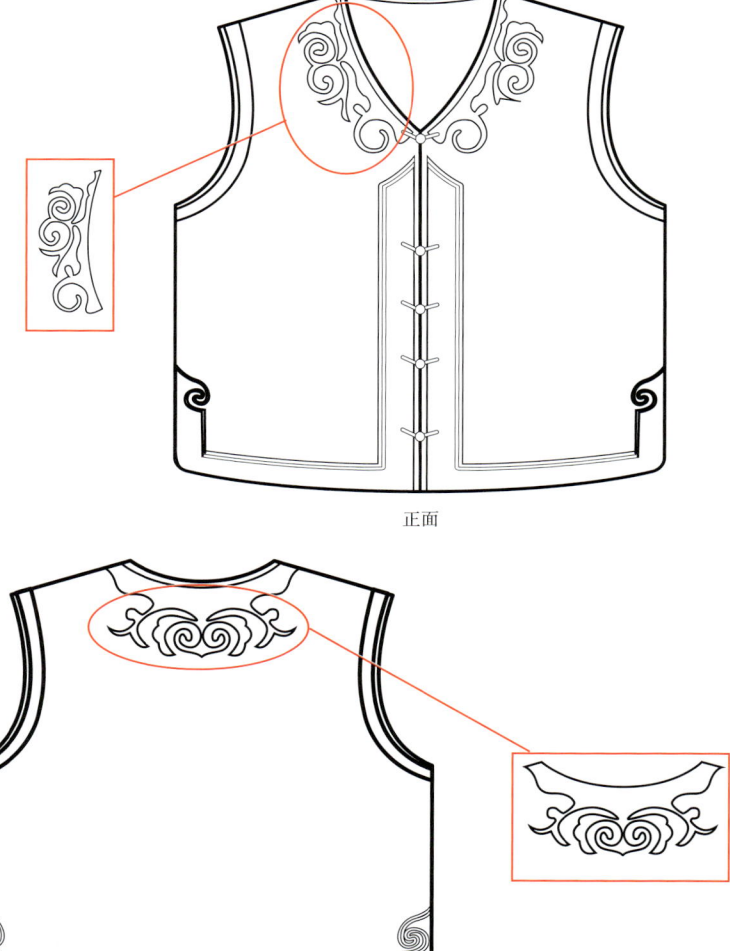

正面

背面

图六 鄂伦春族得呵列样式二纹样示意图

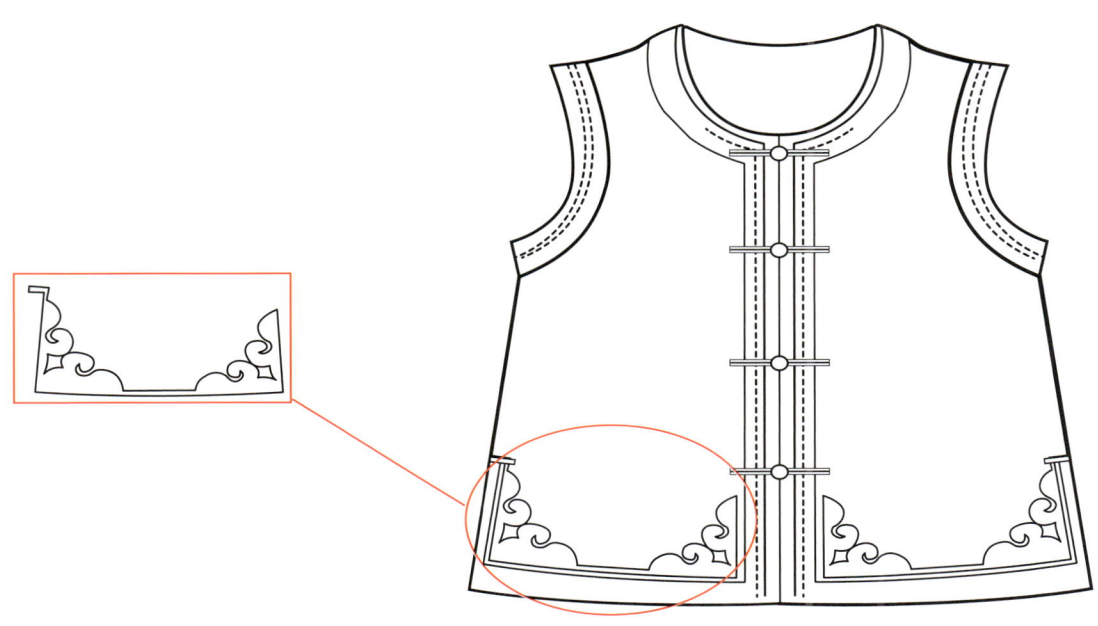

图七　鄂伦春族得呵列样式三纹样示意图

样式一　　　　　　　样式二　　　　　　　样式三

图八　鄂伦春族得呵列穿着效果示意图

第二章　鄂伦春族传统服饰

鄂伦春族粉巴黑、考呼洛、地莫

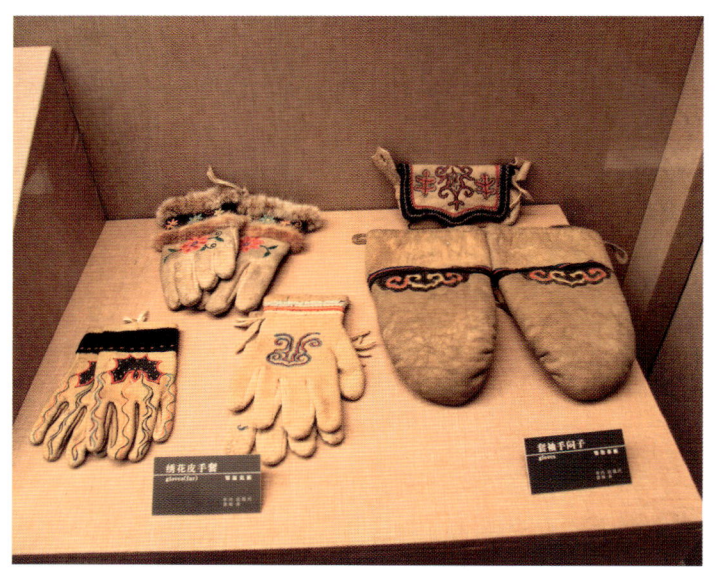 

图一　鄂伦春族粉巴黑、考呼洛、地莫主图

鄂伦春族人生活的地区气候寒冷，对手部的保暖也尤为重要。手套大概分三种，即单指手套、手闷子和五指手套，"考呼洛"是单指手套的意思，"地莫"为手闷子，五指手套叫做"粉巴黑"。单指手套是鄂伦春族最早的手套样式，手套的头部有褶皱，外形上有点像现代的拳击手套，像个包子，大拇指和其他四个手指分为两个整体，手套的手心处有一个开口，方便射猎的时候把手指伸出来，手套外部有各式绣花图案，既用来缝合固定，又装饰美观。随着社会不断发展和鄂伦春族人需求不断增加，出现了五指手套和手闷子。鄂伦春族的手套，不仅具有御寒保暖的作用，还提高了鄂伦春族猎人打猎的速度。

冬季的绒毛狍皮一般被用来制作单指手套，单手手套带鞘，鞘的长度至肘，戴的时候将手套上的皮条系在衣袖上。粉巴黑制作所用的皮质柔软，是鄂伦春族妇女冬季佩戴的保暖手套，五指手套的五根手指分开，与现代人佩戴的手套相类似。制作原料外表面为鹿皮和狍皮，内层镶嵌灰鼠皮等，在皮子接缝处和手背处仍旧有各色花纹，包括绣案和镶嵌。在制作过程中，先将所用的皮子分成手背、手心和拇指三个部分。手背的皮子较大，一端裁成四根手指的形状，手心的皮子也类似，拇指皮子是由两个小狍皮组成，在食指下留一个小圆洞，用以与拇指皮相连接。然后用狍筋线进行缝制。为了美观有时还在五指手套上加以各式装饰，如手指顶有狍皮毛、灰鼠的毛等，手背上有各式花纹，如蝴蝶纹、植物纹或云纹等。手闷子即地莫，佩戴的对象是儿童，制作简单，保暖性能高，连接处和手背上也有各式绣纹。粉巴黑的保暖性不及考呼洛，但却能体现鄂伦春族人更深层的审美水平。五指手套的使用者主要是妇女，她们主要从事的活动是纺织、炊煮等，因此不需要同单指手套一样的保暖性，而需要更多的灵活性和审美性。随着改革开放封山收枪，鄂伦春族人已经不再以打猎为生，单指手套也渐渐退出生活，而五指手套依旧与人们生活相联系，不仅鄂伦春妇女依旧在使用，也深受其他族妇女的喜爱。另外，鄂伦春族妇女制作的手套还被当作定情信物来使用，她们将自己的情感通过绣工精致的手套来传递给心上人，因此鄂伦春族手套不仅代表了妇女精湛的制作技能，也代表了本民族独特的精神文化。

鄂伦春族人根据不同的需求设计出不同款式的手套，将设计和使用完美的结合在了一起，有需求就会有相应而生的设计，另外考呼洛的消失，也说明了其失去使用环境，也就会丧失存在的意义。鄂伦春族妇女通过自己的智慧设计出了与其生产生活相结合的各式手套，并配有美丽的纹样与皮质相结合，具有独特的民族风格。

图片来源
图一　刘岳明　摄影
图二至图八　刘岳明　制图

参考书目
何青花，宏雷.鄂伦春服饰.北京：民族出版社，2010.

背面

正面

图二　鄂伦春族粉巴黑外观图

背面　　　　　　　　　　　　　正面

图三　鄂伦春族考呼洛外观图

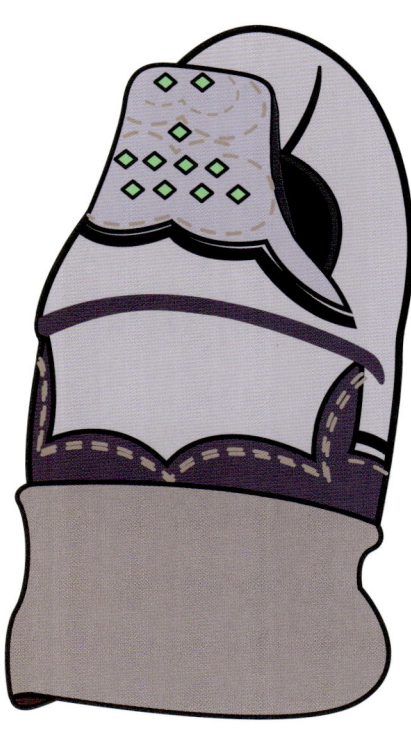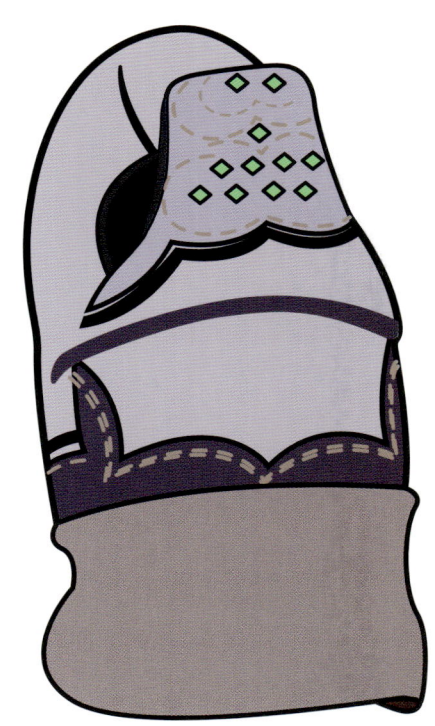

图四　鄂伦春族地莫外观图

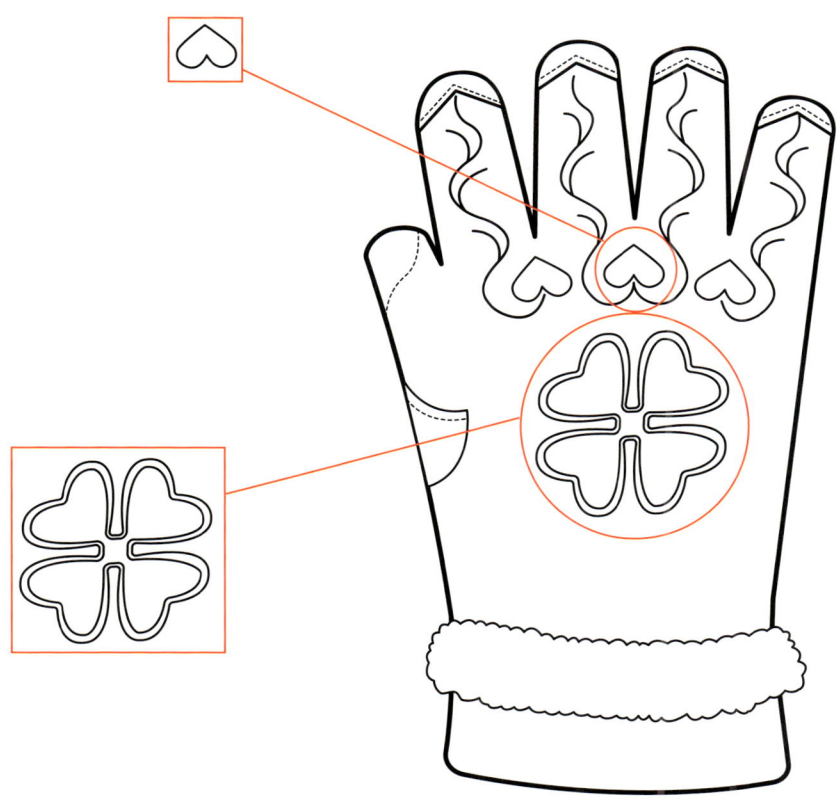

图五　鄂伦春族粉巴黑纹样示意图

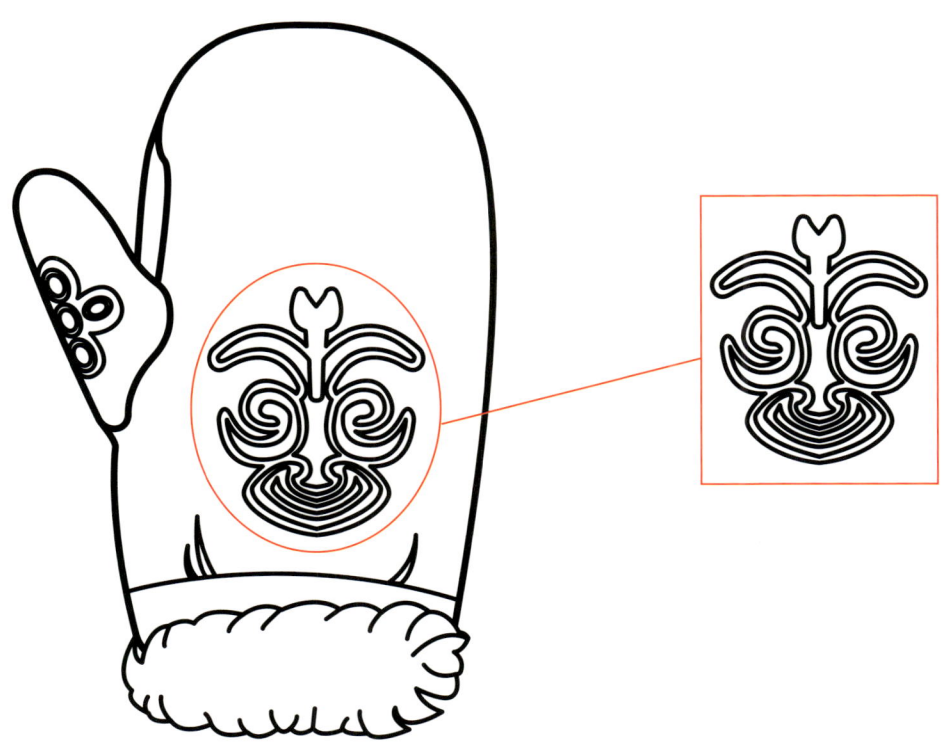

图六　鄂伦春族考呼洛纹样示意图

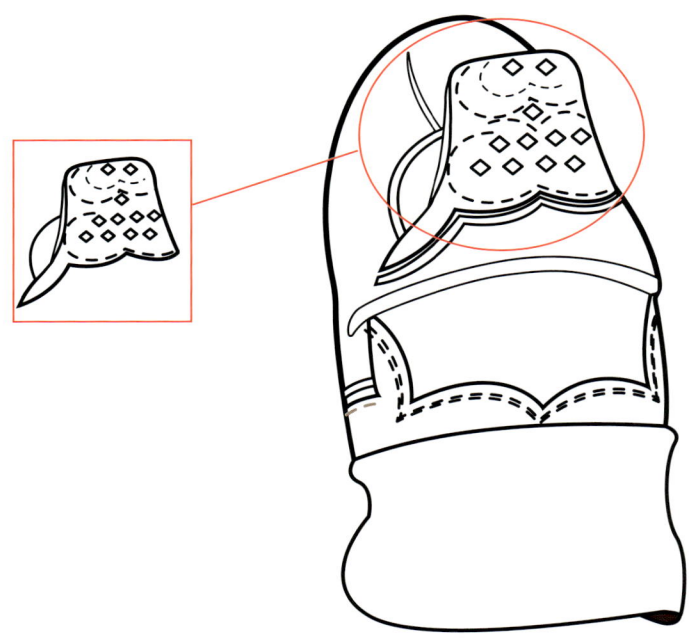

图七　鄂伦春族地莫纹样示意图

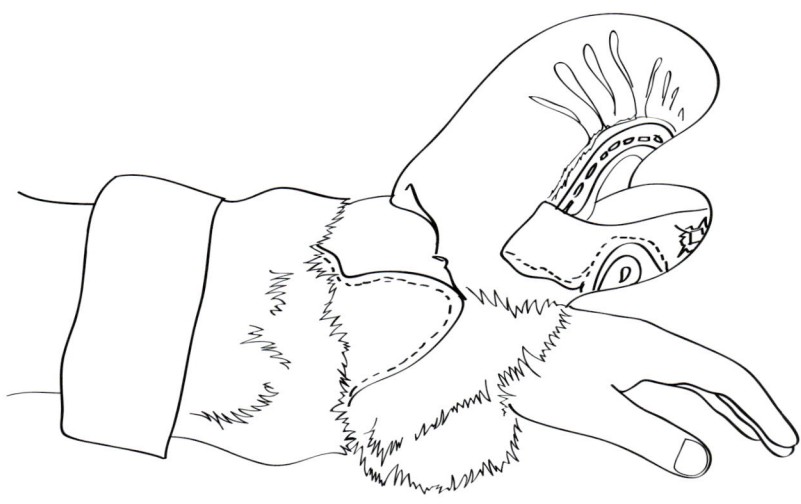

图八　鄂伦春族地莫佩戴效果示意图

第三章 鄂伦春族传统餐饮

鄂伦春族都柿酒

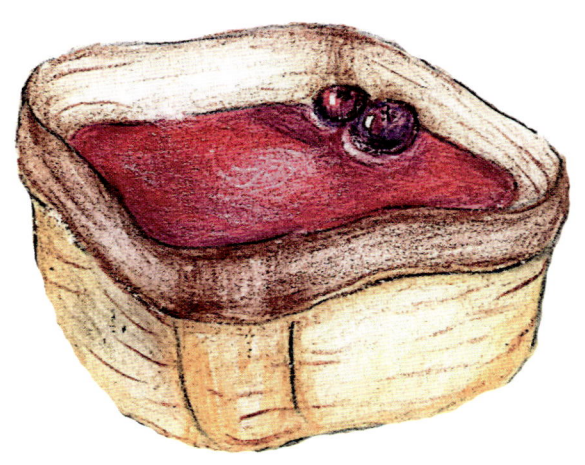

图一　鄂伦春族都柿酒主图

"吉厄特啊拉嘿"是汉译鄂伦春语的发音，意指"都柿酒"的意思。狩猎是鄂伦春族人祖祖辈辈赖以生存的生产活动。自然环境对人类的馈赠是丰富的，鄂伦春族人较早的掌握了识别可食用野果以及采集的方法。酒是鄂伦春族人生活的主要饮品之一，都柿酒取材于天地之间，将采集的都柿果酿酒，应该是鄂伦春族人利用微生物的最早案例了。其表达了鄂伦春族人对美好生活的向往与热爱。

酿造都柿酒的原材料为野生都柿果，学名蓝莓，植株多生长在位于我国最北部边陲的大小兴安岭、长白山的森林与山谷之间平坦的湿润地带，如淘塘、山脚下或者灌木丛中，与其他各类野生植物成片混生，低灌木，矮脚野生。都柿成熟是在每年的7月底、8月初，采集期可达一个月左右。都柿果果实呈蓝灰色，表皮附着一层白色的果粉，味道甜酸适口，香气宜人。都柿果所含糖分较高，又含有酒精，更便于发酵成酒。都柿酒较都柿果口感更佳，它汲取了都柿果中的全部营养而做成酒，含有硒、钙、铁、维生素、花青素、氨基酸等易于人体吸收的多种营养成分，具有预防脑神经老化、抗癌、强心、软化血管、增强人体免疫力、强化视力、美容养颜，减肥、调节女性情绪等诸多人体营养保健功能。

鄂伦春族人采集都柿果，不仅现摘现食，还会进行集中采摘，量多便加以储存。鄂伦春族人还用都柿果做成果酱蘸食，还可以将它人工捣碎做成包子馅料。鄂伦春族人酿造都柿酒，先将采集的都柿果装入桦皮桶，一般情况下，装入半桶为宜，桶上盖上桦皮盖子，挖坑埋于树根下面，桦皮桶盖子要露在地面之上，便于通气，使都柿果的发酵菌进行有氧呼吸，从而完成大量的繁殖发酵。然后，在桦皮盖子上面再覆盖一张桦树皮，桦皮上面压上石头，同时要在树干上面做下记号，以便于落雪后准确寻找所在位置并取用。

都柿酒有两种酿制方法,一种是在桦树皮盆内放入一块木板,用布将采集到的都柿果进行包裹,抓起四周的布角攥紧,放在木板上用力挤压,直到挤出果汁,都柿果原汁顺着木板自然流入桦皮盆内,果汁经过一段时间的发酵就变成了甘甜的都柿酒。还有一种方法,其主要制作工具是桦皮桶,桦皮桶有大有小,小的多用于鄂伦春族儿童湖边打水使用,一般高25厘米左右,直径18厘米左右。最大的高度为70厘米,直径40厘米,用于猎人放在马上承载物品。制作都柿酒的桦皮桶,一般采用大小适中的桶,直径35厘米,高55厘米。将半桶都柿果放入桦皮桶内,再把桦皮桶盖上盖子,然后两手抓住桦皮桶进行上下左右用力摇晃,这个动作类似我们今天的调酒,从而促使都柿果破碎发酵酿成都柿酒。现在的鄂伦春族人还会饮用都柿酒,但酿制方法较过去已有所改变,他们是将都柿果与白糖放入锅里进行熬煮,然后兑一定量的纯白酒饮用。

鄂伦春族人喝酒,多使用桦皮碗,它有大有小,最小的直径有10厘米左右,高5厘米。最大的直径达到20厘米,高10厘米。装酒的器皿十分特别,会使用鹿腿或者狍腿进行缝制,制成一种顶端留一个细长的"嘴"这样的皮囊作为酒壶用来装酒。在猎人狩猎或迁徙时,会使用兽筋将皮囊折起扎紧,挂在马鞍上或者挎在腰后。

每到婚礼、宗教祭祀以及各种节庆等重要时刻,鄂伦春族人都要有酒相伴,对酒倾诉,与酒分享。酒在鄂伦春族人的生产与生活中扮演着极其重要的角色。在中华民族的医药史上,都柿酒应用于预防疾病与强身健体已处于举足轻重的地位,并在国内外医疗保健事业中享有盛誉。

图片来源
图一、图三至图十　刘畅　制图
图二　白波　摄影

都柿

发酵的都柿

图二　鄂伦春族都柿酒原材料实物图

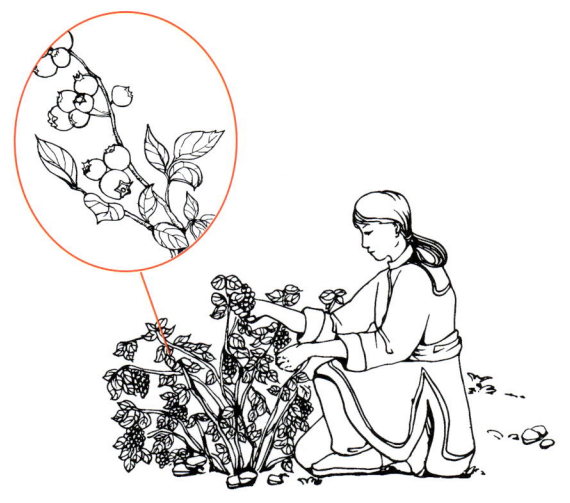

图三 鄂伦春族都柿酒之采摘都柿示意图

桦皮盆内放木板　　　　用布包裹采摘的都柿果　　　　抓起四周布角攥紧

放在木板上用力挤压

图四 鄂伦春族都柿酒第一种酿制方法流程图

采摘都柿果放入桦皮桶

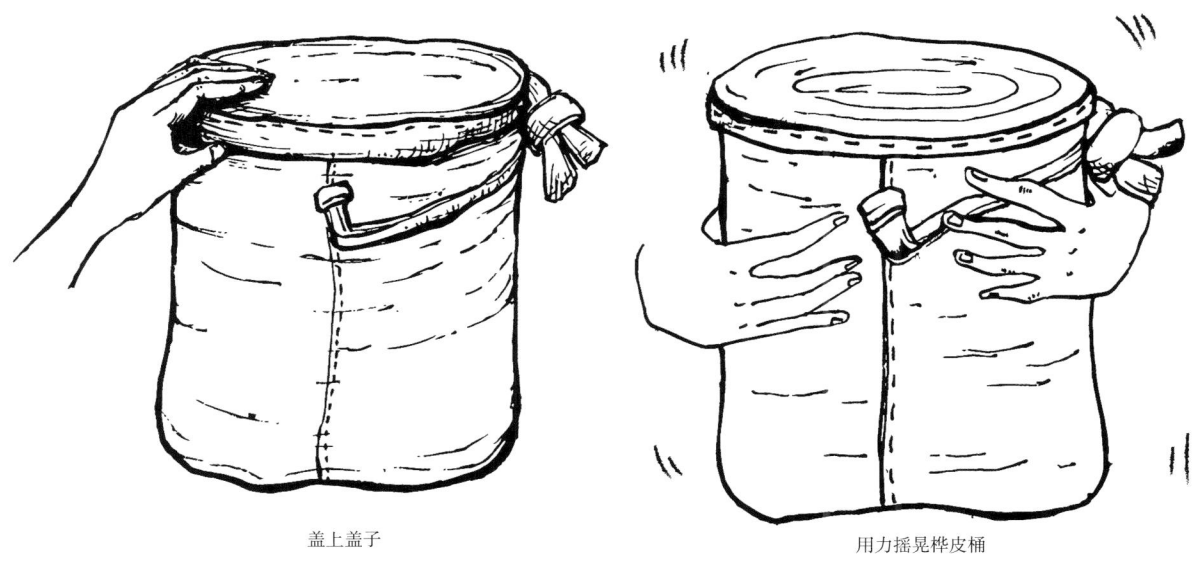

盖上盖子　　　　　　　　用力摇晃桦皮桶

图五　鄂伦春族都柿酒第二种酿制方法流程图

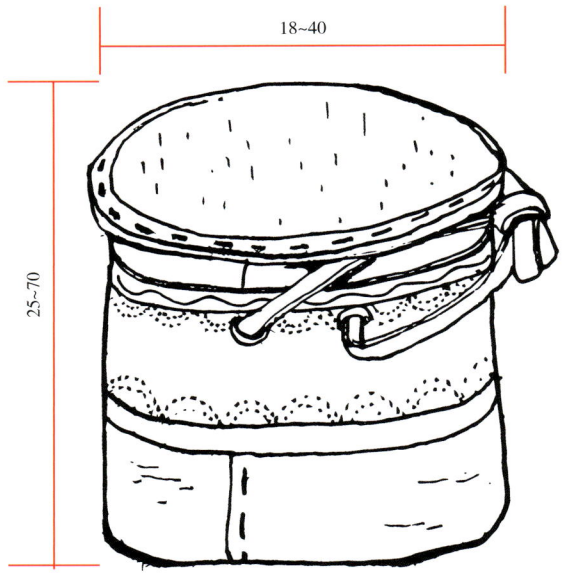

图六　鄂伦春族都柿酒之桦皮桶尺寸图（单位：cm）

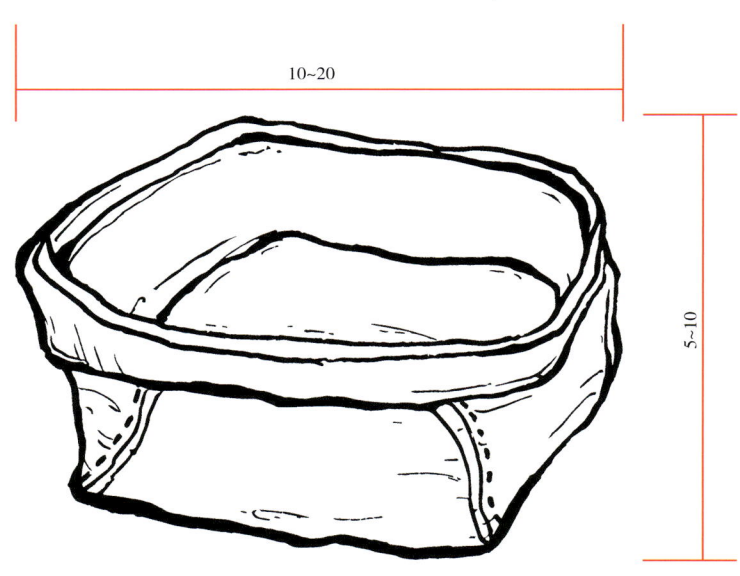

图七　鄂伦春族都柿酒之桦皮碗尺寸图（单位：cm）

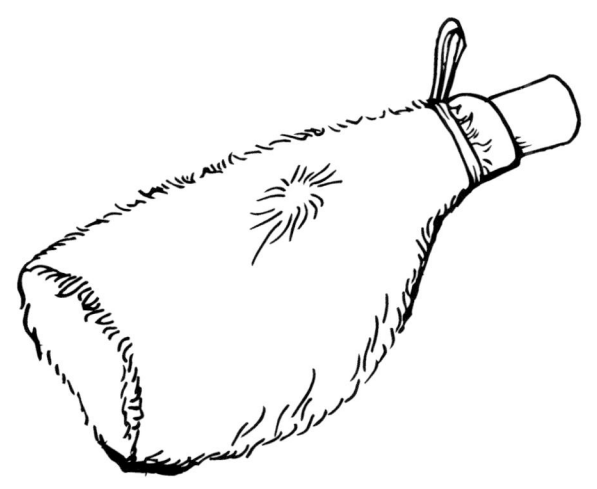

图八　鄂伦春族都柿酒之酒壶示意图

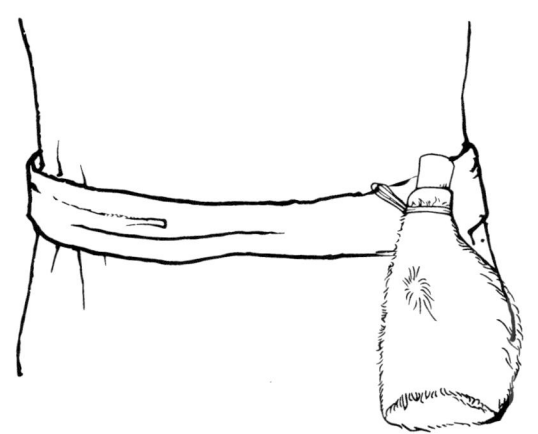

图九　鄂伦春族都柿酒之酒壶挎在腰后效果示意图

图十　鄂伦春族都柿酒饮用情境图

鄂伦春族柳蒿芽

图一　鄂伦春族柳蒿芽主图

"昆毕乐"，是鄂伦春族语的发音，意指"柳蒿芽"。柳蒿芽是一种野菜，学名叫"茵陈蒿"，耐寒抗热，一般多生长于河边柳树丛或者谷地中。过去的鄂伦春族人因为不种植蔬菜，所以在野外自然生长的柳蒿芽就成为了他们首选的重要菜肴。如今，随着生产力的发展，蔬菜品种也越加丰富，虽然很大程度上改变了鄂伦春族人的饮食结构，但人们对柳蒿芽的喜爱仍旧无法替代。

柳蒿芽为菊科，是一种常年无需繁殖就可以持续生长的草本植物。它的植株高度一般为30～150厘米，有横走根状茎，露在地上的茎直立并具有条棱。茎上有节并长有叶子，每节生出一片叶子，且各节交互长出。中、下部各节的叶子有的呈长圆状椭圆形，有的叶子中间向下的部分最宽，往上逐渐变得狭窄，叶长是叶宽的4～5倍，还有的叶子呈披针形或者条形。所有叶子三深裂，边缘呈锯齿状；上部各节的叶子较小呈披针形，叶片背面有灰白茸毛覆盖。柳蒿芽的嫩茎叶可以食用。

每年的春天，柳蒿芽率先生长，比其他野菜都要早长，它的表皮呈翠绿色，给人一种纯净滑腻的感觉。一过端午节，柳蒿芽就过了采集期，因为它的茎开始变得木质化，无法食用。鄂伦春族人很早就掌握了它的生长规律，在每年的四五月份，鄂伦春族妇女们都要去河边采集柳蒿芽，将采集到的柳蒿芽放入桦皮盆、桦皮篓或者皮口袋。

过去的鄂伦春族人把鲜嫩的柳蒿芽采回家后，主要有两种吃法。第一种吃法是用吊锅煮开水，新鲜的柳蒿芽放入锅中焯水，开水将之焯熟捞出，做成凉拌菜，加入食盐、野葱、熟食油调味，味道虽略微发点苦，却是鄂伦春族人下酒的好菜。一时吃不了的柳蒿芽，人们一般会在架子上面铺一张桦皮，把柳蒿芽放在桦皮上面，利用阳光与风的力量把它晾晒成干菜，以便存储。第二种吃法便是在吊锅里加清水，将柳蒿芽晾晒成的干菜放入锅中煮20分钟左右，捞出后直接放进凉水里清洗几遍。把洗好的干菜捞出，再把水挤掉，就可以放进肉汤里面熬煮。肉汤里面一般是有兽肉的胸腔骨，如狍腔骨、野猪骨等。新鲜的柳蒿芽也可以熬制此汤，鄂伦春族人称为"昆毕汤"，此汤熬制时，远远的就可以闻到浓郁的香味。"昆毕汤"不仅可以补脾开胃，还可以除油解腻。所以柳蒿芽也是鄂伦春族人熬汤的最佳伴侣。

生活环境使鄂伦春族人形成了喜食柳蒿芽的习惯。与鄂伦春族人生活环境有着共同特性的达斡尔人也十分喜欢柳蒿芽这种微苦而又清香的特殊味道，不仅凉拌、做汤，还用来制作菜馅、蘸酱，干菜还被拿来炒菜、炖肉。从一种菜肴的烹制，我们就可以看到一个民族的生活习俗。还有许多关于柳蒿芽的故事在民间流传至今。姑娘们把装有柳蒿芽的荷包作为订婚信物送给情人。远离家乡出征在外的士兵在想念家乡时，把母亲给他带着的晒干并搓碎的柳蒿芽冲水喝下，以此来缓解思乡之情。近年来，许多营养学专家开始关注柳蒿芽的食用营养价值。

图片来源
图一　许梅霞　制图　白波　摄影
图二至图四　许梅霞　制图

采集柳蒿芽　　　　　　　用吊锅开水

图二　鄂伦春族凉拌柳蒿芽制作流程图

图二(续) 鄂伦春族凉拌柳蒿芽制作流程图

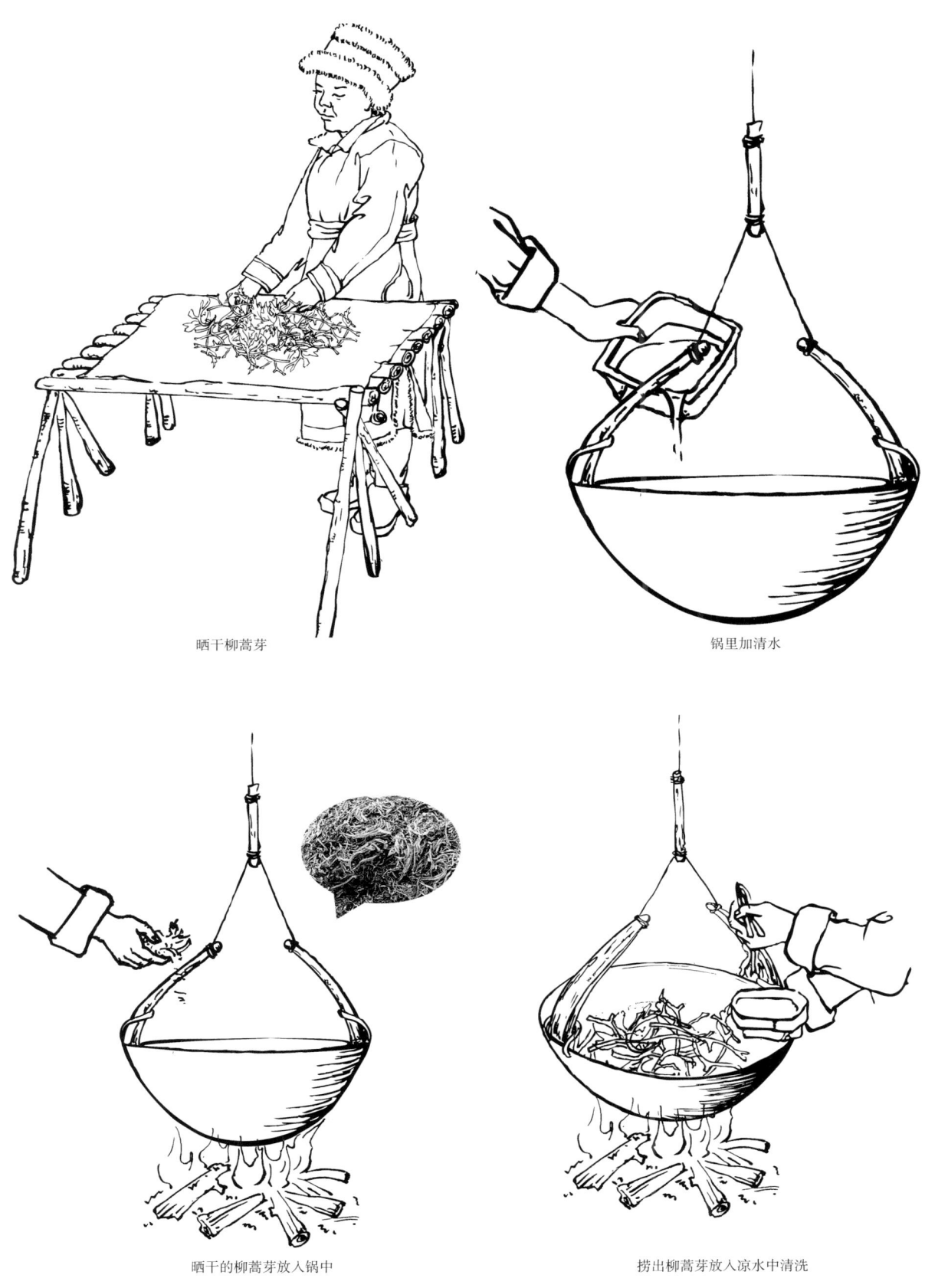

晒干柳蒿芽　　　　　　　锅里加清水

晒干的柳蒿芽放入锅中　　捞出柳蒿芽放入凉水中清洗

图三　鄂伦春族柳蒿芽昆毕汤制作流程图

挤干水

将柳蒿芽放入肉汤中熬煮

图三（续） 鄂伦春族柳蒿芽昆毕汤制作流程图

图四 鄂伦春族柳蒿芽食用情境图

鄂伦春族晒肉干

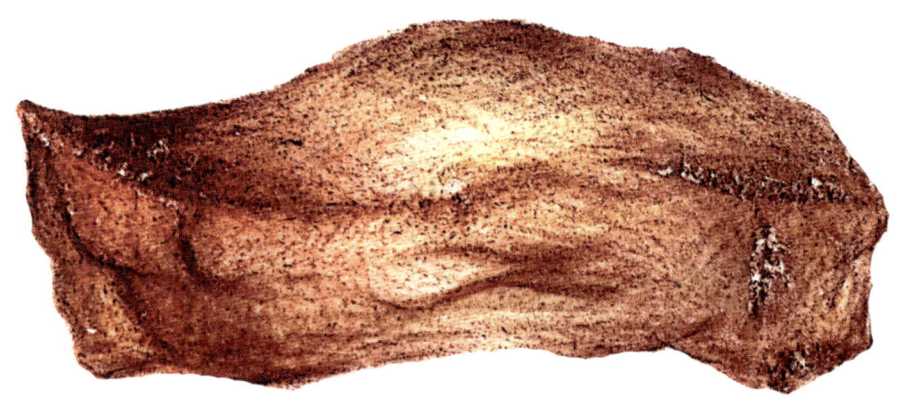

图一　鄂伦春族晒肉干主图

"枯胡热"是鄂伦春语的发音，意指"晒肉干"。由于受到自然生存环境的影响，狩猎成为了鄂伦春族人与生俱来的本领，他们在长期的生产生活中逐渐形成了以肉食为主的饮食习惯。晒肉干一般长约10厘米，厚度约3厘米，它不仅仅是人们生活中的一种食物，对于勤劳纯朴的鄂伦春族人来说它更是被保存在漫长岁月之中的生活记忆，令人永远难以忘怀。如此简单的食物，展现了鄂伦春族人最本真的生活状态。

为了达到最基本的生存保障，鄂伦春猎人非常勤劳，他们每天都要集体组织出去打猎。他们常常会带回一些大小不一的猎物，小型的猎物多为灰鼠、兔子、山鸡之类。由于他们的饮食结构是以肉食为主，而鄂伦春族人的家庭是几代人同住在一起。因此小型猎物一般一个家庭一次也就吃完了，而遇到鹿、犴、野猪及熊这样的大型猎物，常常会有超过五六百斤的重量，冬天气温低的时候可以自然冷冻存储起来慢慢食用，但是到了夏季就难以保存了。这些难以保存的兽肉就成为了鄂伦春族人制作晒肉干最好的原材料。将兽肉晒干是鄂伦春族人保存猎物最常用的方法，他们不会浪费辛苦猎获来的食物，把这些一次吃不完的兽肉晒成肉干或肉条，存储在皮口袋、桦皮篓中以备不时之需。在晒肉干之前，鄂伦春族妇女总是去拾柴火和砍柳蒿条，柴火用于熏烤兽肉和制作晒肉干的木架，柳蒿条可以制作柳蒿帘子，用于晒制肉干。

晒肉干有两种制作方法，第一种是将兽肉去皮之后用猎刀切成较大的条块状，随后放入锅里进行煮制，煮至半熟的时候捞出切成小块，再放到锅里并加入适量的盐、花椒、大料等直至煮熟，然后再捞出放到用木架支起来的柳蒿帘子上进行晾晒，柳蒿帘子底下生火烟熏成为肉干。这样做成的肉干可以长期储存而不变质。

另一种方法是鄂伦春族人传统晒肉干的方法，其制作过程包括拾柴和背柴（用于搭架子）、切肉、晾晒、熏烤、加工、存储等步骤。首先，妇女们要去捡拾柴火，再将柴火背回家，用柴火搭成架子（包括切肉架子和晒肉架子），切肉的架子用于放置大型猎物进行切割，肉少的时候也会在桦树皮上进行切割，切肉架子高约80厘米，长120厘米以上，宽60厘米左右。晒肉架子有高有低，最高140厘米，最低70厘米。两种架子的搭建原理是一样的，都要有柴火交叉起到一个支撑的作用，然后将柴火卡在支撑的柴火上面搭成架子。切肉架子和晒肉架子可以共用，切肉架子拿掉几根柴火就可以当成晒肉架子来使用，有时也可以分开搭建。再用猎刀把兽肉切成条，每条长约80厘米左右，挂在支好的架子上依靠阳光的热度和风的力量进行晾晒。待晒成半干，用火熏烤，既可以熏烤兽肉，使肉条干得快，又能驱赶苍蝇。待烤熟干透之后再切成长10厘米左右的小条，随后放入桦皮篓或者皮口袋储存起来。这种方法加工的肉干香脆可口，使人食欲大增。它可以拿来立即食用，也可以做粥、汤、炖菜时作为配料使用，更是别有风味。晒好的肉干一般可储存半年左右的时间，这样不仅可以在特殊的饥荒时期食用，而且可以保证人们一年四季都吃到肉。

鄂伦春族人古老的晒肉干的方法，不仅保留了肉质的鲜美，还让我们意外的获得了更加醇厚鲜美的味道，这是与新鲜食材相比截然不同的味觉体验。晒肉干由于水分活度很低而导致大部分细菌已经无法生长，故保质期较长，它为人体提供了所需的蛋白质、脂肪、碳水化合物、矿物质、维生素等营养成分。直到今天，晒肉干这种被时间进行二次的酝酿与制造出来的美食，依旧影响着人们的日常饮食。

图片来源
图一至图六　刘畅　制图

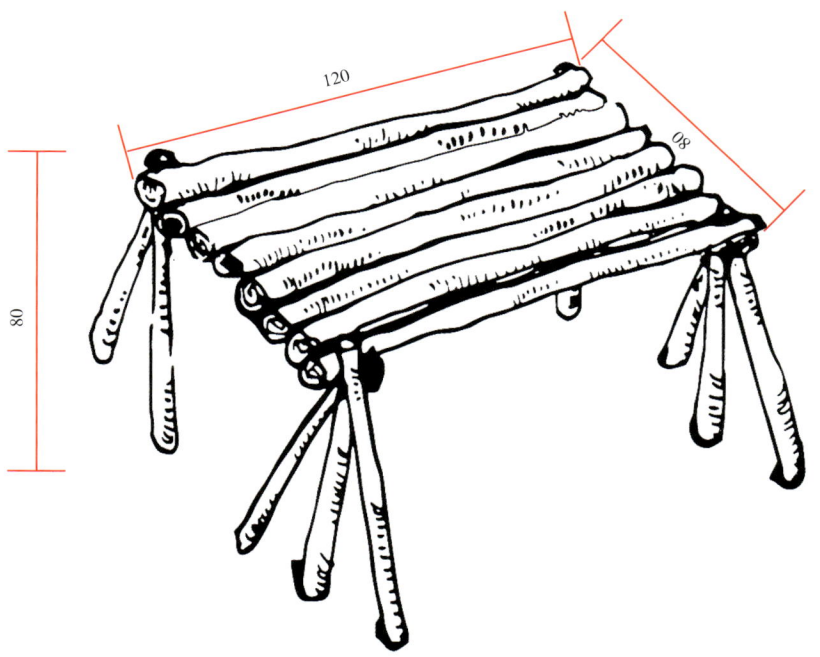

图二　鄂伦春族晒肉干制作工具切肉架子尺寸图（单位：cm）

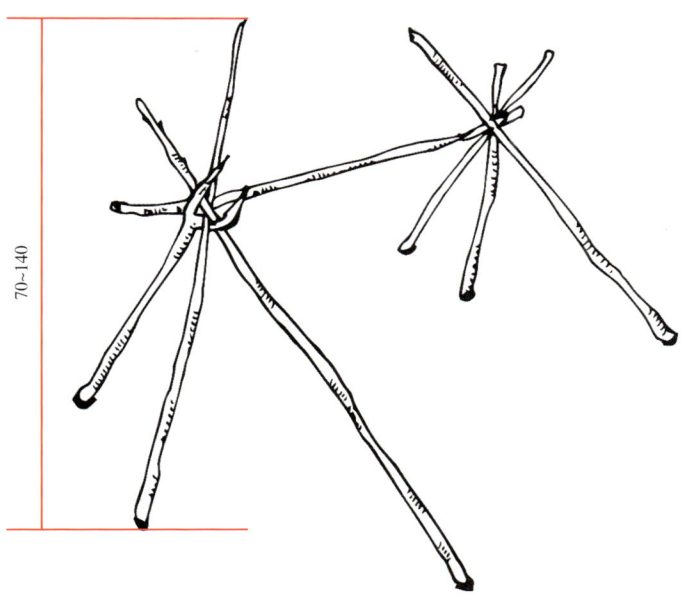

图三 鄂伦春族晒肉干制作工具晒肉架子尺寸图（单位：cm）

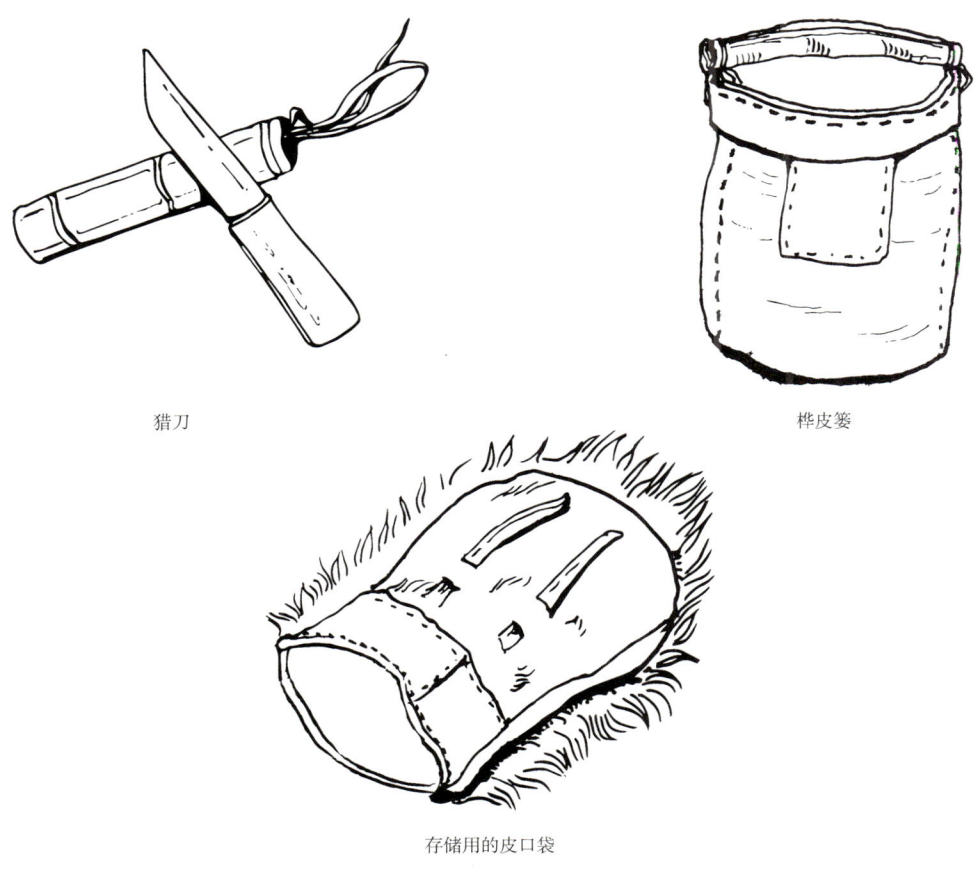

猎刀

桦皮篓

存储用的皮口袋

图四 鄂伦春族晒肉干制作工具名称图

091

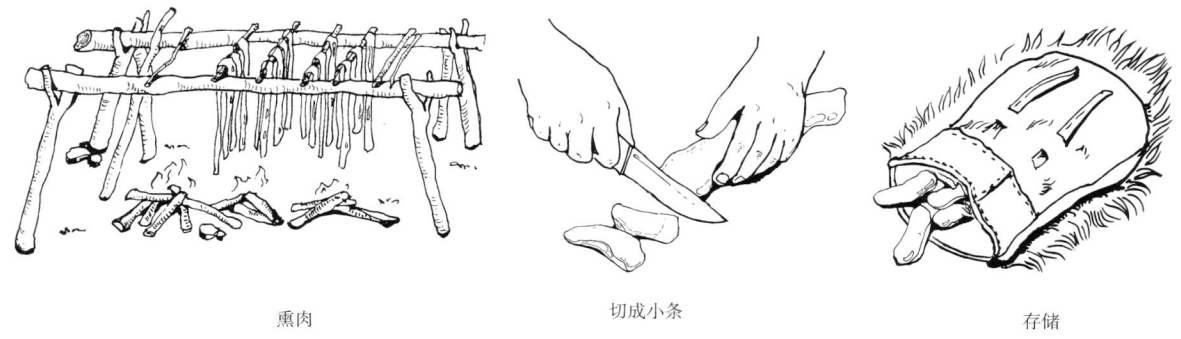

图五 鄂伦春族晒肉干制作流程图

图六　鄂伦春族晒肉干食用情境图

鄂伦春族手把肉

图一　鄂伦春族手把肉主图

"乌罗任"是鄂伦春语的发音，意指"手把肉"，即用手把着吃肉。手把肉是用狍子、野猪、犴、鹿、熊等野兽的贴骨肉煮制而成，与我们今天食用的大骨头和排骨类似。手把肉不仅是长期居住在山林中的鄂伦春族人在狩猎生产生活中形成的独特的风味饮食，而且还是鄂伦春族人最喜欢的上等佳肴。

制作手把肉的工具为猎刀、桦皮、吊锅、桦皮盆、桦皮碗。猎刀主要用于切割与食用兽肉，鄂伦春族人以自己有把好猎刀而引以为傲。猎刀承载着鄂伦春族人的一种特殊的感情，平时悉心保护之后，小心翼翼的将猎刀插入刀鞘。猎刀还可用于与猛兽搏斗、剥兽皮、砍骨、剔肉、凿挖山泉等，它是鄂伦春族人生产生活中必不可少的工具。桦皮的作用类似我们今天使用的案板，把兽肉放在上面进行切割加工。吊锅用于煮肉，桦皮盆用于盛放煮熟的手把肉，桦皮碗则用来盛放蘸料和肉汤。

手把肉的食材选择是比较讲究的，野兽的胸腔部分一般是首选，如肋骨、胸骨等这样的贴骨肉。把这些贴骨肉切成大块，放入吊锅里煮制。火候的掌握是制作手把肉最重要的环节，火候好了煮出来的肉不仅质嫩，而且味道鲜美。不同的兽肉，煮制的方法会有所差异。煮狍肉要在吊锅内加冷水，再把肉下锅，再点火进行煮制，锅一开即可捞出。鹿肉、野猪肉和犴肉的煮制时间要长一些，一般以肉质老嫩适度，肉鲜味美为原则，八成熟就可以出锅。煮熊肉则要用更长的时间，直到肉煮烂了才会有好的口感。兽肉在煮制的时候不加盐，而是出锅后蘸盐水食用。

出锅后的手把肉放入桦皮盆里，吃肉时，每人拿一把猎刀割、挖、剔、片，再挑起肉送到嘴里，别有一番风味。鄂伦春族风味手把肉多不会全熟，吃肉时还要搭配蘸料。蘸料是用少许煮肉汤调制而成，里面加入适量的食盐、野韭菜花、野葱之类的调味品，与肉搭配食用不仅味道更加鲜美可口，而且还可增加食欲。猎人们还会搭配自己酿制的米酒食用，一边吃肉，一边喝酒，实属人生一大乐事。人们还会再用桦皮碗盛上一大碗肉汤，撒上一些盐和葱花。手把肉配鲜汤的吃法，具有强健筋骨的功效。鄂伦春族人至今还保留着手把肉的这种传统吃法。每当遇到鄂伦春传统的节庆活动或者有尊贵的客人到来时，大家都要围坐篝火旁尽情享用手把肉这道美食，如用狍子煮制手把肉，好客的主人还会将狍头肉献给客人首先享用。由此可见，手把肉也是首选的节庆美食与待客佳品。

手把肉不只是在鄂伦春族广为流传，还是鄂温克、达斡尔、内蒙古等民族千百年来流传至今的传统美食。如今，制作手把肉的食材也由过去的猎获的兽肉演变为羊、牛、马、骆驼等牧畜肉，煮好后都会进行二次加工，把大块再加工切割成小块。原先的不加盐煮制也演变成为今天的用食盐、浙醋、花椒、八角茴香、味精、辣椒油等多种调味品进行烹制。做法变得越来越精致，这是社会生产力发展的结果。

图片来源

图一至图七　王雨迪　制图

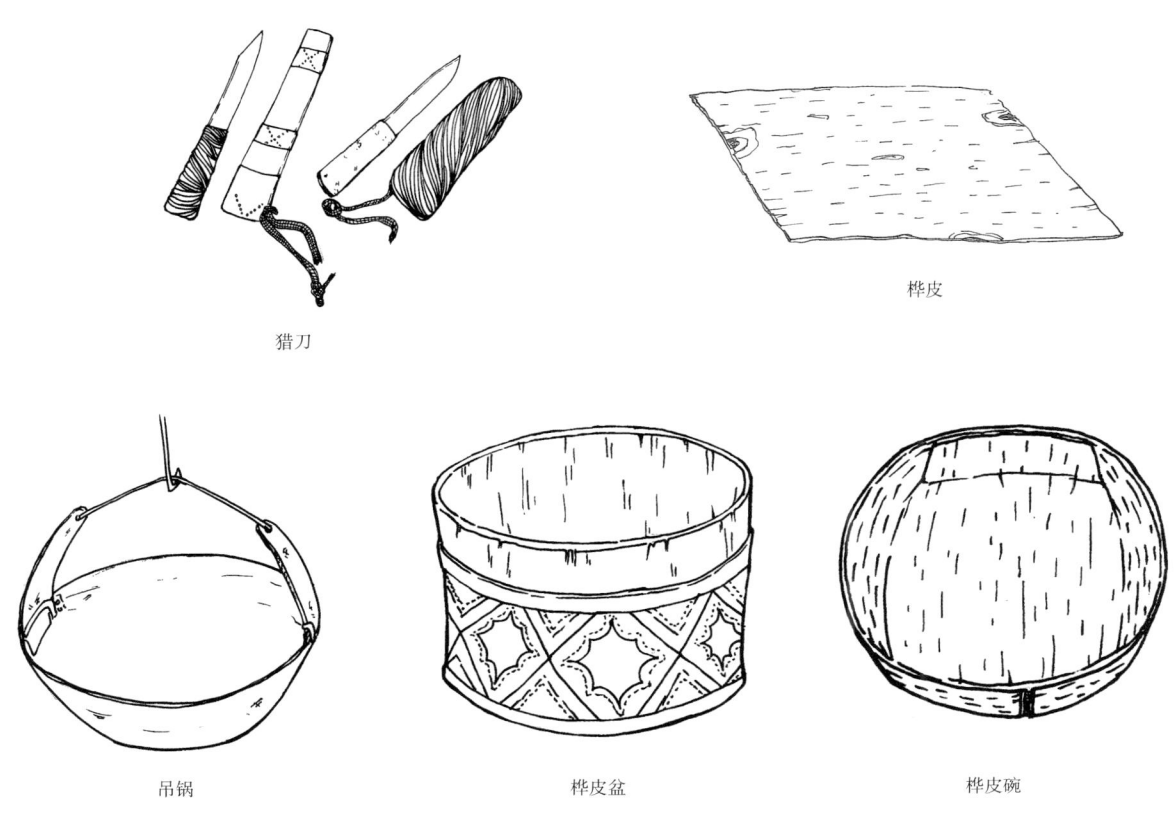

图二　鄂伦春族手把肉制作工具名称图

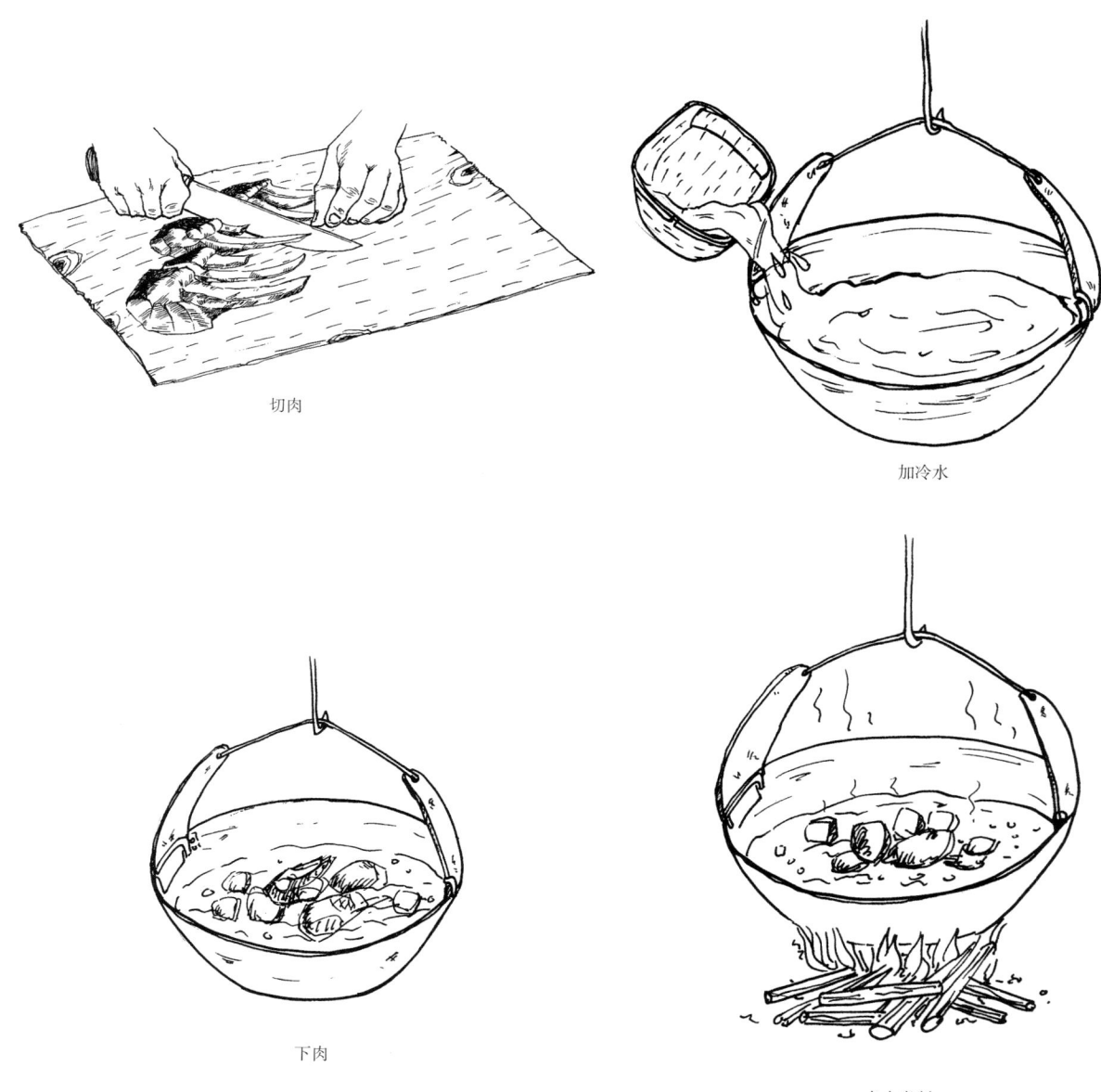

图三　鄂伦春族手把肉制作流程图

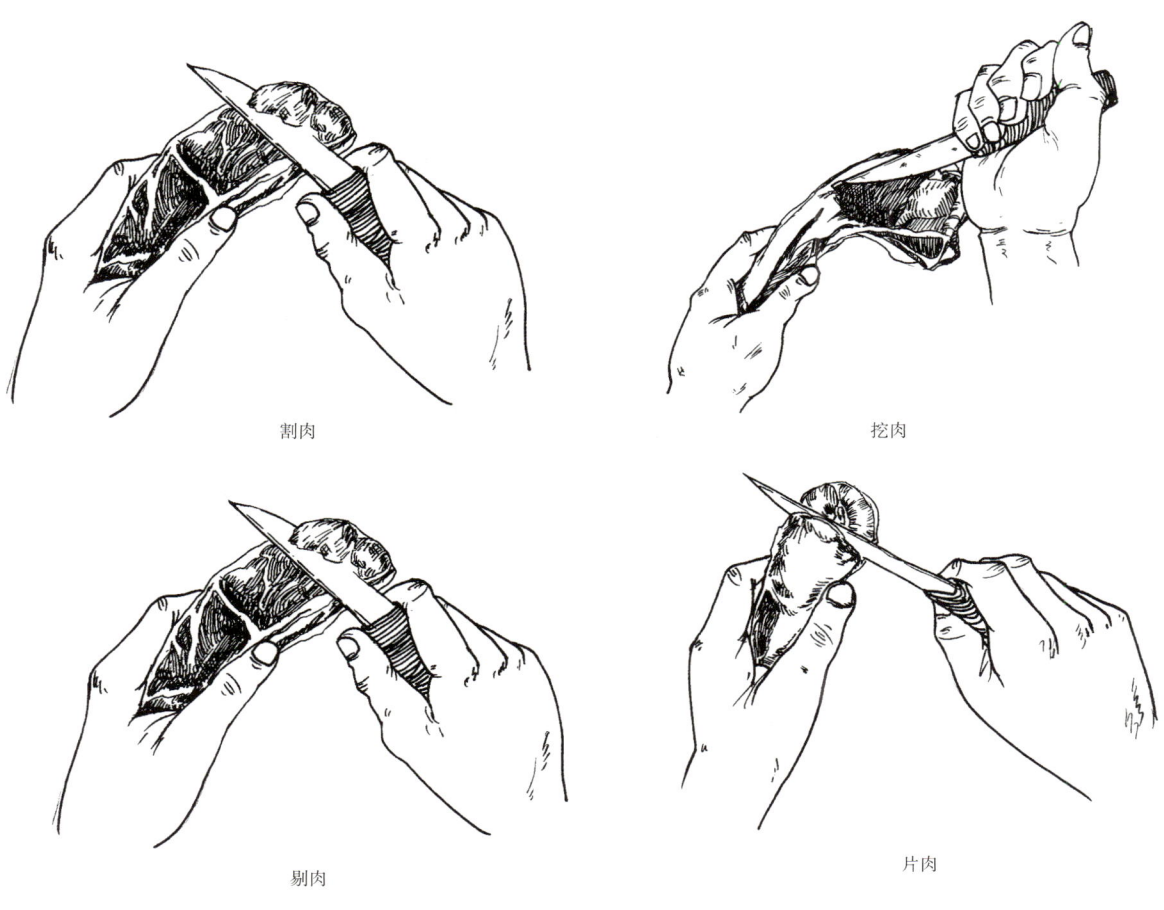

图四　鄂伦春族手把肉食用方法示意图

图五　鄂伦春族手把肉蘸料配料名称图

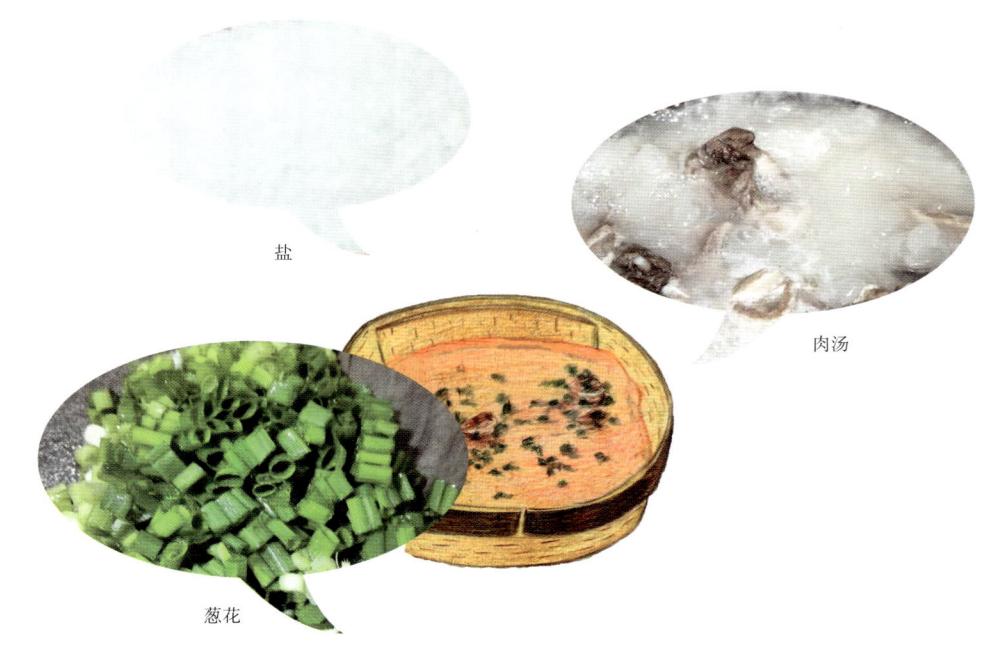

图六　鄂伦春族手把肉肉汤配料名称图

图七　鄂伦春族手把肉食用情境图

鄂伦春族灌血清

图一　鄂伦春族灌血清主图

"布油色"是汉译鄂伦春语的发音，意指"灌血清"的意思。灌血清外表类似我们今天东北地区的灌血肠，肠体煮熟呈白色，切开肠体为乳白色，里面有葱亦夹杂了绿色。它的主要成分为动物血清，这是鄂伦春族人很讲究的一种食品，其做法独特，味道鲜美，从营养学角度讲，灌血清主要为人体提供微量元素铁，脂肪较少，人人皆可美餐。

制作灌血清的主要工具为猎刀、桦皮盆、桦皮碗、桦皮漏斗、吊锅。猎刀主要是用于打开动物胸腔进行取血，桦皮盆用于盛放所有的血清。桦皮碗和桦皮漏斗成为灌血肠的重要工具，桦皮碗用于盛放少量血清，并通过桦皮漏斗灌入收拾好的肠子里。桦皮漏斗，分为大、小两种，用半圆形桦皮环合成一圆锥形，去掉尖端，缝以麻线，使血清可以滴漏。边缘处可以穿麻绳，便于悬挂。小漏斗直径5.5厘米，高5.7厘米，大漏斗直径10厘米左右，高12厘米。吊锅则用于煮制灌好的血清。吊锅主要是用于煮制灌好的肠子。

灌血清所用的血清，来自于犴、鹿、野猪这三种动物。提取血清的方法也有两种。一种是在猎获之后，用猎刀把动物剖为两半，打开胸腔，将五脏剔除，心脏那侧不动，停放一段时间后，大量的血流满凹部。也可以在肋骨上划几道，血液直接流入桦皮盆，停放一小时左右，待鲜血慢慢积下来并且逐渐分为三种颜色，最上面的有些透明呈乳白色的血叫做"兰班布佣术"，中间呈粉色的血叫"军真布佣术"，第三层呈深红色血叫"鲜射"。最上面便浮起的这层的液体，就是血清。其他的血液灌入肠内，也可以做成灌血肠。由此可见，灌血肠与灌血清异曲同工，唯一的差异就是提取的血质不同。提取血清之后，加上盐、野葱花等调料，再将动物肠子进行切割与清洗。用桦皮漏斗底部与处理好的肠子一端进行连接，用桦皮碗舀桦皮盆内的血清进行灌装，按照这样的方法，将肠子灌好，再以30厘米左右为一段分别系绳子便于封口，再放入吊锅中煮熟，煮熟的血肠又白又嫩，即可食用，它也成为了鄂伦春族人招待客人的上等佳肴，食用时依旧是围坐，大家一起享用美食。

图片来源
图一至图五　刘嘉琪　制图

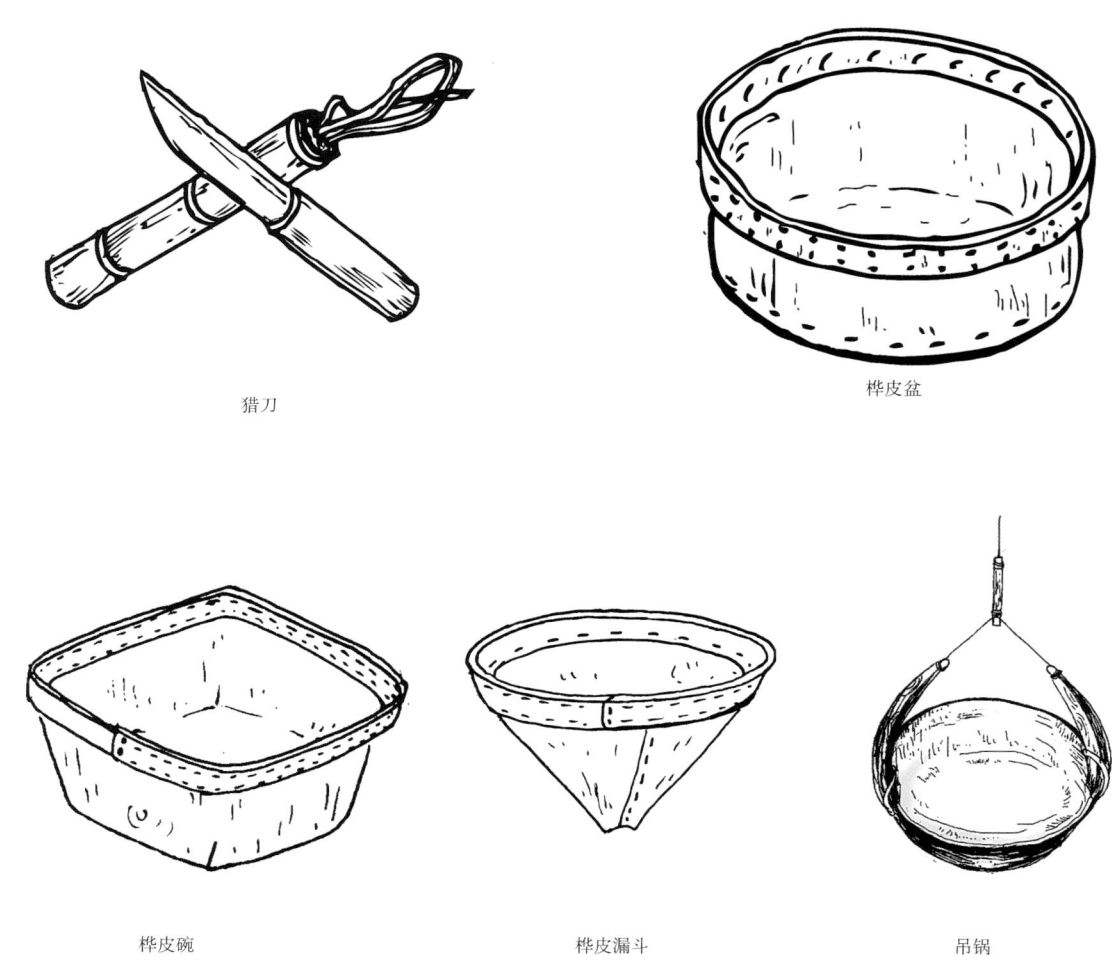

猎刀　　　　　　　　　桦皮盆

桦皮碗　　　　桦皮漏斗　　　　吊锅

图二　鄂伦春族灌血清制作工具名称图

犴

鹿

野猪

图三　鄂伦春族灌血清可采集血清的动物示意图

图四　鄂伦春族灌血清制作流程图

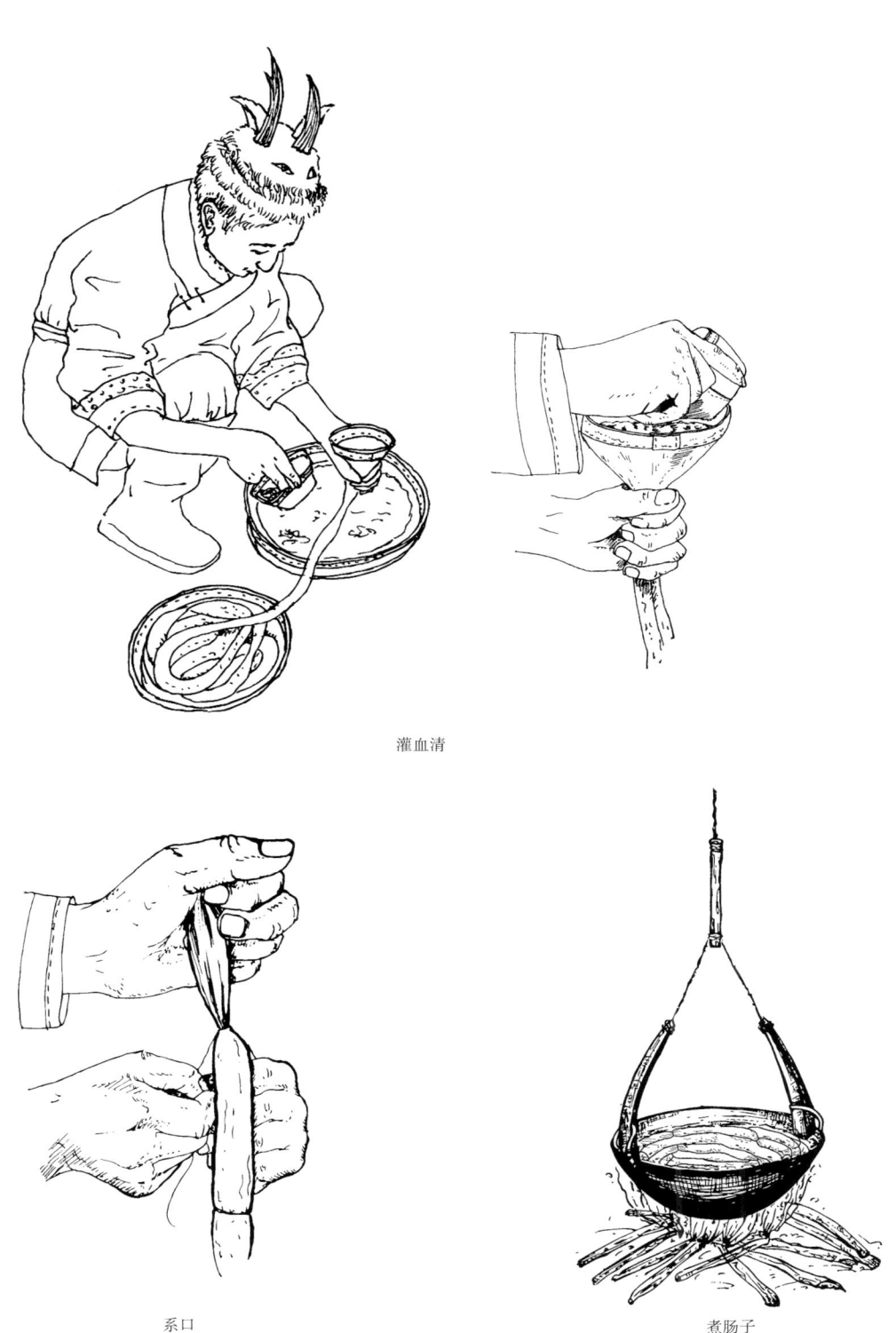

灌血清

系口　　　　　　　　　煮肠子

图四（续）　鄂伦春族灌血清制作流程图

图五　鄂伦春族灌血清食用情境图

鄂伦春族金刚圈

图一　鄂伦春族金刚圈主图

"布拉曼窝恩"，是汉译鄂伦春语的发音，意指"金刚圈"的意思，也称烧面，它是一种中间有窟窿的圆圈环状干粮，外圈直径20厘米，内圈直径6厘米，是鄂伦春族人十分喜爱的传统面食制品。鄂伦春族传统饮食一般多以肉类为主，其次是面粉与野菜，金刚圈既是猎人们简朴的果腹之物，又是妇女儿童喜食的家常风味。面食可以提供人体所需的大部分热量。

金刚圈主要使用的原材料是面粉，做法是将面粉放入桦皮盆，用桦皮碗盛冷水和面，从不使用酵素等添加剂，将面进行反复揉压，以便增加弹性，和好的面团呈软硬适中的状态。把和好的面团分成二两左右的小面团，用手团捏面团，形成一个扁平的圆形，再将中间挖洞，这样就做成中间有洞的圆环状面圈，然后将捏好的面圈放入篝火刚刚烧成的热灰里，用一根木棍扒拉灰堆以便面圈埋在灰堆里面。在烧制过程中，每隔十分钟左右就要上下翻个儿，这样金刚圈烧制的熟度会很均匀，半小时以后就完全烧熟了，烧熟后用木棍挑出，再用布把附着在金刚圈表面的灰擦拭干净，即可食用。此时的金刚圈外表焦黄酥脆，内里雪白松软，入口麦香浓郁还略带甜味，这是面粉中的糖在高温下发生脱水降解的缘故。如果再蘸上犴油或者熊油，更加美味。这种既简单又便捷的面食加工方法是在没有炊具之前鄂伦春族人常用的方法。

传说中，吃了金刚圈的人，就会变得机智而无所畏惧。在鄂伦春的民间故事《金刚圈》中讲到，一位老猎人在烤制的金刚圈的时候，自言自语的想要除掉鄂伦春族人的祸害蟒猊。这时，金刚圈自动从灰堆里滚了出来，后面还跟着一团熊熊燃烧的火焰。他们要去帮助鄂伦春族人除掉凶神恶煞的蟒猊。一路上，金刚圈和火焰遇到了很多朋友，他们跋山涉水，历尽艰难险阻，终于找到了蟒猊所在的卡达尼山峰洞口。趁着蟒猊正在石头堆里吃人肉，喝烧酒的时候，花蝴蝶用优美的舞蹈迷住了蟒猊，针扎了它的屁股，蚂蚁钻进它的鼻子，量天尺虫爬进它的耳朵，面糊糊住了它的眼睛，金刚圈套住了它的脖子，逃跑中又踩在了稀屎上面，摔了仰八叉，缰绳拦住了它的腿，红腰带绑住了它的一双手，锤子砸它的脑袋。猎人乘机上来，用猎刀划开了它的肚子，火焰把它的尸体烧成了灰。大家齐心协力，为鄂伦春族人带来了平安与幸福。

鄂伦春族人依照自己的意愿塑造出金刚圈，它是寄托民族心愿的象征体，因而倍受人们青睐，尤其是鄂伦春族儿童喜食金刚圈，他们盼望着将来能够成长为一名聪明而又勇敢的猎人。我们今天的烧饼，与鄂伦春族金刚圈有着异曲同工之处，都属于烤、烧类的面食。世世代代的鄂伦春族人，通过聪慧的头脑和灵巧的双手，运用面食表达了自己美好的希望和祈盼。金刚圈这一面食制品不仅包含了鄂伦春族人浓厚的英雄情结和对本民族深厚的情感，还包含了顽强的生存信念以及流淌在鄂伦春族人血脉里的勤劳和坚守。

图片来源
图一至图四　许梅霞　制图

原料面粉

桦皮盆

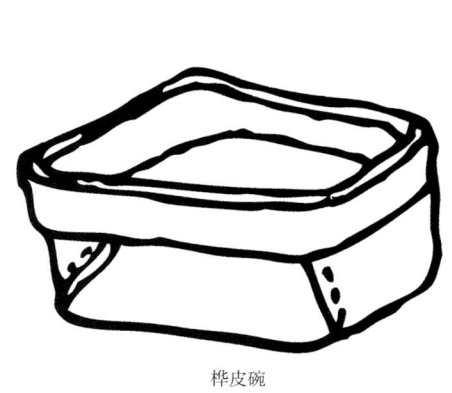
桦皮碗

木棍

图二　鄂伦春族金刚圈制作原料与工具名称图

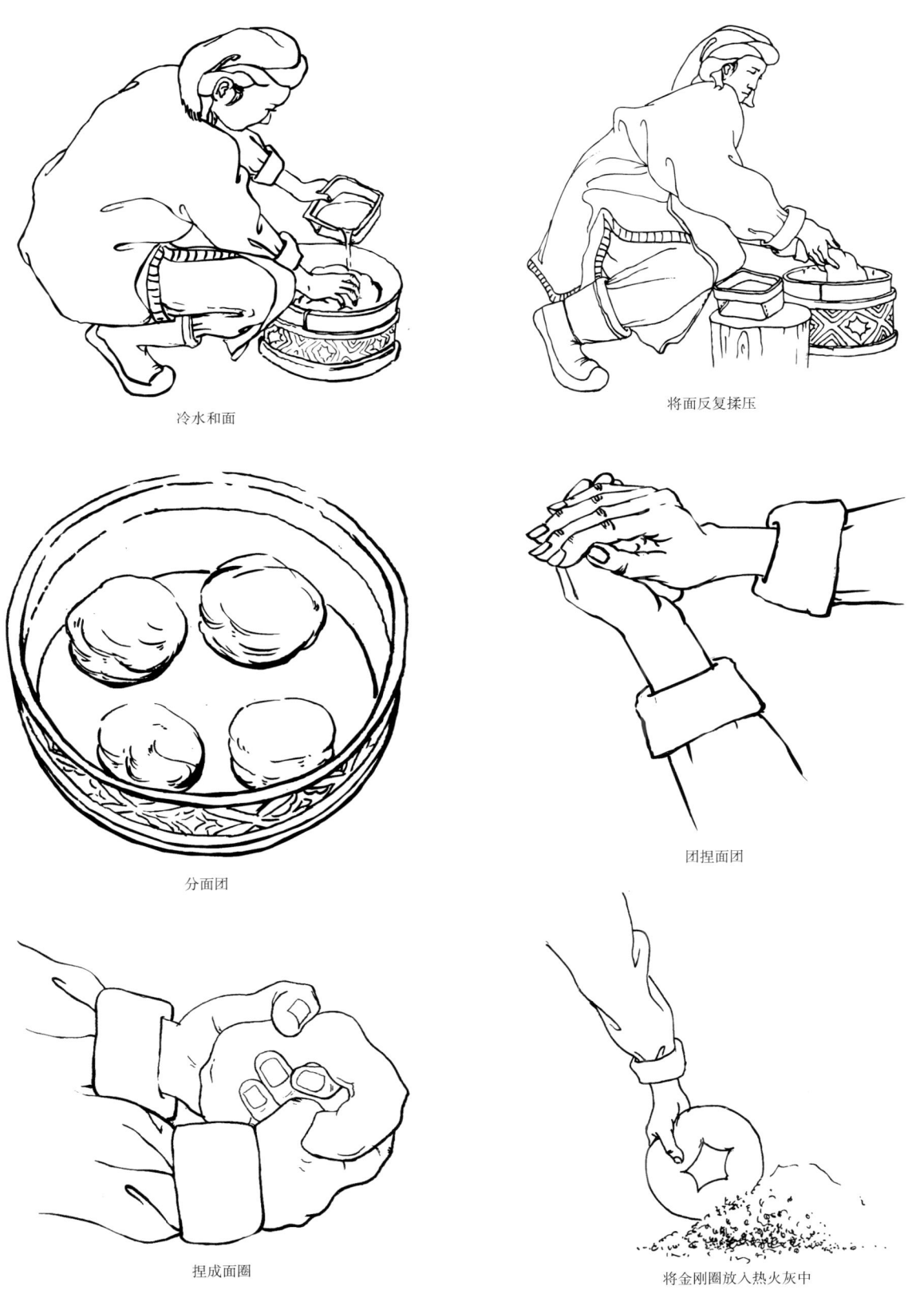

图三　鄂伦春族金刚圈制作流程图

拨火灰盖住金刚圈

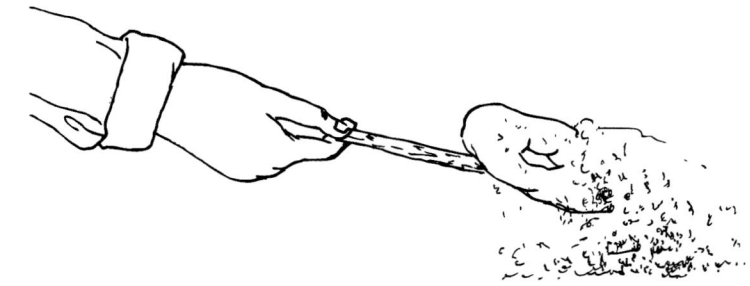

翻个

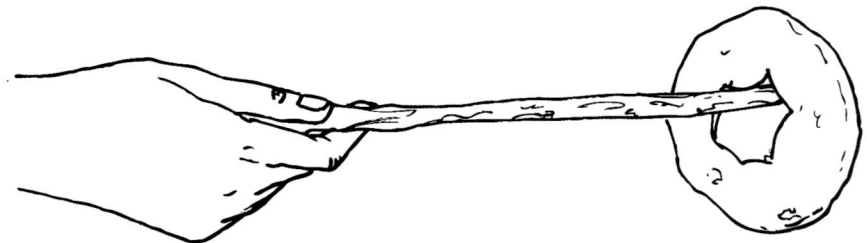

挑出熟的金刚圈

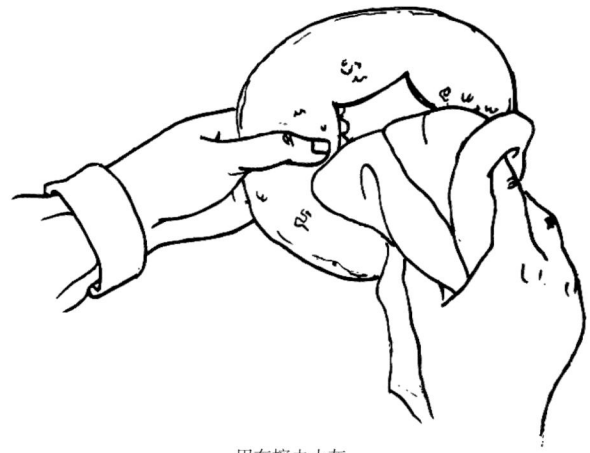

用布擦去火灰

图三（续） 鄂伦春族金刚圈制作流程图

图四　鄂伦春族金刚圈食用情境图

鄂伦春族淬瀹肉

图一　鄂伦春族淬瀹肉主图

在没有锅釜之类的容器之前，鄂伦春族人煮肉是十分困难的。《龙沙纪略》载："东北诸部落，……无釜甑罂之属，熟物刳木贮水，灼小石淬水中数十次，瀹而食之。"文中所述灼石淬火的方法，就是用火烧热石子，在刳成空心的木头容器中盛水，并且不断地抛入烧热的石子，这样就可以把肉瀹熟。这种古老又原始方法为鄂伦春族人所独有，堪称别有地方风味的淬瀹肉。

制作淬瀹肉所用的石块为鹅卵石。在鄂伦春族地区，有辽阔的涵冰湿地和纵横交错的200多条河流，数不清的有棱角的普通石头分布在这里，日积月累的经过地壳运动，在与水的流动的过程中连续不断地与周围的岩石发生撞击，棱角就被逐渐抹平，形成了大小各异的鹅卵石。二氧化硅是鹅卵石的主要化学成分，另外还包含了少量的三氧化二铁和微量的锰、铜、铝等元素及化合物。鹅卵石的导热性能很好，篝火将之加热后，它能够较长时间的保证热量。因此，使用鹅卵石制作肉食，不仅能够释放人体所需的矿物质，还具有加热、保温、调节菜色的作用。

这种将烧热的鹅卵石，放入盛水的容器中，将水烧开，食物也随之烧熟的方法，也称为石烹法。"石烹"有三种方法，第一种叫做内加热法，是将烧热的石头填入动物内脏，利用由内向外的热能使食物成熟。第二种叫做外加热法，是将堆砌起来石头烧热后扒开，再将食材埋入并包严，利用由外向内的热能使食物成熟。第三种是烧石煮法，利用树干之类的容器，或者天然的石坑，也可在地面挖坑，在容器内或者坑内加入水和食材，再把烧红的石块投入，使水沸腾并煮熟食物。第三种方法是鄂伦春族最古老而盛行的煮食方法。他们的石烹法并不是古书记载的"刳木贮水"，而是用桦皮水桶用来盛水。该容器呈圆桶状，是把桦树皮围合用狍筋线缝制而成，接口处涂以树胶以防漏水。

　　淬瀹肉的制作方法是将猎获的鹿、狍、犴、虎、豹、野猪以及捕获的各种鱼类用猎刀进行切割。煮肉时桦皮桶内加入半桶水，放入切好的兽肉，同时在篝火中烧若干鹅卵石块，待石块炽热时，用树枝做的筷子夹起石块再一一投入桦皮桶内。持续投二三十块之后，桶内的水位有了明显的变化，桶内的水就烧开了，进而将兽肉煮熟。富含脂肪的肉食可以提供等量蛋白质和碳水化合物两倍的热量，使鄂伦春族人得到温暖的补给。

图片来源
图一至图五　刘畅　制图

图二　鄂伦春族淬瀹肉之灼石淬火示意图

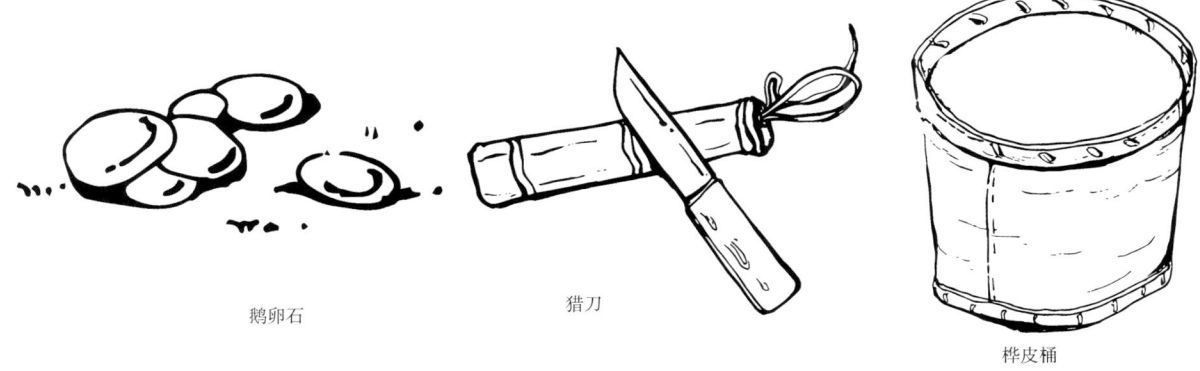

鹅卵石　　　　　猎刀　　　　　桦皮桶

图三　鄂伦春族淬瀹肉制作工具名称图

图四 鄂伦春族淬渝肉制作流程图

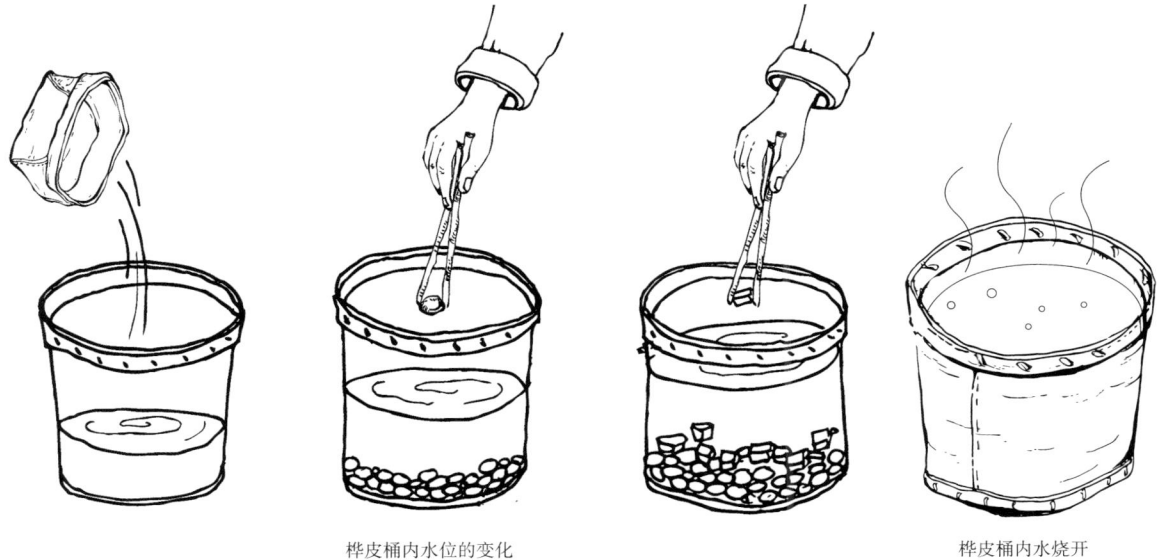

桦皮桶内水位的变化　　　　　　　桦皮桶内水烧开

图四（续）　鄂伦春族淬淪肉制作流程图

图五　鄂伦春族淬淪肉食用示意图

鄂伦春族粘粥

图一　鄂伦春族粘粥主图

"老考太",是汉译鄂伦春语的发音,意指"粘粥"的意思,又名粘饭,是鄂伦春族人喜爱的一种风味独特的饭食。清末民初,鄂伦春族人有了五谷,五谷的出现大大丰富了鄂伦春族人的饮食结构。粘粥以小米、黄米或稷子米为主要食材,搭配切碎的熟肉、野猪油、盐及葱末等配料,营养丰富,可健壮脾胃、充盈气血、强健筋骨。

制作粘粥的主要原材料为小米、黄米或稷子米。小米熬粥时表面浮出一层"米油",具有滋补功能,常有"米油代参汤"的说法。黄米又名黍,比小米颗粒稍大些,是黍子脱壳而成的粮食,煮熟后会产生黏性。稷子米,属于北方杂粮,像黍,也有人称为高粱米。这些谷物的营养价值很高,含有大量的蛋白质和碳水化合物,常吃可抗氧化。

铁锅是鄂伦春族人制作粘粥最主要的工具,锅体呈半圆体,两边各有一个活耳,直径为40厘米左右,还有两个用稠李子等软木削制而成的吊钩,用于勾住铁锅的活耳,做饭时可吊挂在火堆上。几乎每一位猎人都拥有这样的一口吊锅,不仅适合野外生活,而且携带轻便。需要搬迁时,就将铁锅和两个吊钩都装进皮口袋里,驮上马就可以带走。

食用粘粥的工具是桦皮碗和兽骨筷子。桦皮碗是用一块方形的桦树皮制作而成,先把四个角剪开一样的长度,向上折起并缝合,使之呈近似四边形的容器,再用薄木片镶口边即可。桦皮碗就用来盛粘粥。兽骨筷子则是作为进食餐具使用。一般是用刀斧等工具把鹿的大腿骨加工成筷子,其品质不亚于象牙筷子,异常白净,美观耐用,独具特色。直到今天,鄂伦春族人依然喜欢制作兽骨筷子，不仅自己携带使用，还会作为珍贵礼品赠送给亲朋好友。

　　粘粥的制作方法十分独特。先是将小米、黄米或稷子米进行淘洗，吊锅内加水，放入这些原材料在铁锅中熬煮，待米煮至七八分熟的时候，将米粒用铁勺背捣碎，这时黄米的黏性得以发挥，使粥变得更加粘稠。然后将用猎刀切碎的熟肉、野猪油、盐及葱花这些配料加入粘粥中，搅拌均匀即可食用。粘粥是鄂伦春族人冬季里十分喜爱食用的饭食。同时，共用一双筷子同吃一碗粘粥也是鄂伦春族青年男女在认亲、结婚仪式上的传统习俗，它代表着对于婚姻的美好祝愿。有时也用粘粥作为祭祀用品给神上供。

　　粘粥的出现，受器具的影响很大，它反映了鄂伦春族人在特定的自然环境和社会生产力的发展中形成的独特的文化属性。饮食器具尽管只是日常用品，但也包含了丰富的精神文化内涵。

图片来源
图一至图七　王瑞宇　制图

铁锅

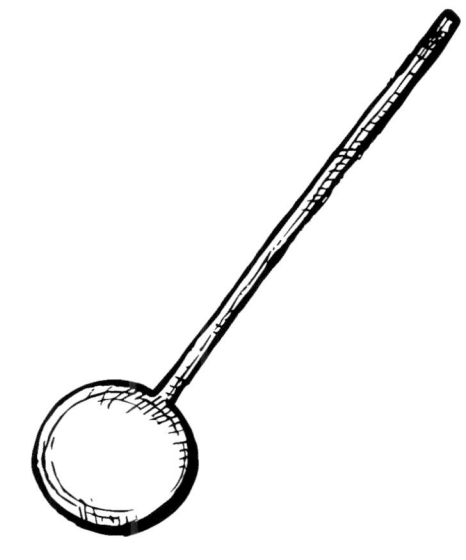
铁勺

猎刀

图二　鄂伦春族粘粥制作工具名称图

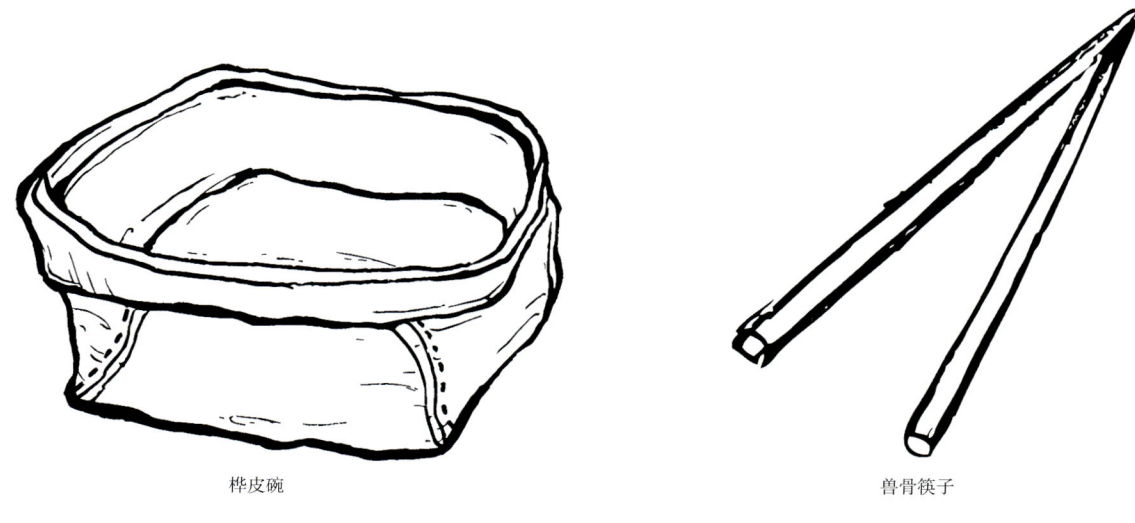

图三　鄂伦春族粘粥食用工具名称图

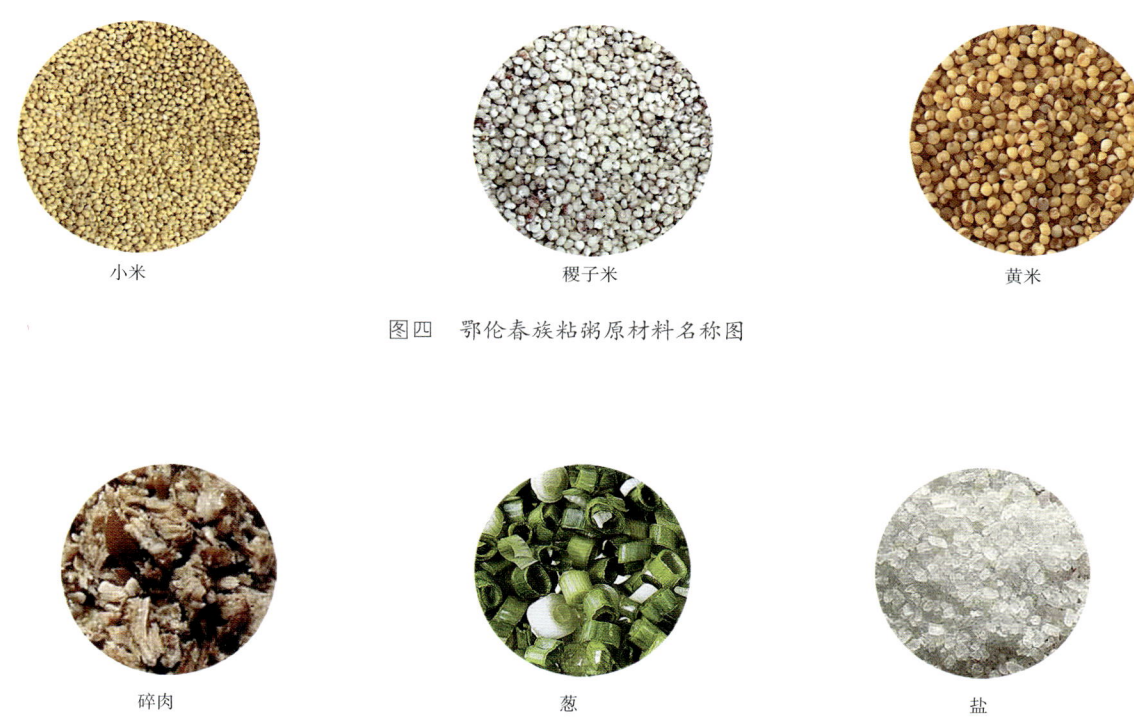

图四　鄂伦春族粘粥原材料名称图

图五　鄂伦春族粘粥配料名称图

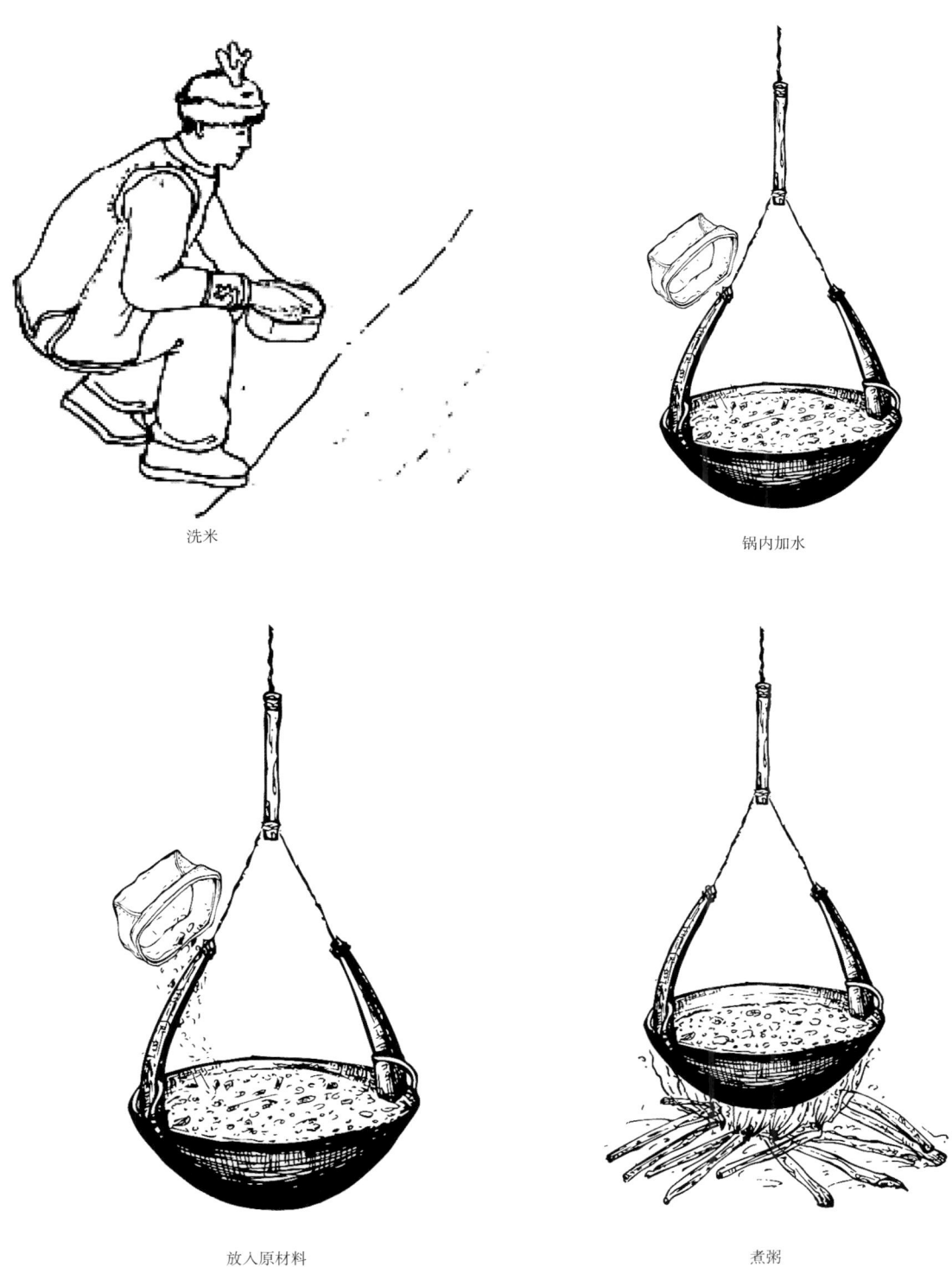

图六 鄂伦春族粘粥制作流程图

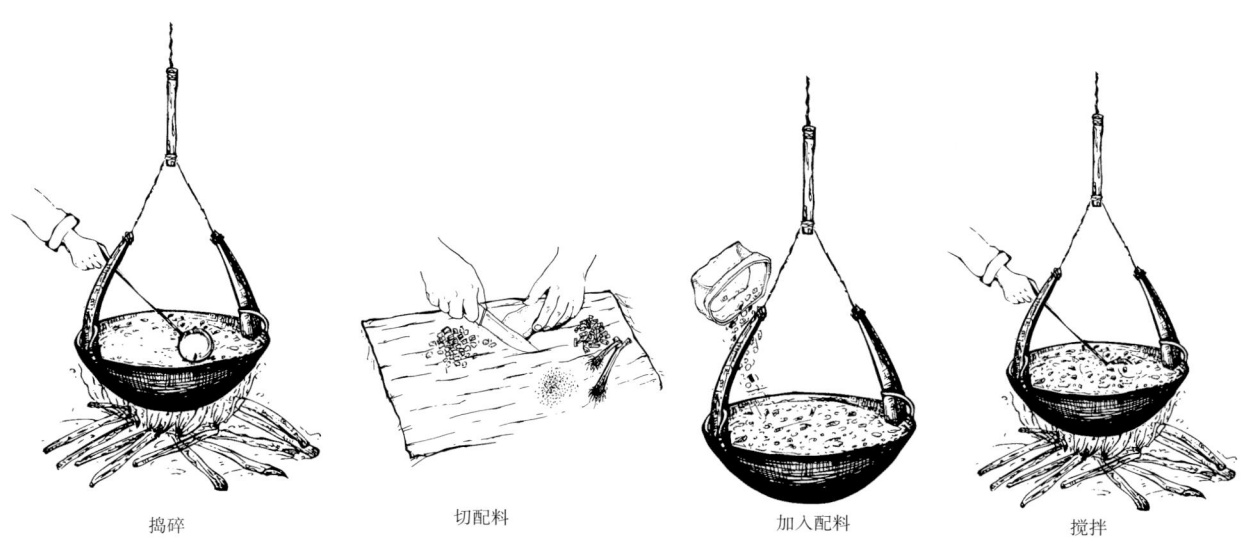

| 捣碎 | 切配料 | 加入配料 | 搅拌 |

图六（续） 鄂伦春族粘粥制作流程图

图七 鄂伦春族粘粥食用情境图

第四章 鄂伦春族传统生活用具

鄂伦春族恩莫克

图一　鄂伦春族恩莫克主图

"恩莫克",也叫"欧姆凯",在鄂伦春语中指"摇篮"的意思。恩莫克是鄂伦春族人抚育婴儿的主要生活用具,造型独特又富有装饰性。一根皮带连接于恩莫克首尾两端,使其可吊挂于室内也可挎于母亲前胸或后背,上有苫帘遮挡阳光蚊虫,内有皮绳束缚,在山林定居期间以及迁徙途中都可以有效地放置并保护婴儿。

制作恩莫克的材料以樟松、柳木、桦树为主,樟松木质轻,密度小,在水中的浮力大;柳木结构细密,质软且耐用;桦树皮柔韧,轻便且易加工,因此恩莫克大多选用这几种木料进行制作。"恩莫克"长约1米,整体高约32厘米,宽约40厘米,制作时将一长一短两块樟松木薄板进行弯曲至U型,作为摇篮边框,将平直薄板作为摇篮底板,上下用铜铆钉进行固定。短边作为上半部向上翘起,与水平面夹角约为25°,称之为"滴力尼尼",用来放置婴儿的头部与腰部;长边作为下半部水平放置,称之为"阿嘎沙尼",以放置婴儿的臀部、腿和脚。因此恩莫克整体形态令婴儿躺在其中如同躺在母亲的臂弯中感到舒适和安全。因鄂伦春族人独特的生活习性,摇篮的头尾两端有皮带连接。当母亲在搭建斜仁柱或干活时,可将摇篮吊挂于室内;当迁徙时母亲可将恩莫克挎于胸前或背在身后,方便照看婴儿。摇篮头部装有苫帘,用柳木条或竹条弯曲成半圆形并用皮条在两侧固定,罩上布料形成苫帘。苫帘可防止婴儿在恩莫克中遭受风吹日晒或蚊虫叮咬之苦。摇篮底板的两侧置有皮绳套,将皮绳穿入可以将婴儿牢牢固定于摇篮中,以免婴儿从摇篮中跌落。恩莫克的装饰也富有深意,在顶部挂有动物或人形护身符以希冀孩子能够健康成长。在背后横挂一串鱼骨或兽骨饰物,当摇动恩莫克时这些饰物通过撞击而发出的声音十分悦耳，能够安抚摇篮中的婴儿。摇篮外侧装饰有绿色线条，宽约1厘米，同样有祈福吉祥之意。在恩莫克内部铺垫狍皮，上半部两侧置有布垫以防止婴儿头部与木板磕碰，下半部置有干燥的朽木碎末以防止婴儿尿湿狍皮。

恩莫克是鄂伦春族在长期游猎生活中智慧的结晶，是抚育婴儿重要的生活用具。其形态和结构极大地方便了鄂伦春族人在迁徙搬家过程中对婴儿的照看与保护，是游猎民族在生产生活中的必然产物。

图片来源

图一　王哲哲　制图

图二至图五　张智龙　制图

图六　牛信、杨林　制图

侧视　　　　　　　　　　正视

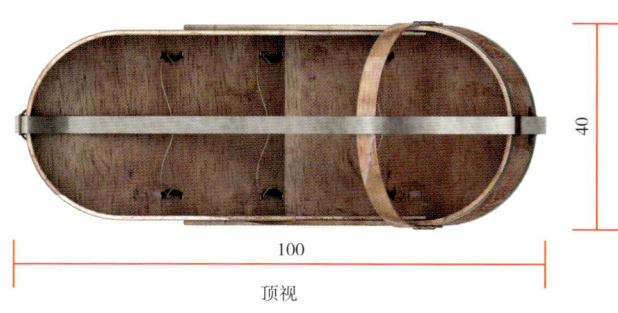

顶视

图二　鄂伦春族恩莫克三视尺寸图（单位：cm）

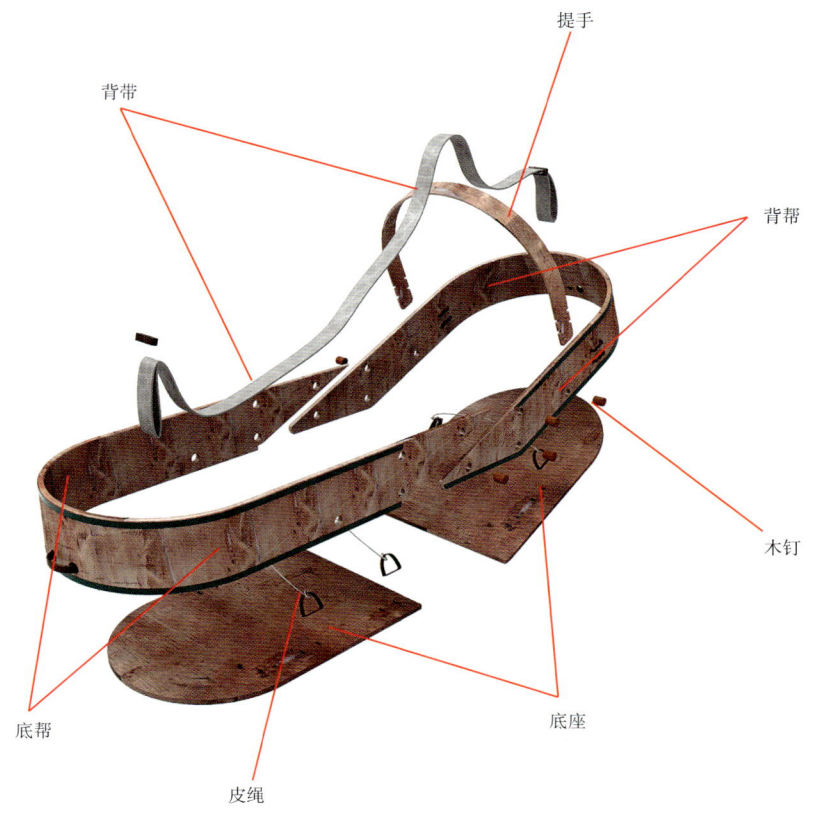

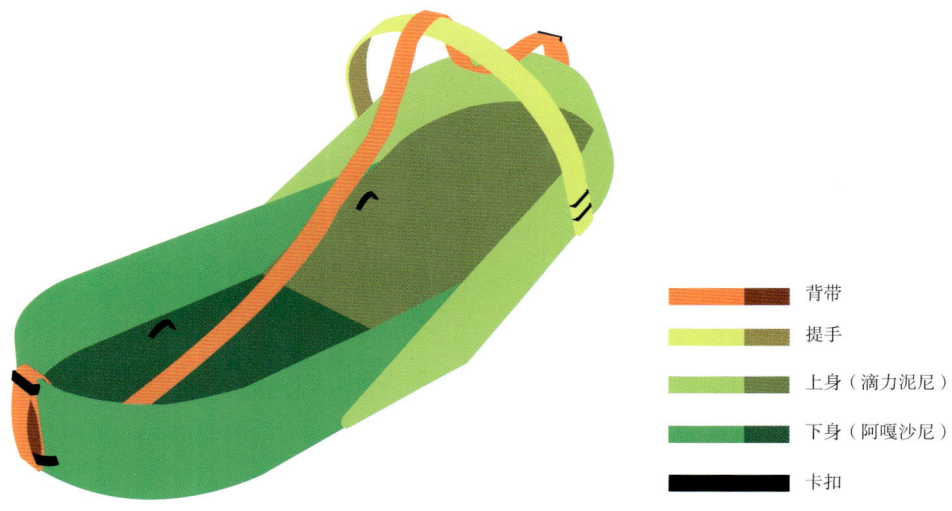

图三 鄂伦春族恩莫克结构分解图

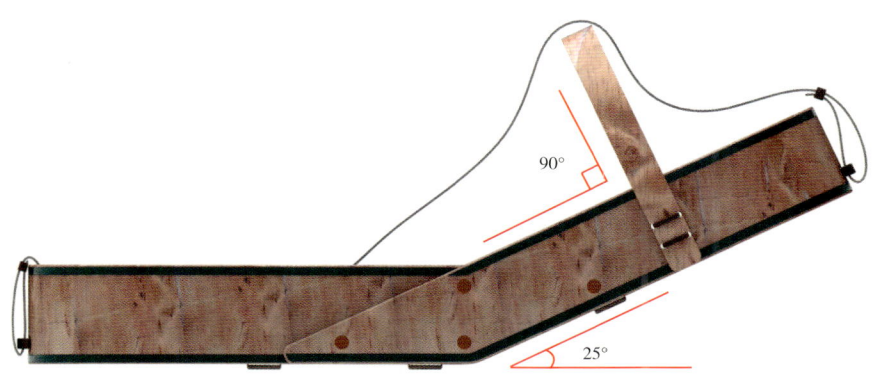

图四　鄂伦春族恩莫克角度示意图

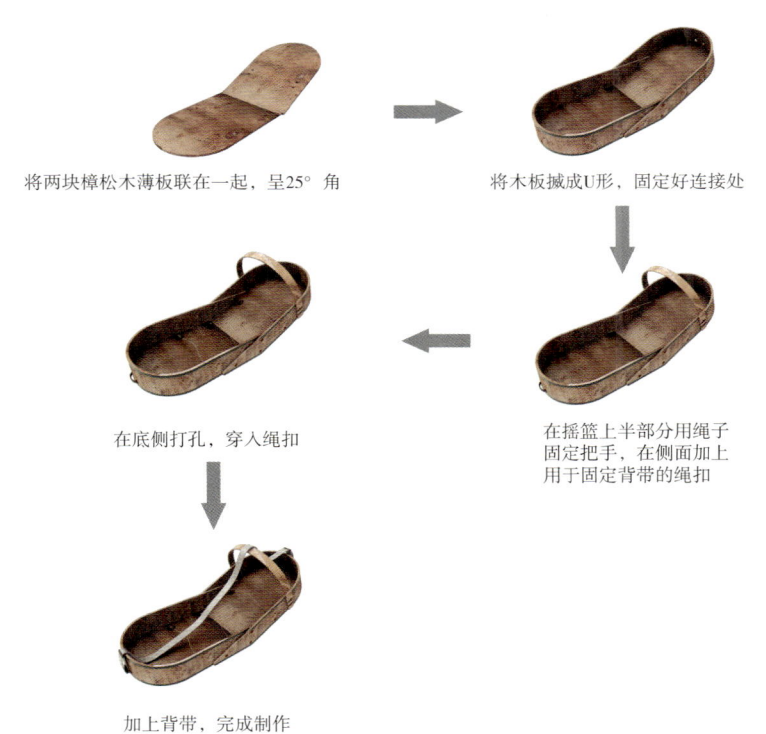

图五　鄂伦春族恩莫克制作流程图

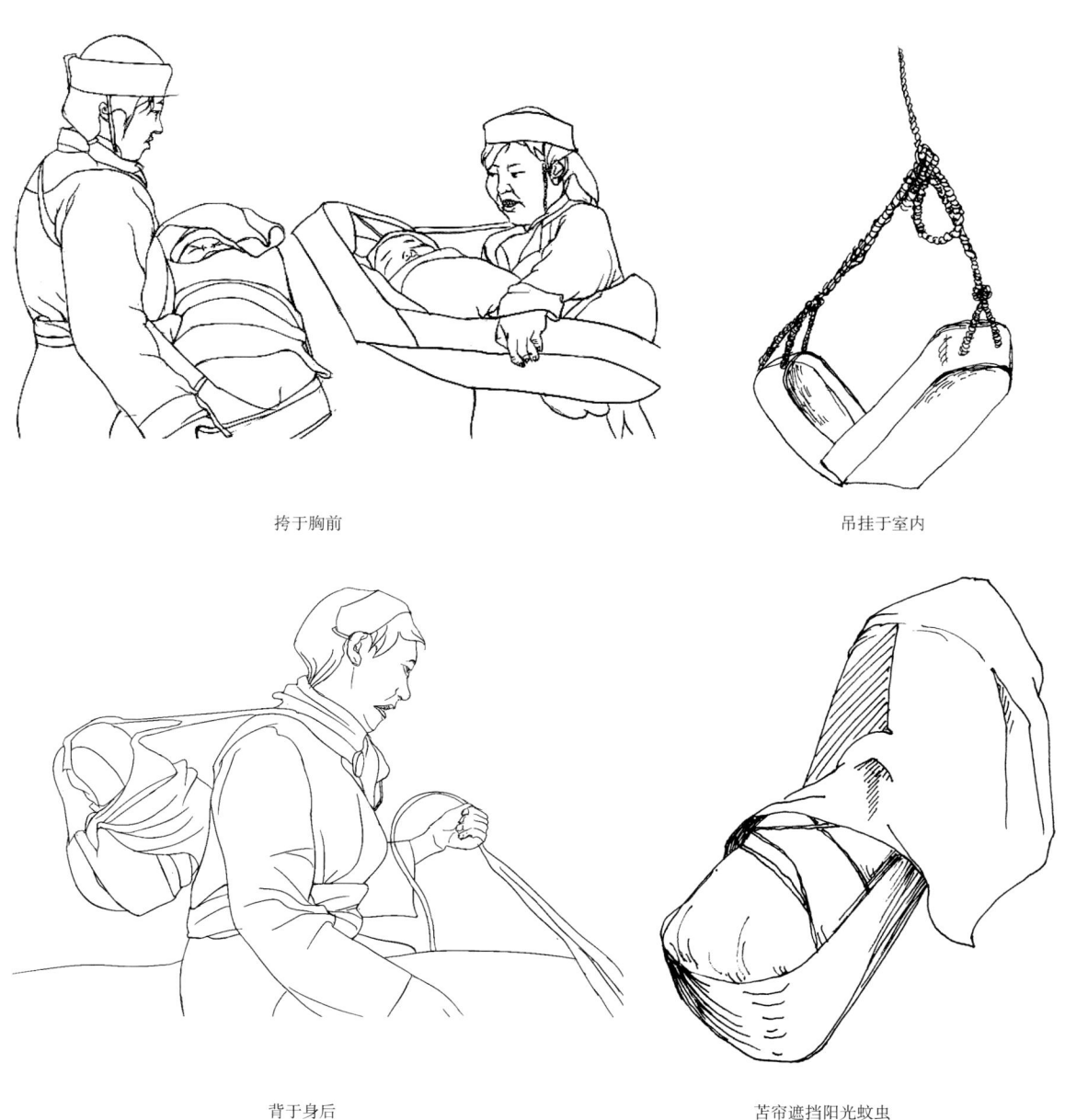

挎于胸前　　　　　　　　　　　吊挂于室内

背于身后　　　　　　　　　　　苫帘遮挡阳光蚊虫

图六　鄂伦春族恩莫克使用示意图

鄂伦春族爬犁

图一　鄂伦春族爬犁主图

爬犁，又叫扒犁、扒杆，也被称为冰雪上的车子。爬犁是鄂伦春族人重要的雪上交通工具，而且也是鄂伦春族传统体育比赛项目和儿童娱乐的器械之一。爬犁在我国其他地区也有，最早是由地上拖拉工具演变而来，适合我国东北冰雪覆盖地区使用。鄂伦春族人的爬犁是从当地的"捞子"——滑雪板中吸取了造型及功能元素改进而来，与当地的道路环境更为贴合。

爬犁的造型简洁，像车、像舟、像棚、似橇又似床。但具有很强的实用功能。最早鄂伦春族人利用狗来拉爬犁，后期驯服了驯鹿，饲养了马匹，则开始利用驯鹿和马来拉爬犁。爬犁底部有两根一端上翘一端水平的辕，上翘端用来绑绳固定到驯鹿或者马匹身上，水平端与地面接触与冰面摩擦从而前进。由于与地面接触的两辕面积较小，压强较大，会陷入雪地，将所接触的雪压得瓷实，形成细小的冰面，减小阻力，行进更加顺畅。同时留下两条细长轨道，行进过程中不容易脱轨划出去，相对安全，所以鄂伦春族的爬犁一般在制作过程中都采用同样的宽度,这样能利用同样的轨道前进。

爬犁的制作过程十分简单,以马拉爬犁为例,制作时,先选两根长且直的木头经过热处理折弯成类似弓形作为爬犁底部的辕,也有当地人在制作过程中直接选取天然的弧度接近要求的弯木来直接使用,然后将两根弯木相互平行、一端上翘、一端与地面水平摆放,间距依照当地马的宽度来设置,既不能太近夹住马匹,又不能距离太宽不便于马匹前进,宽度1米左右,这也是马拉爬犁的宽度,接下来在每根辕的水平部分均匀利用榫卯结构插四根20厘米左右的立柱,为了让榫卯结构更加坚固,鄂伦春族人还会将装配好的榫卯结构放到水中浸泡,让木头会泡水膨胀,紧紧的挤在一起,十分坚固,比用钉子的结构还要稳定。立柱上方再加一根直木,然后在两边辕上的直木之间搭圆木或者木板,形成1立方米左右的平面,方便人们在使用的过程中在爬犁上摆放物品或者拉人。为了增加舒适度,有的爬犁上面还会铺上动物的皮毛。爬犁整体高50厘米左右,相对较低,行进过程中比较稳定。

随着时代的发展,社会的进步,现代社会中已经看不到作为雪上交通工具的爬犁了,但是智慧的鄂伦春族人将这一传统的交通工具扩展出了其他的娱乐竞技功能,一方面沿用原来的结构制作小型爬犁作为儿童的冰雪游乐设施,在雪地上拖拉前进,带来娱乐的快感与体验;另一方面将兽皮绑在爬犁底部用来竞技用,比速度或者比距离,在当地又被称为赛"皮爬犁"。

图片来源
图一　李栋　制图
图二、图三、图四　杨宇辉　制图
图五　潘云婷　制图

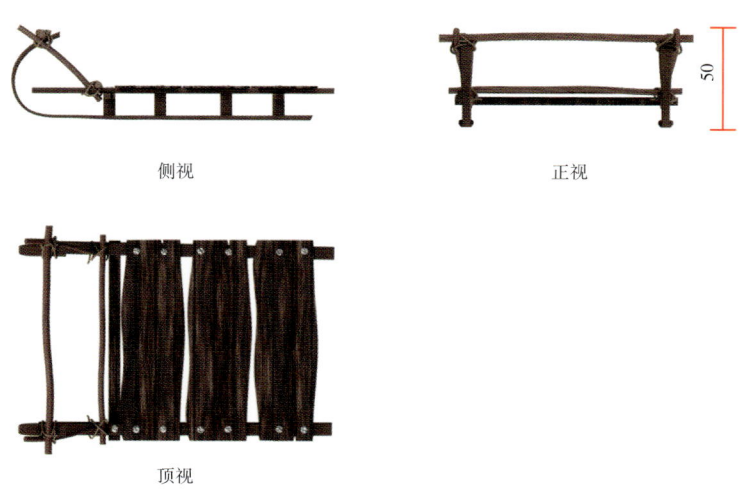

侧视　　正视

顶视

图二　鄂伦春族爬犁三视尺寸图(单位:cm)

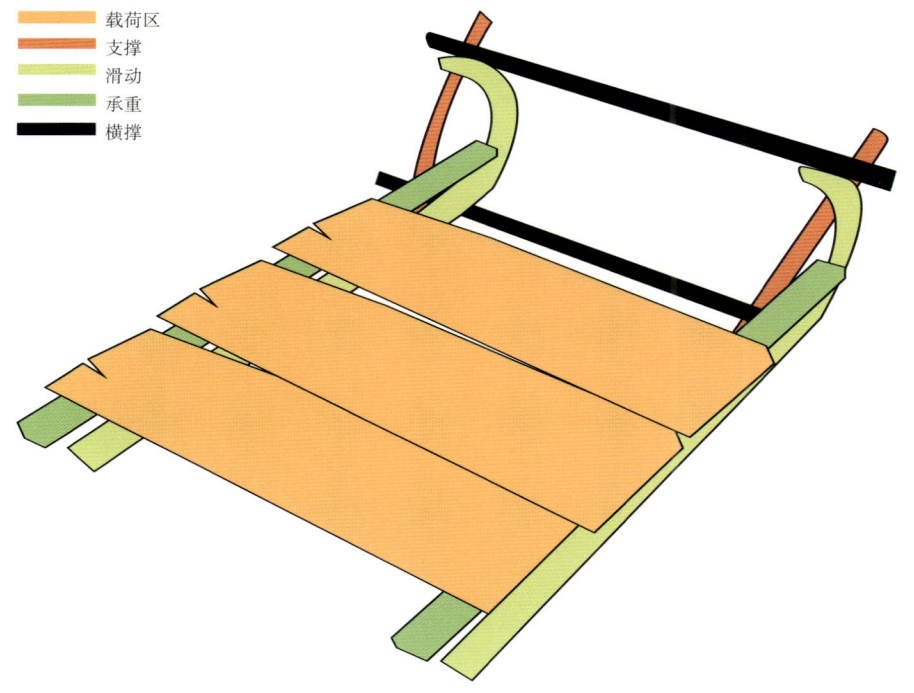

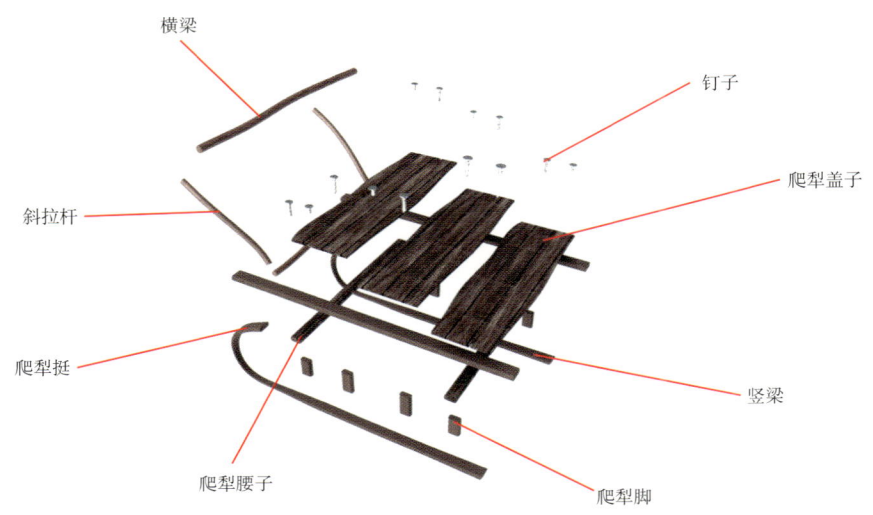

图三　鄂伦春族爬犁结构分解图

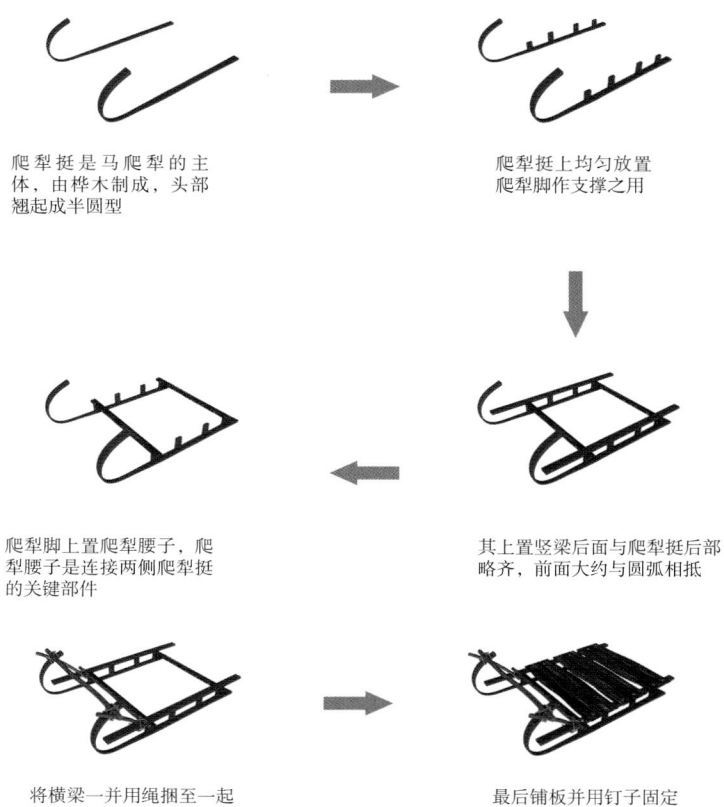

图四　鄂伦春族爬犁制作流程图

图五　鄂伦春族爬犁使用情境图

鄂伦春族烟锅子

图一　鄂伦春族烟锅子主图

鄂伦春族人主要吸旱烟叶，男女均有吸烟者。纸烟是较后传入的，一直不普遍。最开始鄂伦春族人吸食旱烟主要用烟斗。制作时直接就地取材，用树木的疙瘩形状的头作为烟斗，用树木的根须做杆。在形状上也是采用纯天然的形状；有的似熊头、狮子头或猞猁头，很有艺术感；有的把木疙瘩磨光，像一个梨果。随着吸烟的普及，鄂伦春族人烟具的制作也越发精良。将桦木或者其他树的树杈用刀刻成烟斗的形状，再镶嵌上兽骨并利用动物毛皮摩擦光亮，最终的烟斗表面会形成天然的环绕形状的木纹纹理。不管从视觉还是触觉上都能给人以美的享受。再随着鄂伦春族人与外界的接触的增多，从外界又传入了铜烟袋锅，玛瑙水晶石烟袋嘴，藤烟袋杆等。本案例介绍的为后期传入并经过鄂伦春族人改良过的铜制烟袋锅。在烟斗的部分绘有当地特色的图案。

心灵手巧的鄂伦春族人利用桦树皮和猎取的珍贵兽皮，制作传统烟具，包括独具民族特色的烟袋锅、桦皮烟盒、兽皮烟荷包等物，制作精美，经久耐用。鄂伦春人利用一种"空心树"的茎制作烟杆、树根制作烟嘴；为了方便携带旱烟，鄂伦春族人还就地取材制作了桦皮烟盒和烟荷包。桦皮烟盒是由桦皮制作的扁圆形的用来放置旱烟的烟盒。鄂伦春族妇女用特别的犴骨器（拉克拉温）在桦皮烟盒上雕刻精美的图案，图案多为卷云、花草和几何图形，绘成红、黄、黑三种颜色，表示喜庆、吉祥和坚贞的爱情。在皮制的烟荷包上饰以华美的刺绣，颇具民族特色。再用熊膝盖骨做成烟坠，别在腰间和烟斗配套。猎人中喜欢吸烟的总要凑到一起，各自掏出自己的烟斗和烟荷包。

鄂伦春族是热情好客的民族。不论本族人还是外族人，只要有客人来到主人的斜仁柱前，主人都会热情招呼，把客人请到斜仁柱中坐下，先把客人的烟袋接下来装上烟，点燃后递给客人吸用，或敬上卷烟。客人临走时要用自己的烟袋装上烟或敬支烟，请主人及在场宾客吸用，方可离去。

鄂伦春族人通过自身的智慧创造了独具特色的烟锅子，并设计制作了与烟锅子相关的周边用具，融入了当地的文化与特色，并结合了鄂伦春族人的传统工艺及地方纹样,很好的将本族文化传承下来。

图片来源
图一至图六　王哲哲　制图
图七　张智龙　制图

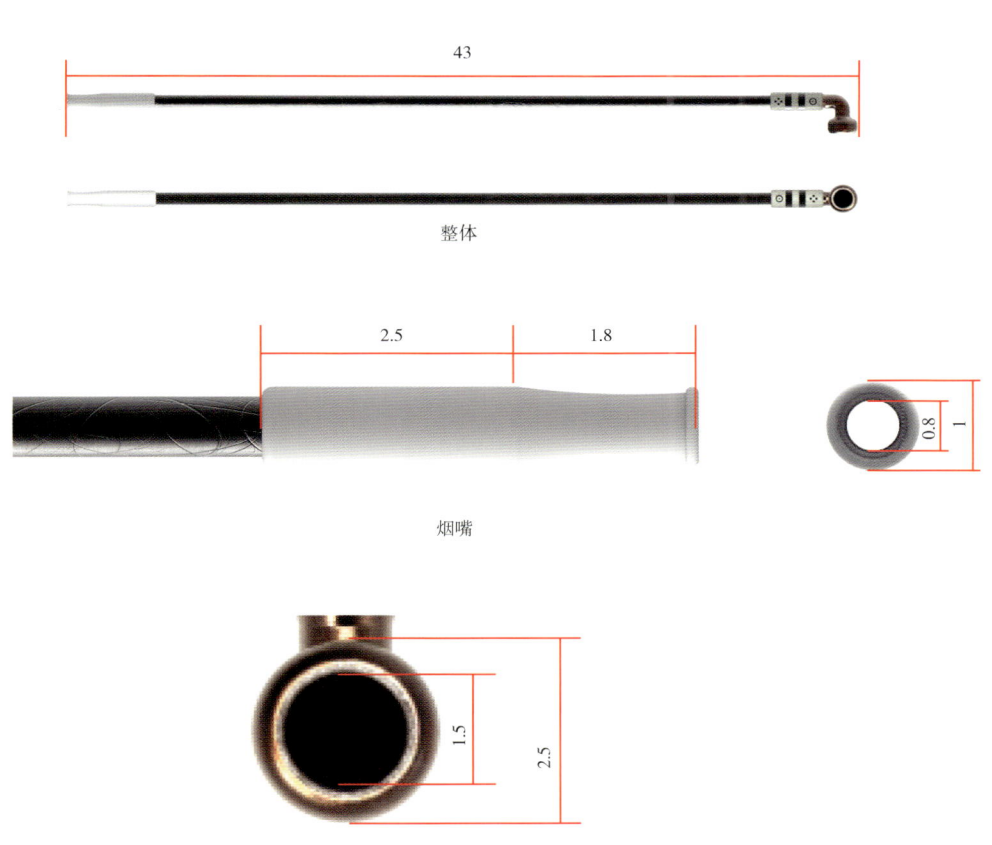

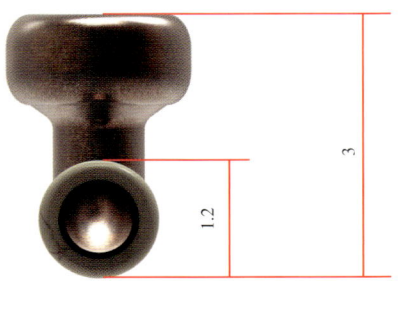

图二　鄂伦春族烟锅子尺寸图（单位：cm）

图三 鄂伦春族烟锅子结构解析图

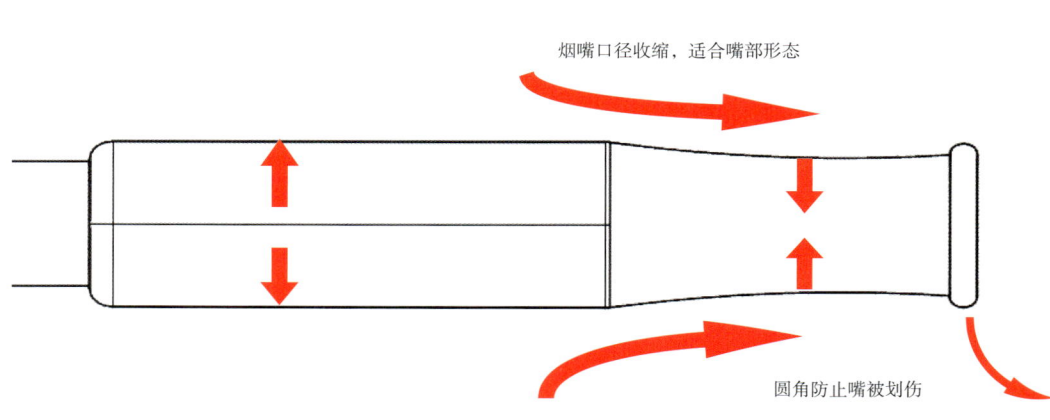

图四 鄂伦春族烟锅子烟嘴结构解析图

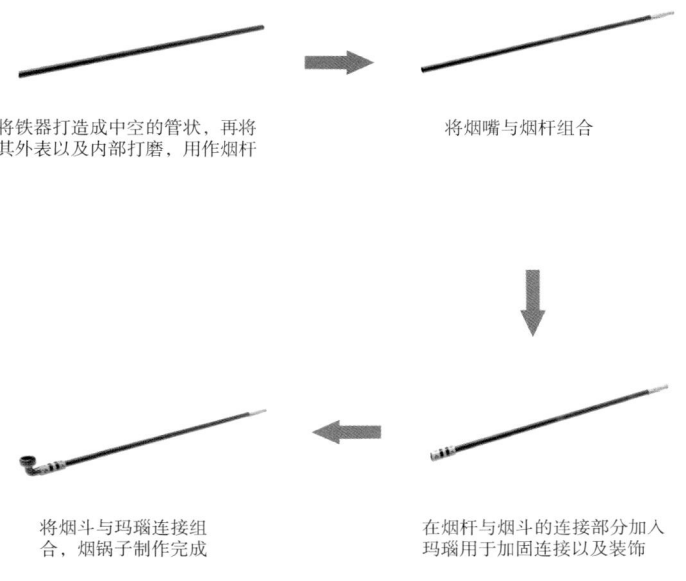

图五　鄂伦春族烟锅子制作流程图

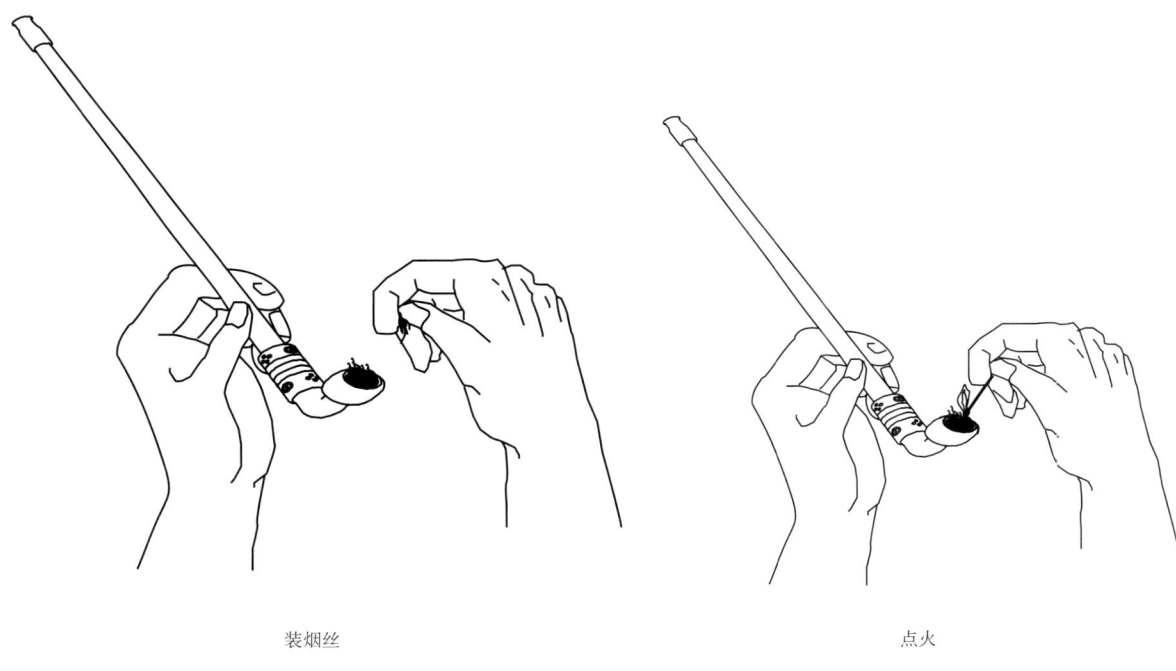

装烟丝　　　　　　　　　　　　　　　点火

图六　鄂伦春族烟锅子使用示意图

图七　鄂伦春族烟锅子使用情境图

鄂伦春族马鞍

图一 鄂伦春族马鞍主图

马鞍，鄂伦春语"阿毛尔勒"，是鄂伦春族人较常用的马匹用品。马鞍是马具之一，前后均凸起，形状适合骑者的臀部，是放在骡马背上供人骑坐的器具。两头高，中间低。鄂伦春族人传承下来很多手工技艺，比如桦树皮手工制品、手工皮质产品、木器工艺等。马鞍就是鄂伦春族木器工艺的一种。常见的木器工艺还有鹿笛、刀鞘、木盆等。

鄂伦春族以游猎为主，深山中捕猎，马匹是必不可少的工具和伴侣。俗话说："好马配好鞍"，马自然需要配一副好的合适的马鞍。一副好的马鞍，首先要有一个好的裸鞍。裸鞍是马鞍的基本骨架和最重要的组成部分，以木材为制作材料，由两块鞍板、鞍鞒构成，未经装饰与装配，鄂伦春族马鞍的制作工艺精湛，选材讲究，坚固耐用，造型美观，乘坐舒适。一副马鞍是由两块凸形的左鞍板、右鞍板和两块凹形的前鞍鞒和后鞍鞒组成。前后鞍鞒是两个树杈子，坚固结实，起节点作用，然后用桦树原木作两块鞍板，大部分都是用黑、白桦木作为原料，桦木木质坚硬，细腻，表面比较光滑。桦木砍倒以后，一般要干燥三四个月才能使用。一副马鞍上必须配备两条捆肚，前捆肚从马的胸部下面、后捆肚在马肚子下面揪紧。马镫由镫绳和镫盘组成，镫绳穿在前鞍鞒后面、鞍板前面的孔里，样子很像人们的裤带，一端有带卡子，一端有窟窿眼，可以根据骑者的腿长腿短，随时加以调整，便于防止镫绳磨着人腿，提高骑乘的舒适性和安全性。一个熟练的手工艺人半天就可以制作一副马鞍。鄂伦春族人还擅长木艺雕刻，会在制作好的马鞍上雕刻传统的图案，最常见的就是云字纹，这种纹样在鄂伦春族传统生产工具鹿笛上也能见到，彰显了本民族的特色。

马鞍的样式由于受多方面的影响，样式也有许多变化，受自然因素的影响和周边民族文化的影响，马鞍样式也有其不同。就算是在同一个民族内，马鞍方面也有细小的不同；马的种类不同，也会对其马鞍的样式产生不同的影响。如早期的鄂伦春马体型较小，而后来和其他品种杂交过的鄂伦春马体型稍大，所以马鞍的样式上也是有一定差距的；同时，由于手工制作，根据每个人不同的喜好，马鞍也会有不同的样式。马鞍具的整体造型注重流线型、饱满、简洁。一套马鞍具通常能使用很多年，一些制作精良的马鞍具甚至能使用更长的时间而成为一个家庭记忆载体代代相传。

马鞍的鞍座部分曲线流畅，受力均匀且稳定，这一结构和形态也被广泛的运动到其他的行业当中，比如建筑中用到的鞍形悬索就是对马鞍形态的利用。马鞍具虽小，却蕴含着鄂伦春族悠久的历史与文化，彰显了一个民族的智慧与审美。

图片来源
图一　郭立忠　摄影
图二　王哲哲　制图
图三、图五、图七、图八　张智龙　制图
图四　李栋　制图
图六　牛信　制图

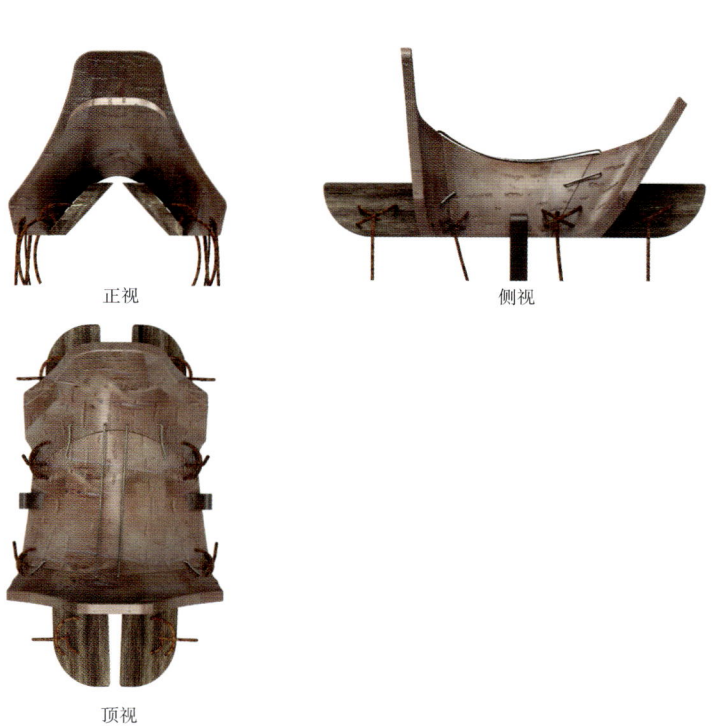

图二　鄂伦春族马鞍三视图

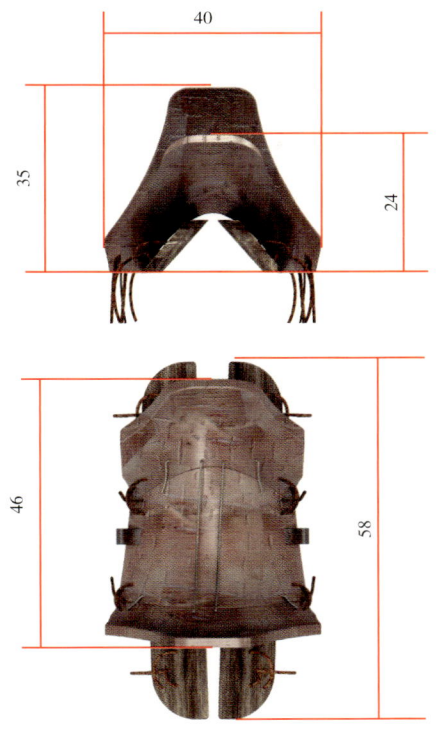

图三 鄂伦春族马鞍尺寸图（单位：cm）

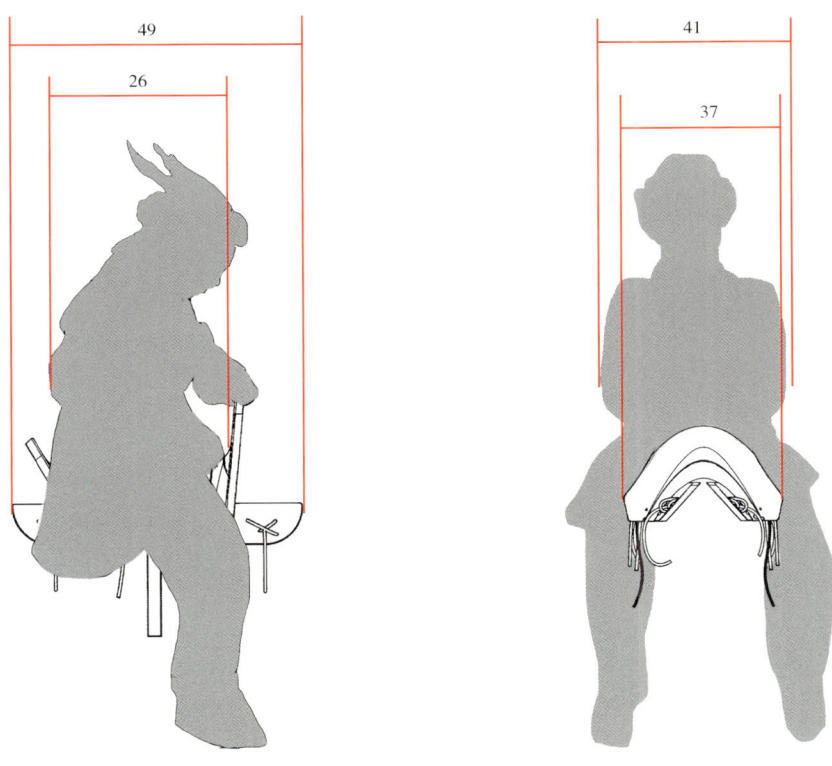

图四 鄂伦春族马鞍人机尺寸图（单位：cm）

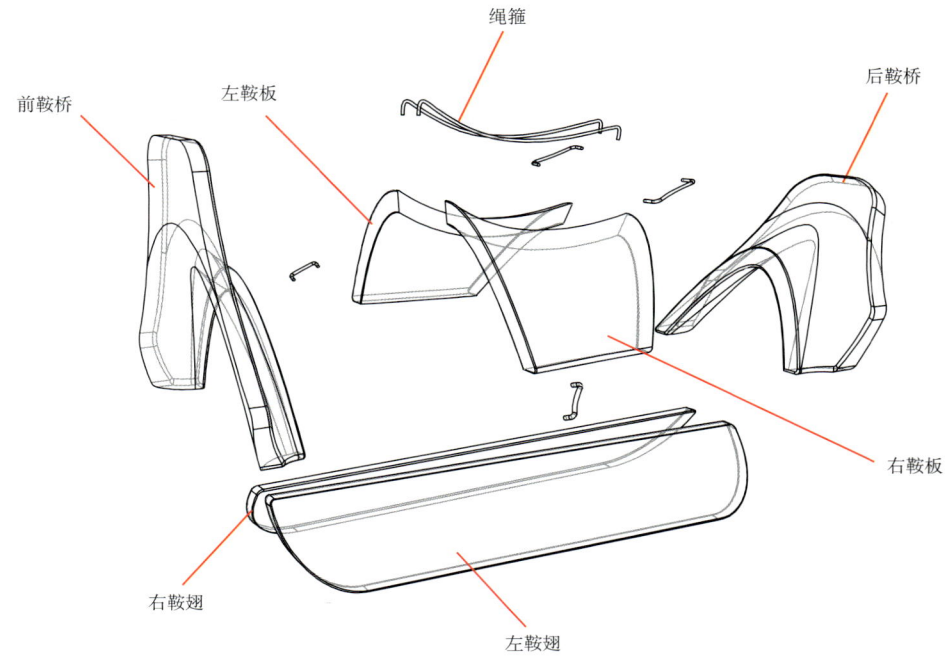

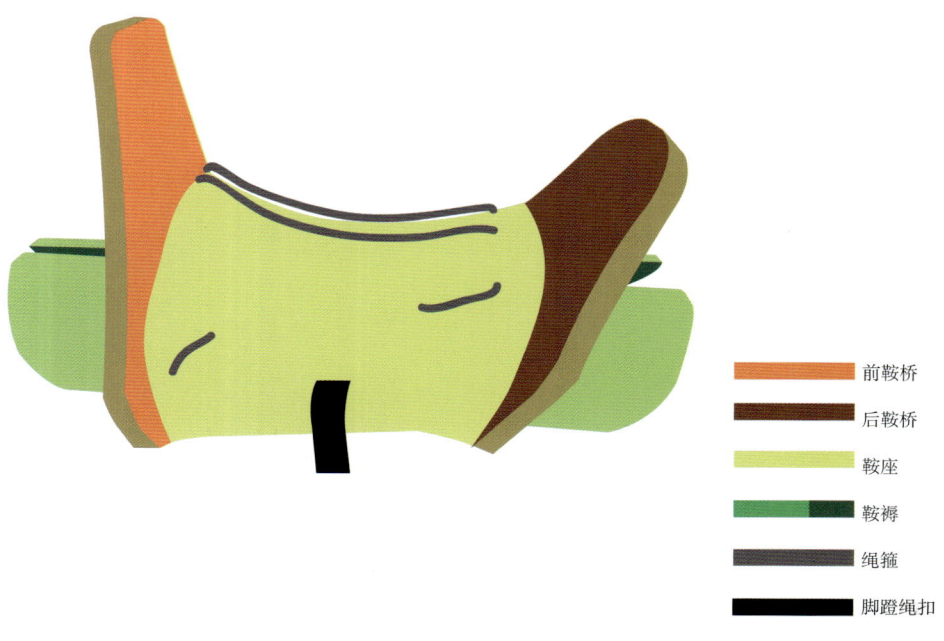

图五　鄂伦春族马鞍结构分解图

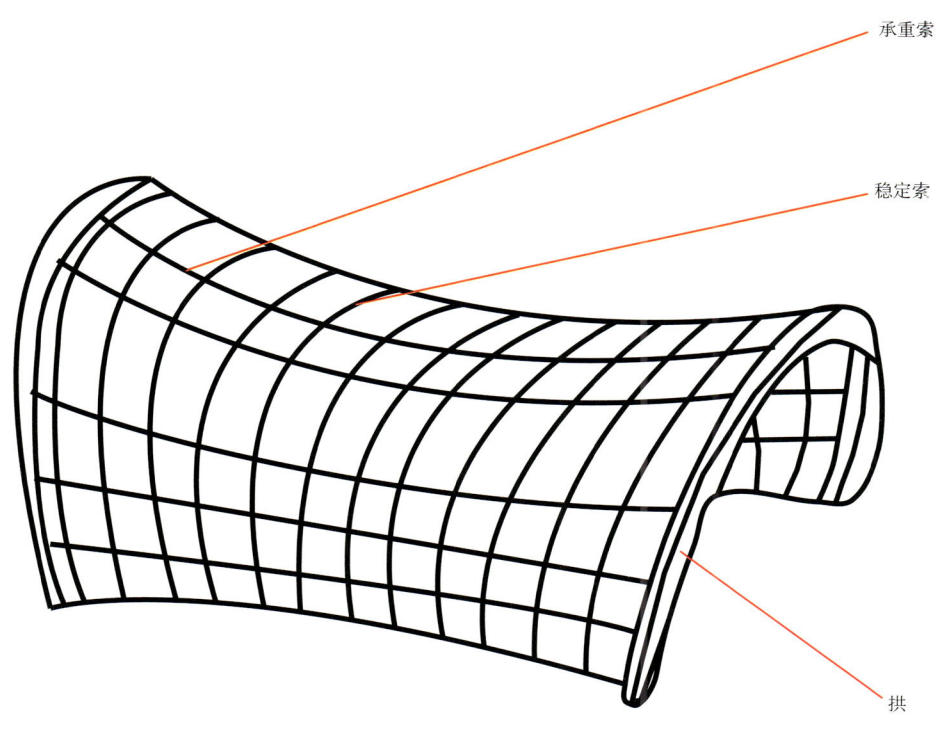

图六　鄂伦春族马鞍鞍形悬索结构名称图

承重索

稳定索

拱

将两块鞍板组合在一起　→　将前后鞍桥与鞍板组合到一起

在底部固定左右鞍翅　←　利用打孔穿线的方式固定到一起

图七　鄂伦春族马鞍制作流程图

第四章　鄂伦春族传统生活用具

佩戴马鞍的鄂伦春马

骑马的鄂伦春族人

图八 鄂伦春族马鞍使用情境图

鄂伦春族刻伊纳

图一　鄂伦春族刻伊纳主图

"刻伊纳",也叫"亲那""亭那",在鄂伦春语中指滑雪板的意思。"刻伊纳"在鄂伦春族人的生活中有非常悠久的历史,史书中便有鄂伦春族先人"骑木而行"的记载。"刻伊纳"既是鄂伦春族人进行狩猎的狩猎工具,同时亦是其在生活地区中重要的交通工具。利用滑雪板在雪地上滑行,穿山林走雪原,方便快捷,是鄂伦春族人在冬季经常采用的独具特色的出行方式。

鄂伦春族人所生活的兴安岭地区纬度较高,气温低,每逢冬季雪落不化形成积雪。积雪连续数月至半年,雪深有时可达一米,出行时极易陷入雪中,给猎人狩猎及居民出行造成不便。鄂伦春族人在长期的游猎生活中发明制作了滑雪板作为代步工具,滑雪在鄂伦春语中为"依玛那西尔都嫩",将滑雪取代走路,因此滑雪板在恶劣的自然条件下备受鄂伦春族人青睐,简易的制作工序及形态使得其成为鄂伦春族人的必备工具。滑雪板由两部分组成:滑雪板和撑杆。滑雪板一般有长短两种尺寸,长板约2米长,短板约1.5米长,宽18至20厘米,厚度为1.3至1.6厘米。制作滑雪板先选取桦木或落叶松等质地较为坚硬、富有弹性的木头作为原料,把木料制成薄板材进行晾晒直至将木材内的水分晒干。滑雪板前端呈尖形向上弯曲,弧度较大,长约16厘米。尾端呈坡形向上弯曲,弧度较小。滑雪板中间钉有皮绳做的套子,用于固定足部,脚穿进去向前蹬则皮套挂牢,向后退则可脱出。板底刻有两道沟槽,系足的皮绳陷于沟槽之中减小摩擦力从而不会对滑雪造成阻碍。撑杆选用韧性较好的细木杆制成，通常选用没有节子的柳木，撑杆长度与人身高相同，杆底削尖或安装铁尖。使用时先将脚穿入滑雪板中间的皮套挂牢，然后用两手握住撑杆向后推则可以滑行。鄂伦春族人通常会在滑雪板尾部钉上带毛的鹿皮或者狍皮，使得下坡时增大滑雪板的滑度易于前行，上坡时增大滑雪板的摩擦度不易倒退，不同尺寸的滑雪板适用条件也不同。若积雪松软较浅，其承受力小则选用长板，若积雪坚硬较深则用短板。另外，长板接触面大，转弯不灵活但滑行速度快适于在平原使用；短板接触面小，转弯灵活但速度慢则适于在山林使用。

刻伊纳是鄂伦春族人在冬季重要的代步工具，随着时间的推移，这一原始的出行方式已逐渐变为一项体育运动在民间广泛流传。滑雪板的长短、厚薄也已成为鄂伦春族人在滑雪比赛中的技术要求。由此可见鄂伦春族人在与自然环境和谐共处的历程中，早期的生活生产方式已转化为一种娱乐方式存在于现代生活中。根据不同地理环境而选用不同尺寸规格的滑雪板，并利用其长短优劣点找到适合滑行的区域，鄂伦春族人在这个设计中展现出的智慧与巧思能够给我们很多的思考与启迪。

图片来源

图一、图四　王哲哲　制图
图二、图三、图五　张智龙　制图
图六、图七　潘云婷　制图

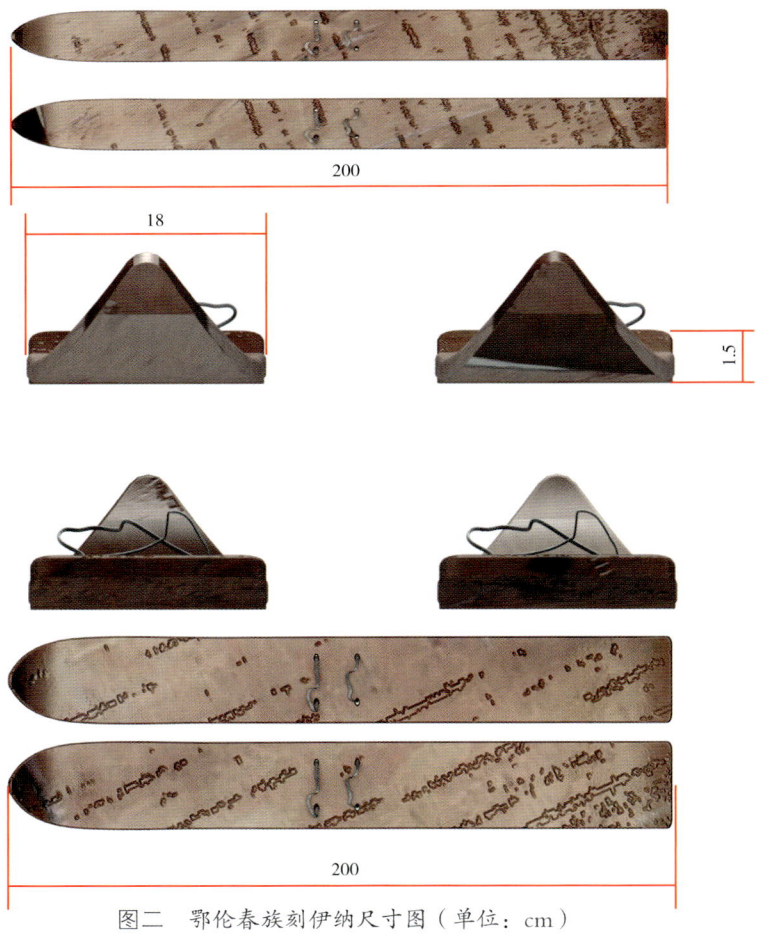

图二　鄂伦春族刻伊纳尺寸图（单位：cm）

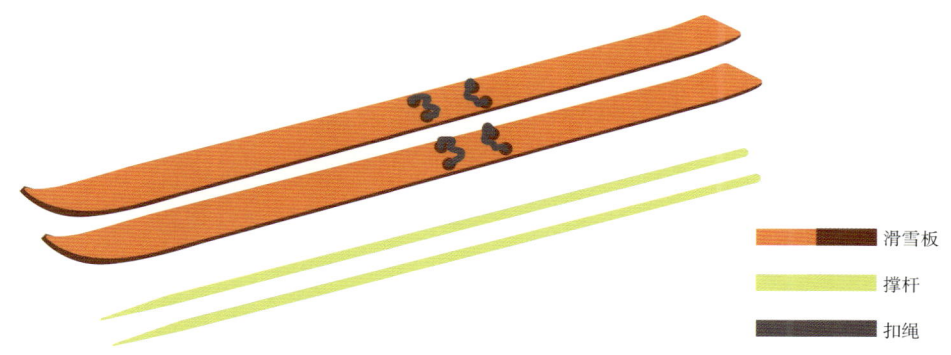

滑雪板
撑杆
扣绳

图三　鄂伦春族刻伊纳结构解析图

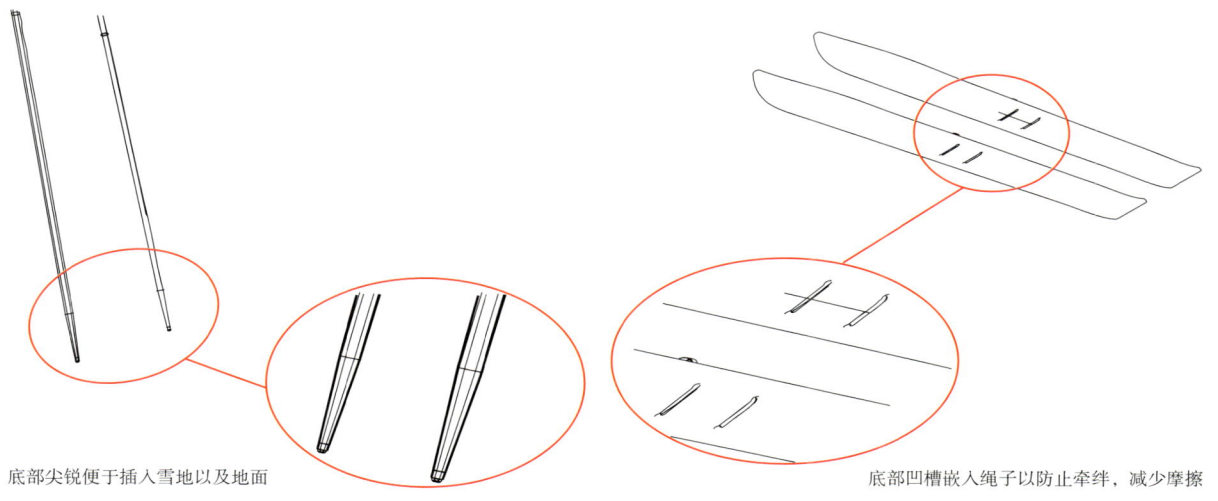

底部尖锐便于插入雪地以及地面

底部凹槽嵌入绳子以防止牵绊，减少摩擦

图四　鄂伦春族刻伊纳撑杆细节示意图

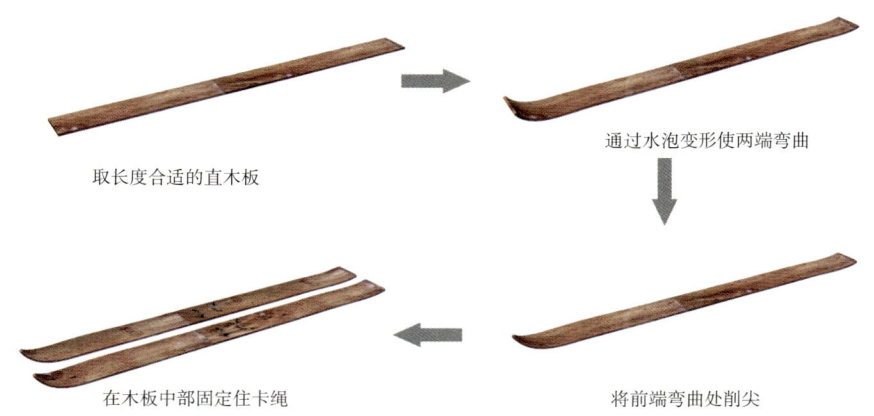

取长度合适的直木板 → 通过水泡变形使两端弯曲 → 将前端弯曲处削尖 → 在木板中部固定住卡绳

图五　鄂伦春族刻伊纳制作流程图

第四章　鄂伦春族传统生活用具

143

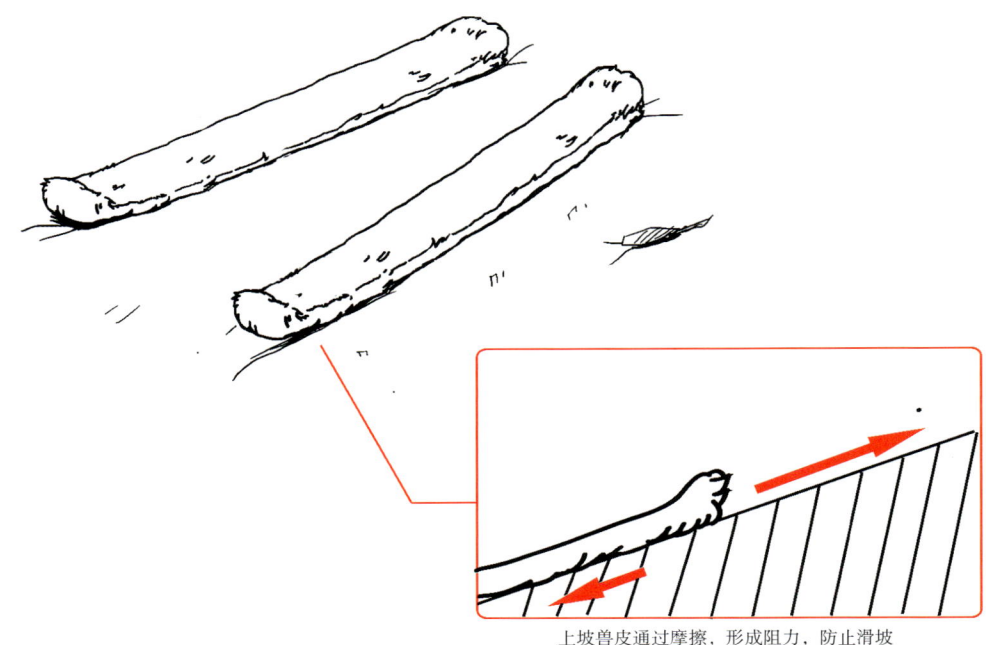

上坡兽皮通过摩擦，形成阻力，防止滑坡

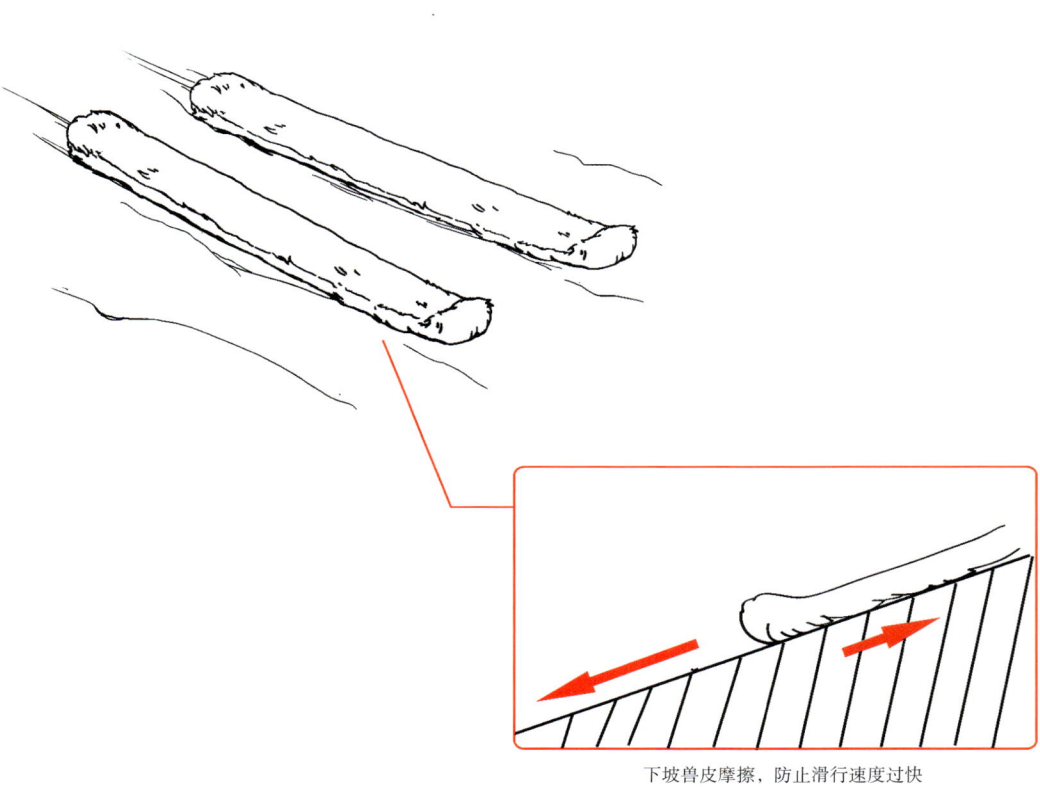

下坡兽皮摩擦，防止滑行速度过快

图六　鄂伦春族刻伊纳上下坡解析图

图七　鄂伦春族刻伊纳使用情境图

第五章 鄂伦春族传统生产工具

鄂伦春族窘布告、额勒固

图一　鄂伦春族窘布告主图

"窘布告",在鄂伦春语中指"鱼叉"的意思;"额勒固",在鄂伦春语中指"推钩"的意思。鄂伦春族人居住的兴安岭地区河道密布,有着充足的水产资源,除陆地捕猎外,渔猎也是鄂伦春族人生产生活中重要的物质资料来源,因此鄂伦春族人也具有十分丰富的捕鱼经验,所使用猎具的种类繁多,功能各异。鱼叉和推钩是鄂伦春族在渔猎过程中常用的捕鱼工具,虽然作用相同,但其使用方法与应用效果也因鱼的种类以及时令而有所不同。

鄂伦春族人居住的地区渔产丰富,由以鳇鱼、大马哈鱼、细鳞鱼等鱼种居多。这些鱼种常居淡水,每到秋季气温下,降河道冰封之前会经由支流河道顺流而下游入大河中过冬躲避严寒,等到次年开春气温回暖,鱼群便又会从开冻的江河水中逆流而上洄游到各自的栖息地觅食繁衍,因此每年的春秋两季是鄂伦春族人进行渔猎的好时机。窖布告是鄂伦春人使用的较为原始的捕鱼工具,也是常用的猎具。窖布告可分为两个部分,叉头和手柄。叉头部分用废旧铁烧红后打制,长约21厘米,宽约15厘米,一般有三齿,每齿的尖端有倒钩。倒钩与齿的角度约为40°,使得鱼叉的齿在刺入鱼身之后能够牢牢地勾住猎物不致使其逃脱;手柄一般用落叶松制作,长约2米,直径约3厘米,拴有十几米的马尾绳与叉头部分进行固定。鄂伦春族人视猎物距离远近所使用窖布告的方法一般有两种:当猎手在桦皮船或河边发现鱼且距离较近,会快速地握住手柄直接向下叉鱼;当鱼离自己较远时,便将窖布告远远地瞄准猎物继而投掷下去,这时拉动手柄处的绳子可以把叉中的鱼从远处拉回来。

额勒固是鄂伦春人渔猎常用的捕鱼工具。制作推钩可用粗铁丝进行弯曲,状如一般鱼钩无异;另一种制作方法即将废旧扁锉烧红后捶打成长片,在一端开口继续捶打至钩形。推钩长约24厘米,宽约11厘米,钩尖处有倒钩,作用与窖布告类同,钩尾处有孔,穿入绳子与木杆相连。使用额勒固时将推钩倒嵌入木杆顶端的槽道,木杆长3至7米不等。当推钩叉中鱼后因鱼挣扎而从槽道中脱落,这时拉动推钩尾部的绳子可将猎物拉回。额勒固多是专门用来捕获体型较大的鱼类,如大马哈鱼、哲罗鱼等。

窖布告和额勒固是鄂伦春民族在渔猎经济中重要的生产工具,也是鄂伦春民族在与自然环境和谐共处中的实用典范,朴素却又实用。依时令的变化和鱼群的生活规律,采用不同形态不同尺寸的工具捕获不同种类的鱼。现代产品设计中为不同的设计目标造物依旧是设计的出发点。因此这个设计案例表明,设计的思想是贯穿始终的,每个民族在其发展过程中,在各种因素的影响下所带来的造物智慧令人惊叹。

图片来源
图一　郭立忠　摄影
图二　王哲哲　制图
图三至图五　张智龙　制图
图六　牛信　制图

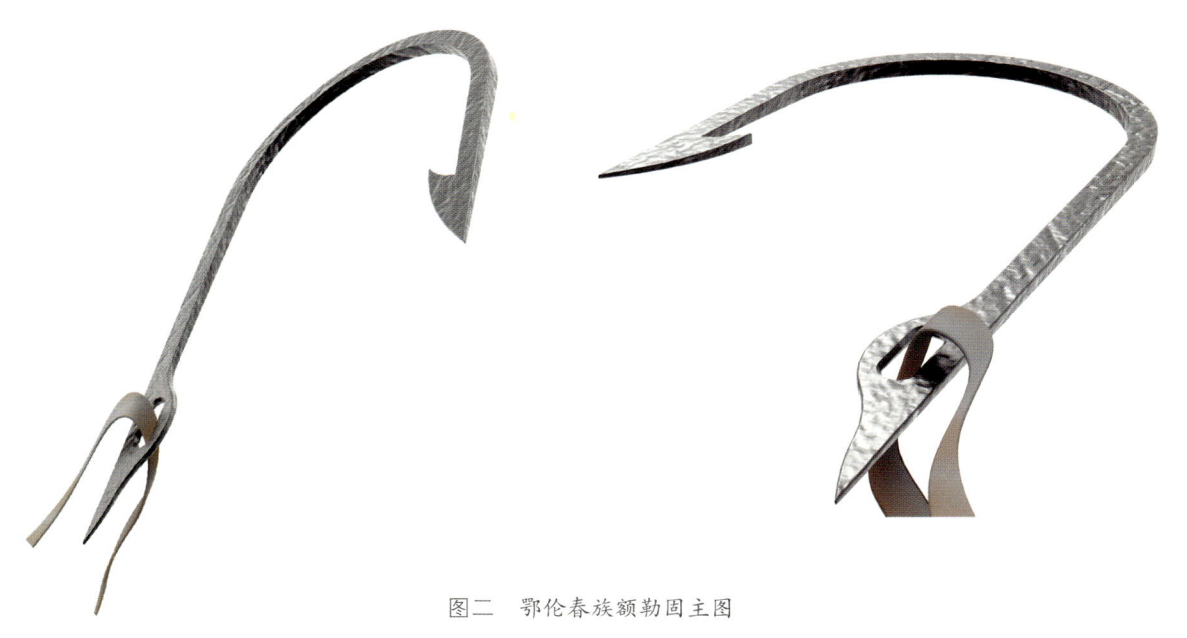

图二　鄂伦春族额勒固主图

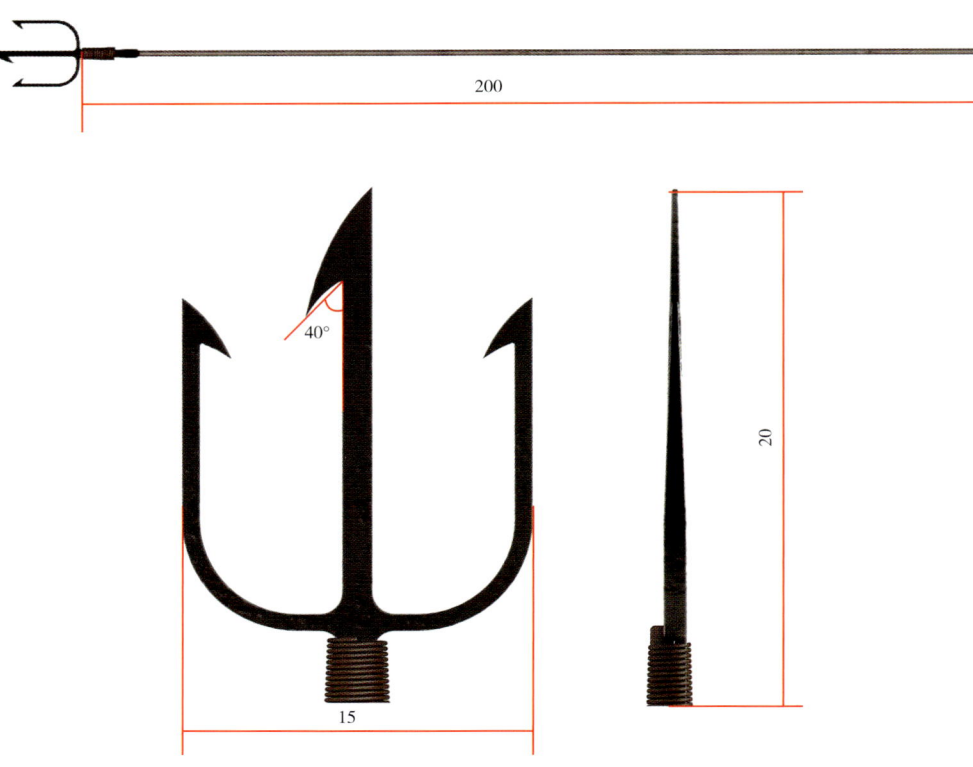

图三　鄂伦春族窖布告尺寸图（单位：cm）

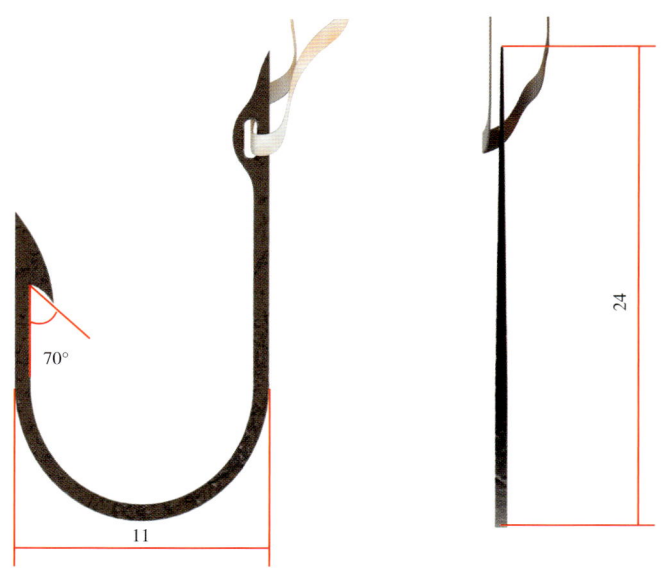

图四　鄂伦春族额勒固尺寸图（单位：cm）

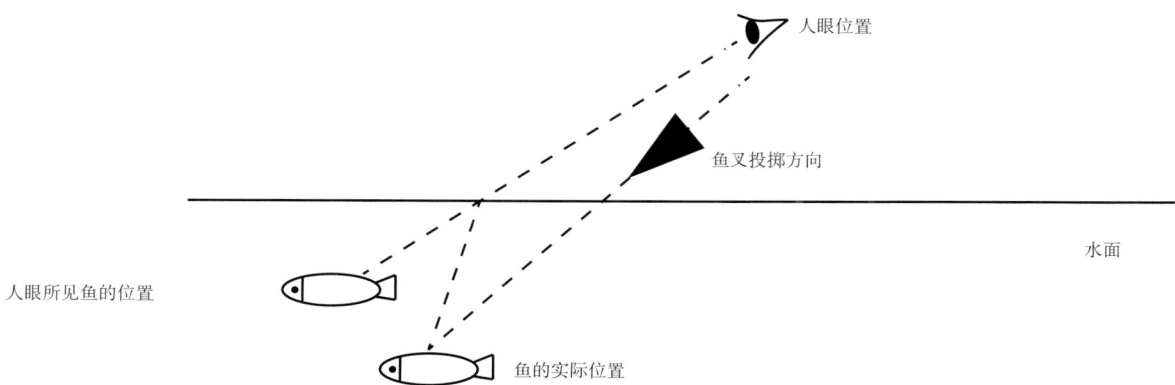

图五　鄂伦春族窨布告使用折射角度示意图

图六　鄂伦春族鄂伦春族窨布告使用情境图

151

鄂伦春族地夹子

图一　鄂伦春族地夹子主图

狩猎是鄂伦春族人最主要的生产方式，是其生活资料的重要来源。鄂伦春族人世代以狩猎为生，在长期的游猎生涯中积累了丰富的经验以及狩猎技能。早期，鄂伦春族人使用石器和木棒作为狩猎工具，在生产工具相对落后，没有枪支弹药的情况下，鄂伦春族人摸索出诸多形制简单却有效的捕猎方法。地夹子是其在捕猎过程中常用的狩猎工具，根据对猎物生活习性的长期观察，通过掩蔽、设伏的方式使猎物"上套"并最终捕获猎物。

使用地夹子也称为"下夹子"，是鄂伦春族人在兴安岭地区常见的狩猎方式。夹子为铁器，本身种类较多，用途广泛，飞禽走兽皆可捕获，其中小掰夹子和踩盘夹子最为常见。小掰夹子结构为半圆形，分为上下两弧，上侧弧可动，下侧弧固定。两弧中的弦上有柄，机关舌位于柄上，柄的两侧由钢簧缠绕组成动力臂扣于弧的两侧。弦根处的卡簧可放置诱饵。小掰夹子是一种小型夹子，常用于捕捉鼠类和鸟雀。下夹子时，用手掰开可动弧并扣上机关舌，隐蔽放于猎物必经处。同小掰夹子的原理大体相同，踩盘夹子以布设诱饵引猎物上钩，通过猎物的踩踏触发机关，利用弹簧弹性形变的力量将两侧的夹板紧紧咬合在一起从而捕获猎物。踩盘夹子按照夹板的形态可分为弓形夹和框形夹，依猎人喜好而使用。在底座中间设有一个机簧踩盘以及两个"V"字形助力器，顶端的铁环套于两个工作弧形夹板两侧。下夹子时，双脚踩下助力铁，掰开工作弧形铁，用一侧的一根机关舌卡于踩盘下的卡口上即可。踩盘夹子有多种型号，不同大小的夹子力量不同，所捕获的猎物也不尽相同。大号的夹子力量大，可捕获熊、鹿等大兽；中小号的夹子力量弱，通常捕获狼、狐和鼠类等动物。

鄂伦春族猎手们对兴安岭地区的动物习性深谙于心，捕猎过程也独具特色。在深冬时节，兴安岭被积雪覆盖，动物躲进洞中御寒。用烟熏黄鼠狼的洞穴,将其他洞口堵住,熏烟的洞口处下夹子,黄鼠狼一旦出洞便会被夹住。香鼠一年四季长居洞穴,同样也可在其洞口处下夹子捕获。除陆地外,地夹子同样可以捕获水中的动物。水獭为两栖动物,多在水中生活,能游泳,性机敏,听觉强。冬天皮毛绒多,皮子值钱,可在其经常走的水边下夹子设陷阱捕获。

地夹子是鄂伦春族人在狩猎生活中常的用又古老的捕猎工具,也是铁器传入之后其捕猎工具发展过程中不可忽略的环节。通过弹簧的形变以及放置诱饵的机括使猎物上钩并捕获,充分发挥了地夹子这一重要的功能。而鄂伦春族人依动物的体型、在不同时节的不同习性采用相应规格的地夹子也体现出他们与自然共处的智慧。

图片来源
图一　郭立忠　摄影
图二至图五　杨宇辉　制图
图六　潘云婷　制图

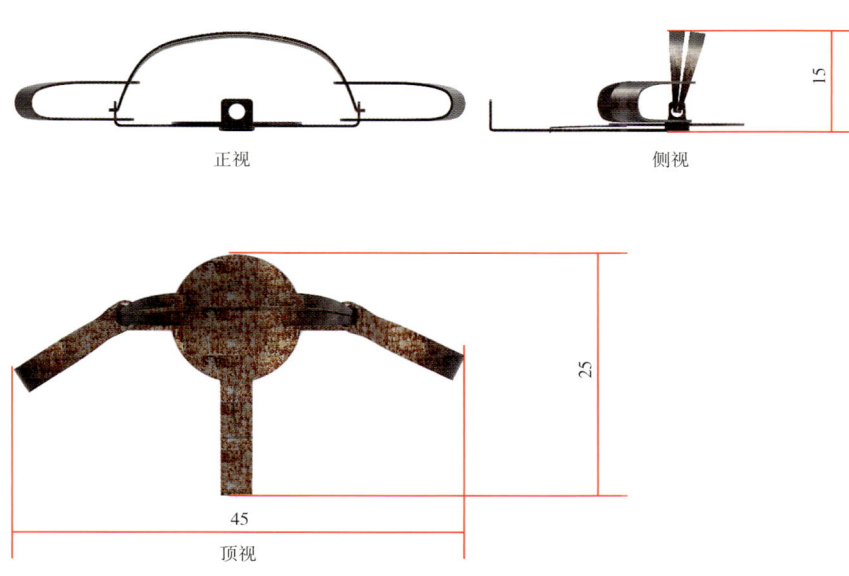

图二　鄂伦春族地夹子三视尺寸图(单位:cm)

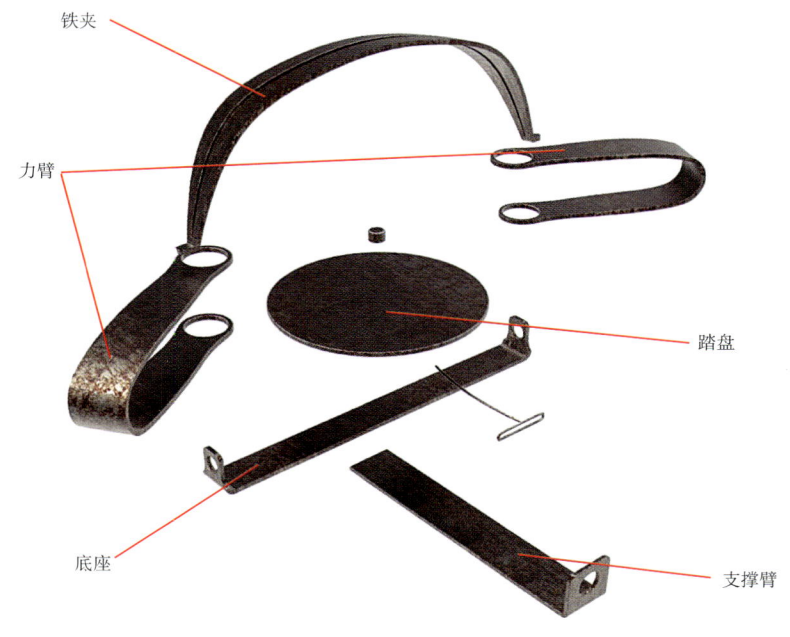

图三　鄂伦春族地夹子结构分解图

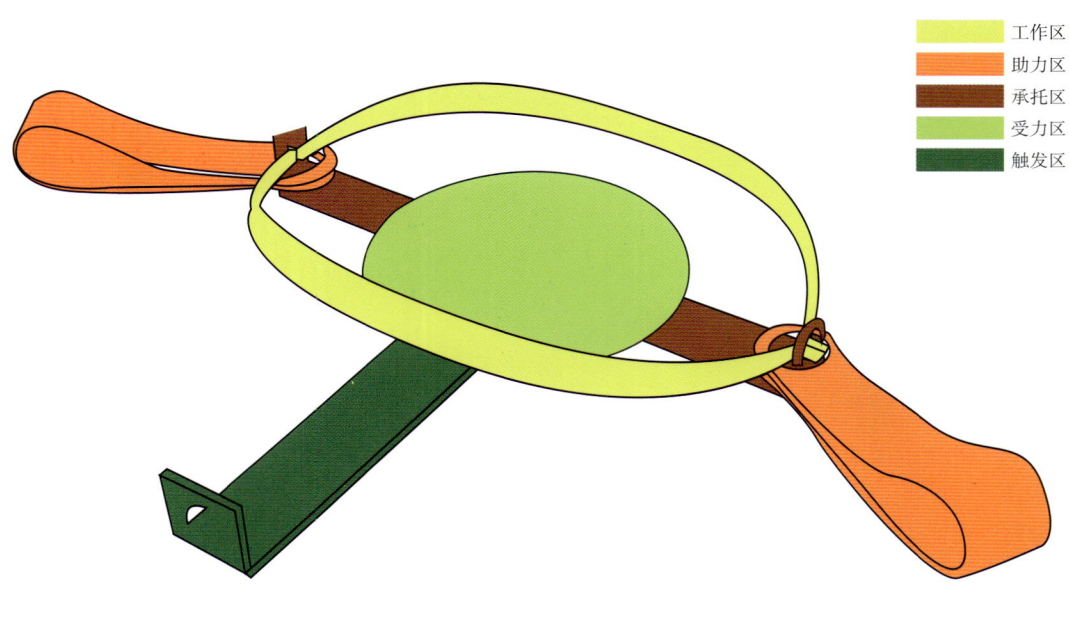

图四　鄂伦春族地夹子功能分区示意图

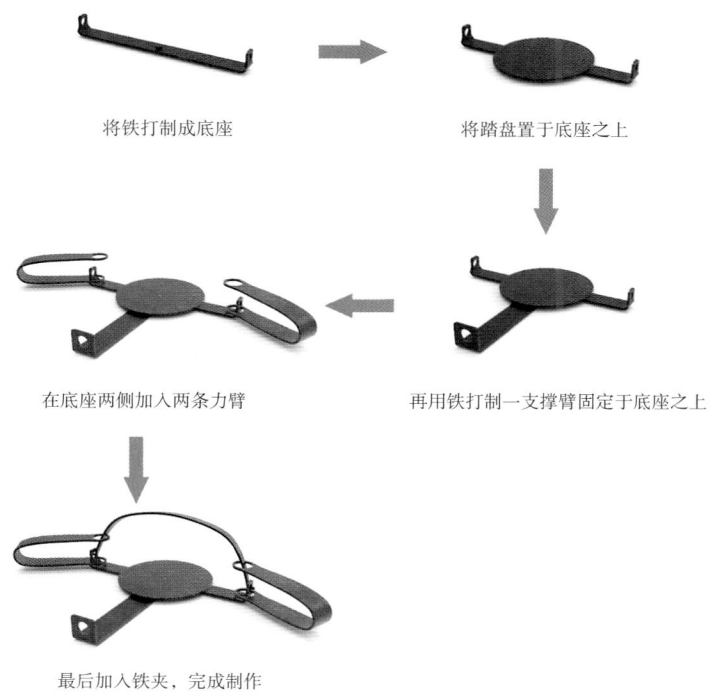

图五　鄂伦春族地夹子制作流程图

图六　鄂伦春族地夹子使用情境图

鄂伦春族阿兰阿

图一　鄂伦春族阿兰阿主图

"阿兰阿",在鄂伦春语中指地箭、伏弩的意思,即为地面上的弓箭。早期,阿兰阿是鄂伦春族人在枪支出现前常用的狩猎工具,由弓箭演化而来,置于地面进行捕杀。将其设伏在猎物常出没的区域,通过动物的触碰引发装置使箭射出,从而捕获猎物。阿兰阿在鄂伦春族的狩猎工具中属于羁杀工具,与陷阱的功能类似。

鄂伦春族人善于使用弓箭,"弓以皮为弦,箭削桦为杆"。在长期的狩猎生涯中熟练掌握了使用弓箭的要领,射箭、射击在鄂伦春语中称为"拍兰地然"。在早期,射箭技术的优劣是鄂伦春族人选举氏族首领的重要标准,由此可看出弓箭在鄂伦春族人狩猎生产中的重要作用。

随着生产力发展,生活资料的不断充盈,阿兰阿作为弓箭的演化体逐渐为鄂伦春族猎手所使用。阿兰阿的结构可分为两部分:木弓和木臂。木弓称为"伯勒",由松木制成,弯曲后的长约80厘米;木臂称为"那勒",以桦木制成,长约56厘米,顶端向前突出,状如手枪的枪身。木臂尾端有孔,可用绳将阿鲁棍系在木臂顶面的凹槽处。"阿鲁棍"为鄂伦春语,意为手指的意思,长约24厘米,直径约0.5厘米,状如手指,用于卡住弓弦,弓弦由鹿或犴的筋搓绳制成。地箭长约三尺,箭杆用硬木料制成,箭头早期使用兽骨制作,铁器传入后使用铁钉制作，较之于兽骨箭头更为锋利。阿兰阿主要用于猎取兴安岭地区常见的犴、狼、水獭、狐狸、猞猁等动物。使用阿兰阿也称为"下地箭"，先用木楔子将木臂固定于地面上，木弓卡在木臂前端下侧凹槽处，向后拉弦，直至阿鲁棍尾端，将阿鲁棍竖起卡住弓弦并保持垂直状态，箭置于弦上。这时装置伏绳，鄂伦春语为"喜金没"。伏绳很长，一端套引在阿鲁棍上，另一端拴在猎物常出没路径的树枝上，距离地面一米左右，此时阿兰阿布置完毕，猎手便在一旁静候。当猎物出现并触动"喜金没"时，阿兰阿上的绳套随即脱离，使得阿鲁棍向伏绳抽离的方向倒下，弓弦收缩，箭沿伏绳方向射出，即可刺中猎物。阿兰阿的使用原理与弩非常相似，因此也称之为"伏弩"，可看做是弓箭向弩的过渡形态。

阿兰阿是鄂伦春族人在长期使用弓箭并熟练掌握射击技巧的基础上进行的形态演变，使其接近于弩的使用方法并广泛使用的狩猎工具。其中阿鲁棍为释放箭的机关，而伏绳则为箭射出的方向导引，形态简单却富有智慧，由此可见鄂伦春族人造物、用物的巧，生动诠释了"有的放矢"这一诱猎技巧。这个设计案例表明，相同原理的器具，放置于不同的使用场景中，其结构、形态和使用方式亦不相同，地箭的设计能够为现代器物的设计带来思考与启示。

图片来源
图一、图六　李栋　制图
图二至图五　杨宇辉　制图
图七　潘云婷　制图

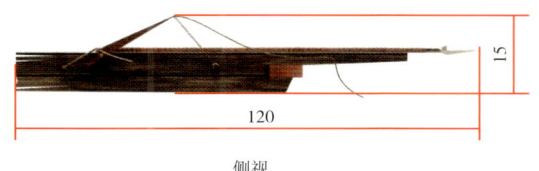

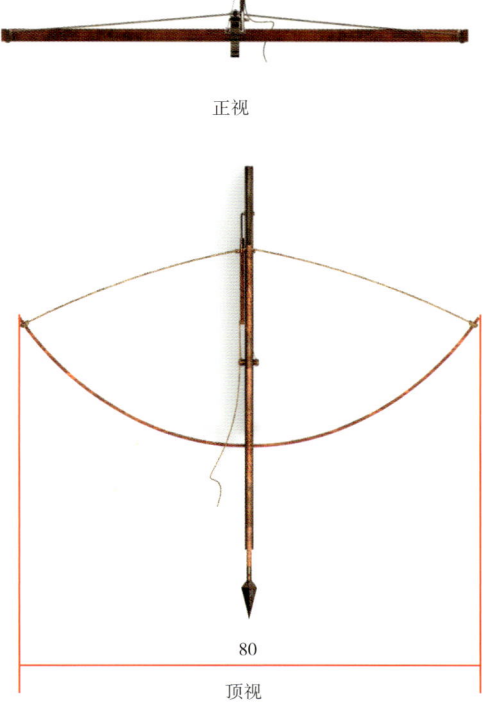

图二　鄂伦春族阿兰阿三视尺寸图（单位：cm）

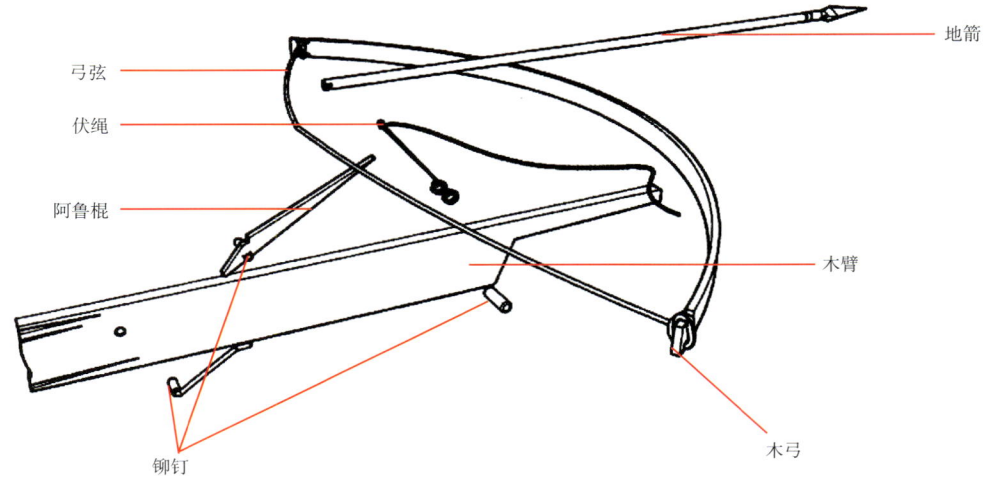

图三 鄂伦春族阿兰阿结构名称图

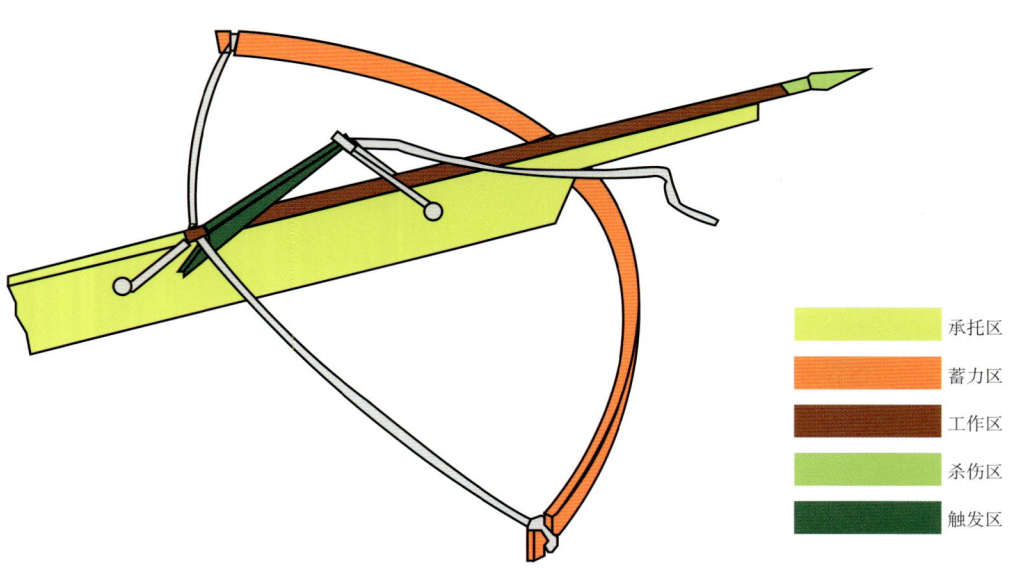

图四 鄂伦春族阿兰阿功能分区示意图

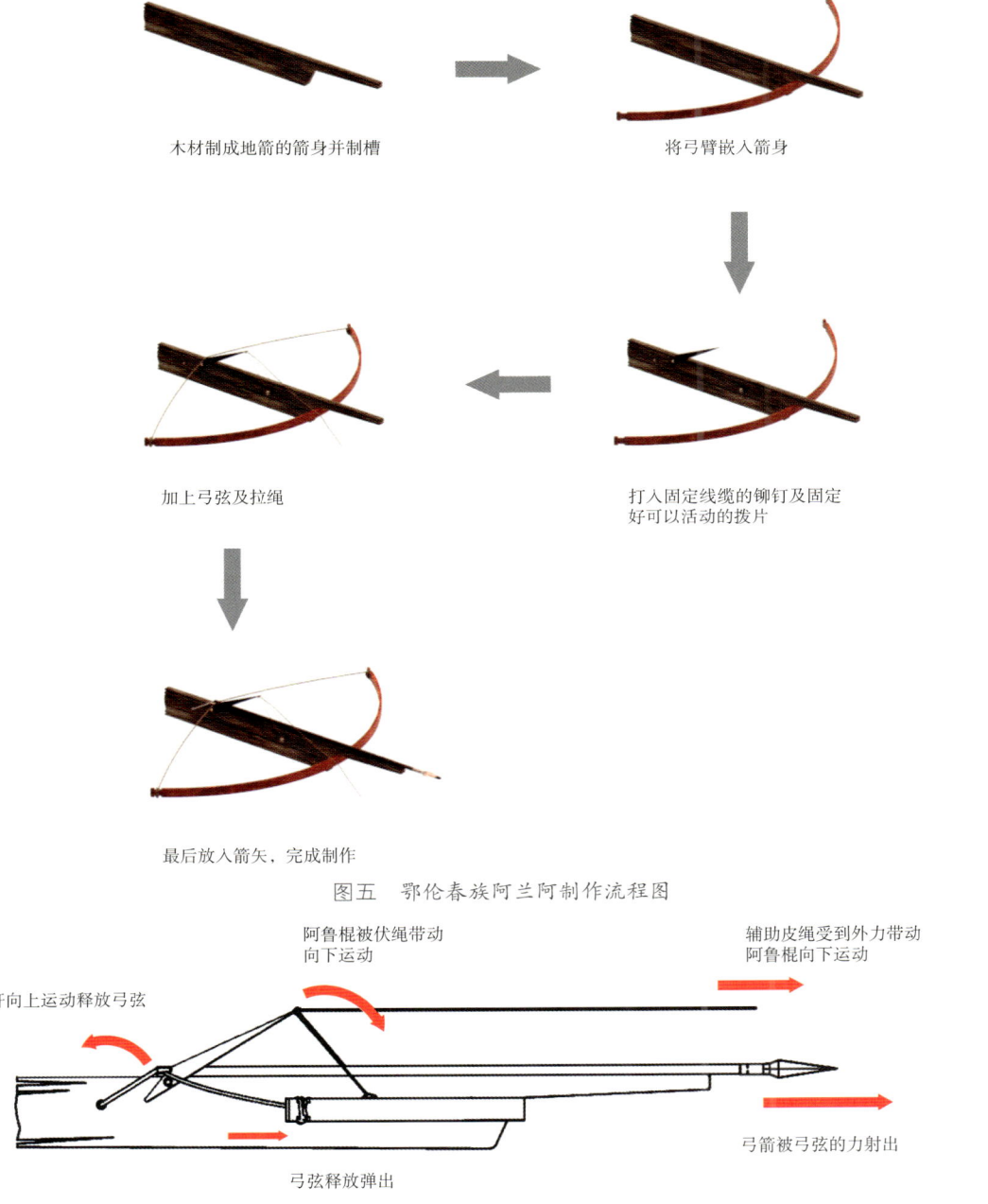

图五 鄂伦春族阿兰阿制作流程图

图六 鄂伦春族阿兰阿受力解析图（单位：cm）

图七　鄂伦春族阿兰阿使用情境图

鄂伦春族乌力安

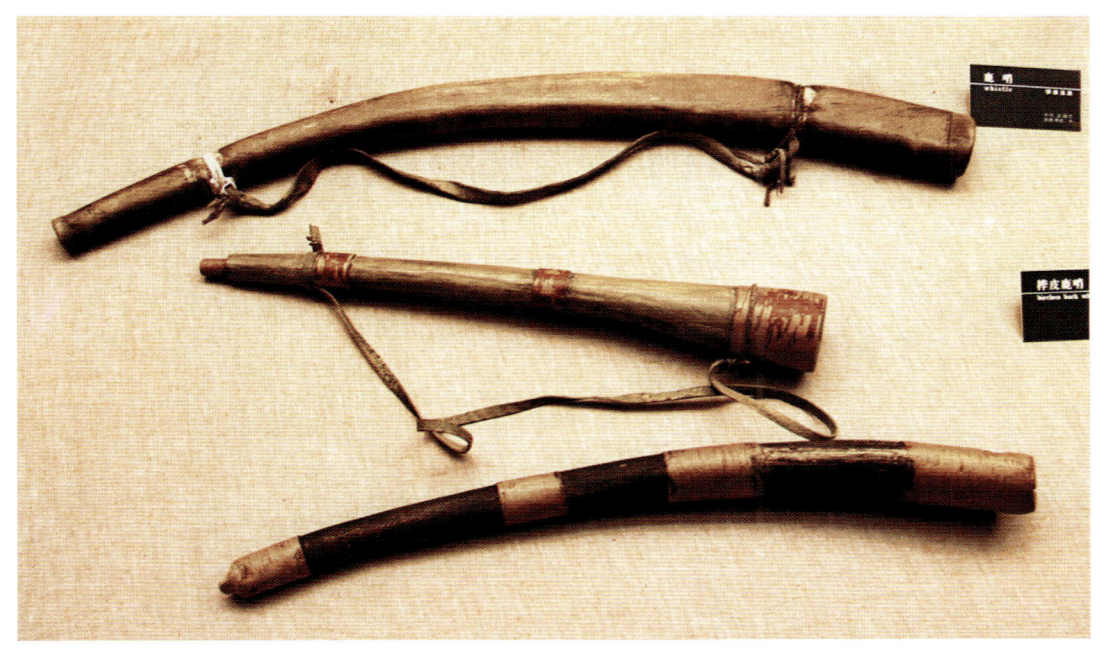

图一　鄂伦春族乌力安主图

"乌力安",汉译鄂伦春语发音,意指鹿笛,又称呼鹿、鹿哨、犴笛、鹿犴两用笛。鄂伦春族人世世代代居住在山林中,以狩猎为生,是传统的狩猎民族。在长期的打猎过程当中,鄂伦春族人积累了许多自己民族独有的狩猎方法,诱捕猎物就是其中之一。鹿笛则是鄂伦春族人用来诱捕猎物的工具之一,多在春夏季节各种动物出没频繁时使用。鹿笛采用吹或吸的方式发音,在鄂伦春语中吸哨叫"西木那温",呼哨叫"巴木嘎温"。使用时使用者两腿分开,双手托笛,一手托吹口处,一手托尾端,整个身体呈现舒展的态势,然后对着吹口吸或者吹气,通过不同的力度和节奏能模拟鹿和犴在不同季节的叫声。鄂伦春族人利用动物之间异性相吸同性相斥的心理,利用鹿笛发出的声音来吸引异性鹿群,同时也能引来同性鹿群争夺异性,引来鹿群之后便可猎杀,获得猎物。一般来说,优秀的鄂伦春族猎手必然是优秀的鹿笛吹奏者。同时,鹿笛也是鄂伦春族传统乐器之一,是中国传统乐器中唇振气鸣类乐器。

鹿笛最开始为角制,受原材料的影响,形状比较单一,后来慢慢发展为木制,有多种形态,包括直角、弯角、长方形、喇叭形、菱形等,整体造型简洁,曲线流畅,长短不一,大部分长度在1米左右,双手操作,也有适合单手操作的短鹿笛。鹿笛笛身为中空结构,在鹿笛较细的一端设吹口,笛较粗的一端为尾端,尾端设有底板结构,底板板面中部横开长约8厘米、宽约1.5厘米的出音槽,出音槽的两侧为锯齿状。鹿笛的制作过程也比较简单,由于我国东北的树木种类较多,制作时可以就地取材,现在的鹿笛多以桦木为原材料。制作时先选用合适长短的木材削成需要的形状,然后将木材纵向锯开成两块,利用工具挖出木心后,装上底板,然后将两块木材合上并利用绳子、树皮、金属等箍三到五圈,并且在两端栓系皮带,可斜挎在肩上,方便打猎行进过程中携带,为了鹿笛表面的光滑及使用的舒适度,也可以在鹿笛表面涂抹树油,增加表面的光泽度,同时也起到防水的作用。

鹿笛是鄂伦春族人最著名、最常用的成功案例,既是生活工具,又是娱乐工具。现在,鄂伦春族人不再以狩猎为主要生活来源,原来用来捕猎的鹿笛也更多的作为乐器使用,20世纪50年代后期开始改良过的鹿笛制作更加精良,形态也更加多样化,同时还可以吹奏出优美的乐曲。鹿笛从出现到现代社会,不管从材质还是从造型上都得到一定的发展,不管是作为捕猎工具还是作为乐器,都体现出了鄂伦春族人在长期的生活生产过程中智慧的结晶。

图片来源
图一　郭立忠　制图
图二至图五　张智龙　制图
图六　牛信　制图
图七　张泽国、杨国林、侯瑞　制图

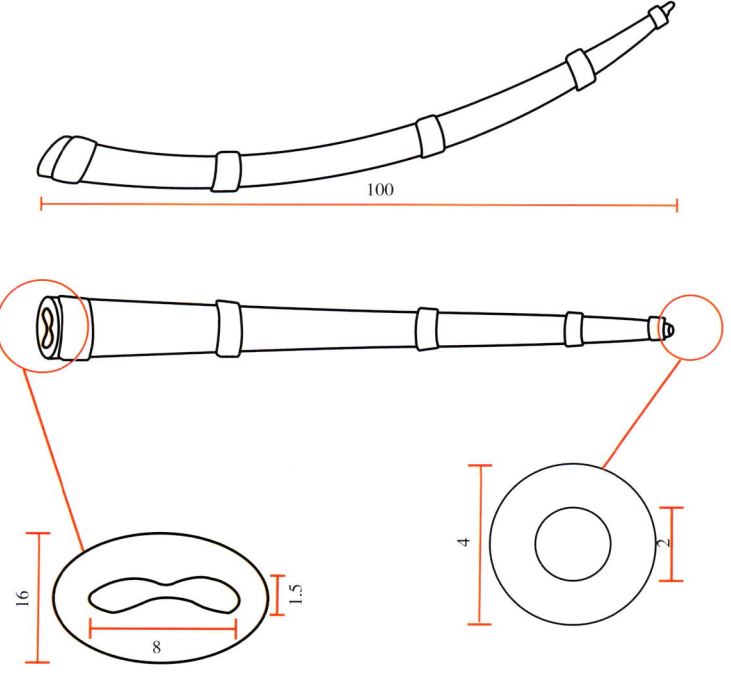

图二　鄂伦春族乌力安尺寸图(单位:cm)

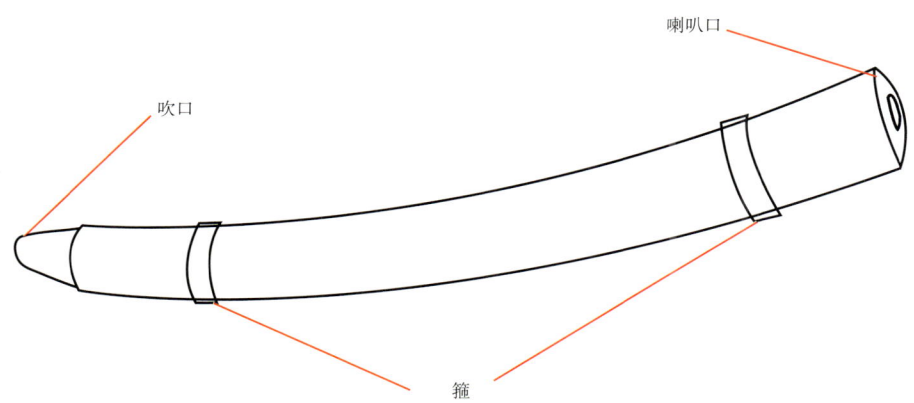

图三　鄂伦春族乌力安结构名称图

图四　鄂伦春族乌力安结构解析图

第五章　鄂伦春族传统生产工具

163

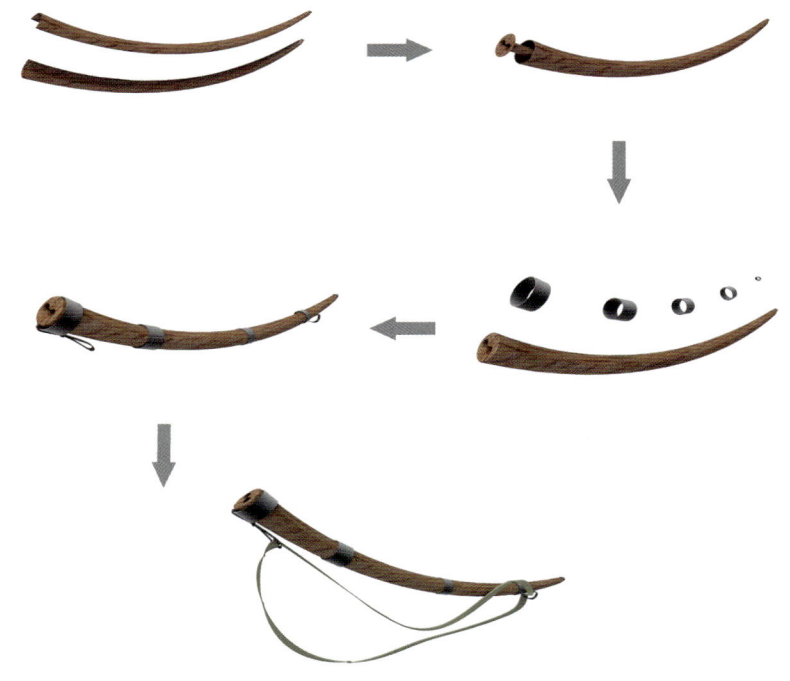

图五　鄂伦春族乌力安制作流程图

图六　鄂伦春族乌力安操作示意图

图七　鄂伦春族乌力安吹奏情境图

鄂伦春族皮卡兰

图一　鄂伦春族皮卡兰主图

"皮卡兰",也叫"皮查翁",是汉译鄂伦春语发音,指狍哨的意思。鄂伦春族人在漫长的生活实践中,造就了独特的狩猎文化。他们以狩猎为主要的生产方式,利用兴安岭丰富的木材资源,发明出各具特色的狩猎工具。皮卡兰是鄂伦春族人在狩猎过程中常用的一种诱猎工具,形态小巧而制作简单。每年七八月,鄂伦春族猎人在山林中用桦树皮自制皮卡兰模仿狍子的叫声引诱动物前来,从而进行猎取,在非狩猎的时段,皮卡兰也经常被鄂伦春族人当作乐器来使用。

制作皮卡兰的材料多是常见的桦树皮。桦树是我国北寒温带生长的乔木,树皮较柔韧,相对于其他树种而言,更具有轻便和易于加工等特点,因此桦树皮是小巧轻便的皮卡兰的最佳材料。皮卡兰的制作工艺简单方便:先将桦树皮用猎刀剥成可供加工的薄片,长约5厘米,再将其进行对折,然后用剪刀修剪成上弧下方的形态,状如半截大拇指,周边用树胶进行粘合,中间留有出音道。弧顶端缝隙处留有吹口,吹口长约0.5厘米,宽约0.2厘米。皮卡兰的另一种制作工艺大体相同:先将桦树皮打磨成厚度适中且表面平滑的可加工材料,然后用剪刀将桦树皮修剪为凹型,再将其对折成为凸型,树皮内侧用刀划刻出音道。兴安岭地区的狍子数量很多,这种野生小型食草动物的皮毛和肉是鄂伦春族人主要的衣食来源。每年七月至八月间母狍子下崽,小狍子为了吸食母乳会发出"吱吱"的叫声呼唤母狍,母狍子听到叫声之后会回来给崽喂奶,猎人便利用狍子这一习性模仿狍叫从而捕获猎物,因此这一时期也称为"叫狍子期"。用桦树皮制作好皮卡兰之后,鄂伦春族人就隐藏在草甸丛林中,将皮卡兰含在口中,放在舌尖与上牙膛之间吹气,并用拇指和食指轻轻挤压,使得气流顺利通过哨内,形成出音道。用此种方法模仿狍崽尖细的叫声,母狍寻声而来便会进入猎人的狩猎范围,有时也会吸引其他捕食狍子幼崽的动物诸如狼、熊等。这种通过声音引诱动物靠近从而捕获的狩猎方式也称为诱猎,学会吹皮卡兰通常是鄂伦春族人初学狩猎的技能之一。

皮卡兰是鄂伦春民族游猎生活中设计成功案例之一，是狩猎活动中重要的诱猎工具。皮卡兰属边棱气鸣乐器，亦是鄂伦春族人在生活中抒发情感进行娱乐的原始乐器。随着鄂伦春族生活、生产方式的变迁，皮卡兰作为乐器的功能愈加凸显，以往回荡在山林里诱猎的音调逐渐变为人们交流沟通的语言，这一民间乐器也为其他气鸣乐器提供了设计来源。鄂伦春族人在长期的游猎生活中因地取材发明制作的皮卡兰不仅简洁实用，而且也为当下设计师提供了更为丰富的创意启示。

图片来源
图一　王哲哲　制图
图二至图四　张智龙　制图
图五、图六　牛信　制图

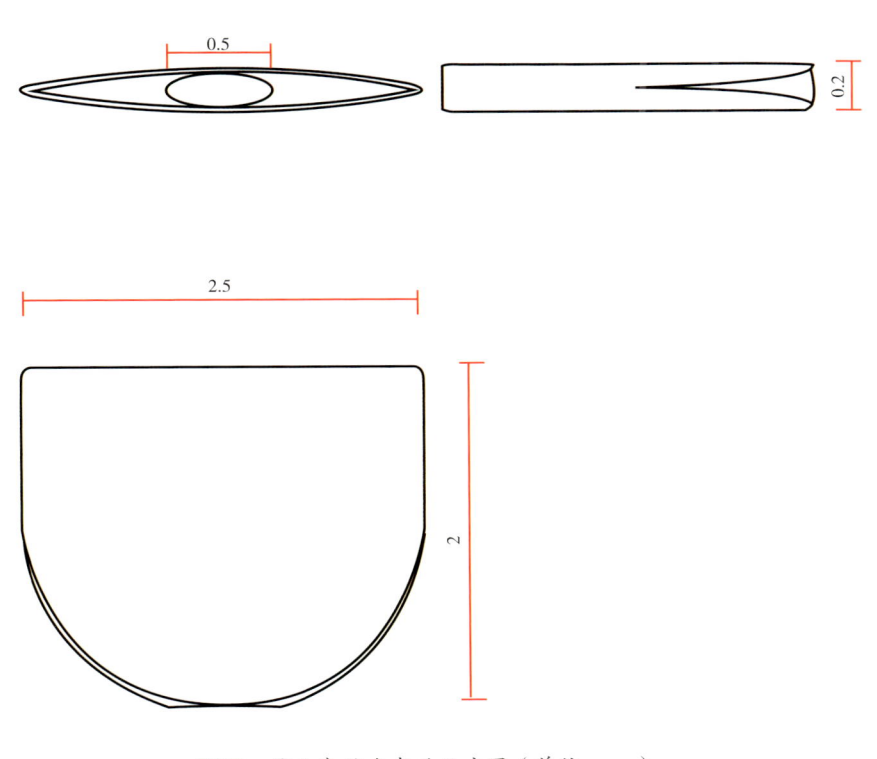

图二　鄂伦春族皮卡兰尺寸图（单位：cm）

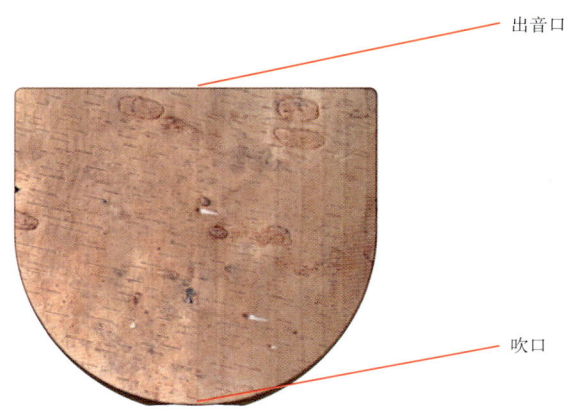

图三　鄂伦春族皮卡兰结构名称图

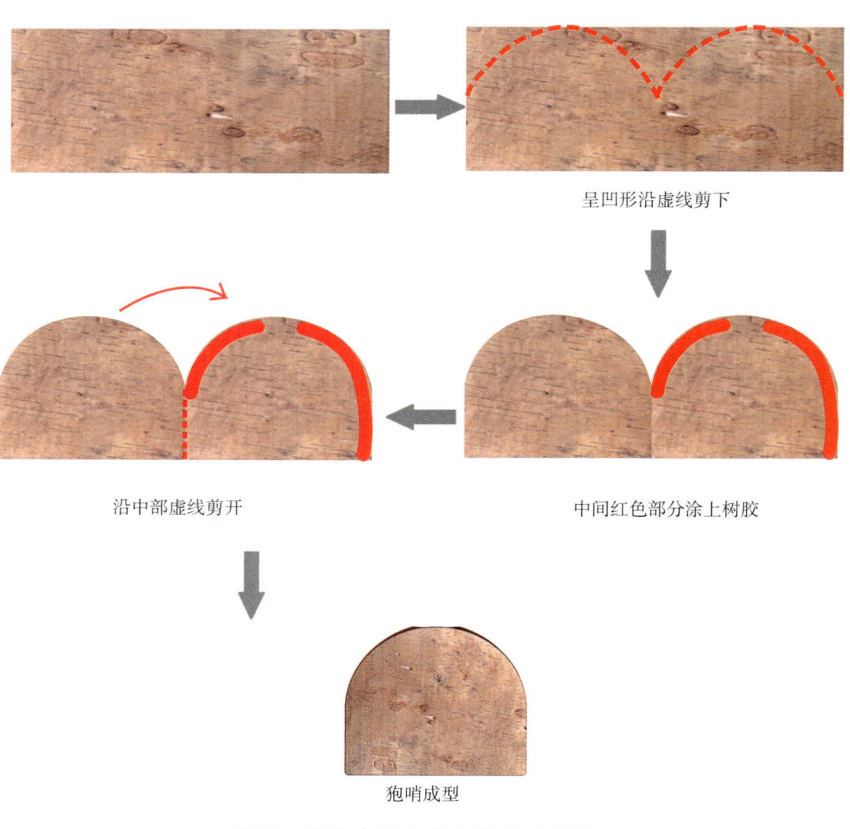

图四　鄂伦春族皮卡兰制作流程图

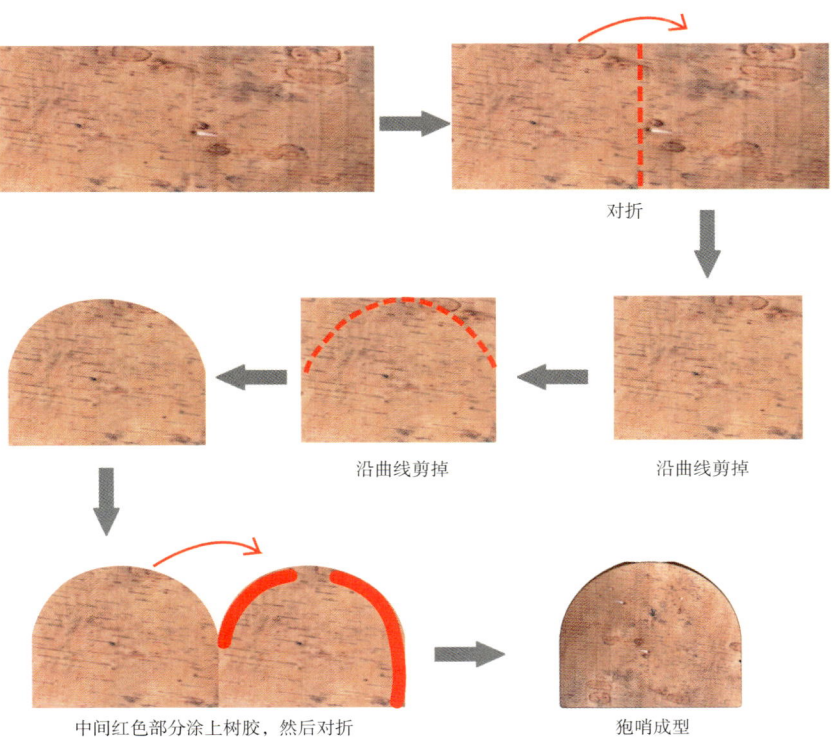

对折

沿曲线剪掉　　　沿曲线剪掉

中间红色部分涂上树胶，然后对折　　　狍哨成型

图四（续）　鄂伦春族皮卡兰制作流程图

10厘米长，2厘米宽树皮

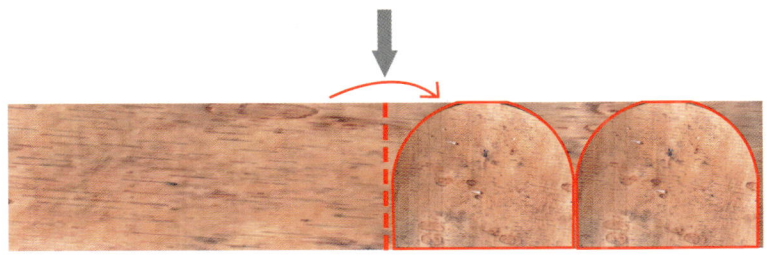

两个狍哨并排粘贴在桦树皮上，沿虚线对折

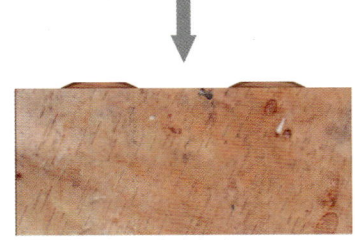

双狍哨成型

图四（续）　鄂伦春族皮卡兰制作流程图

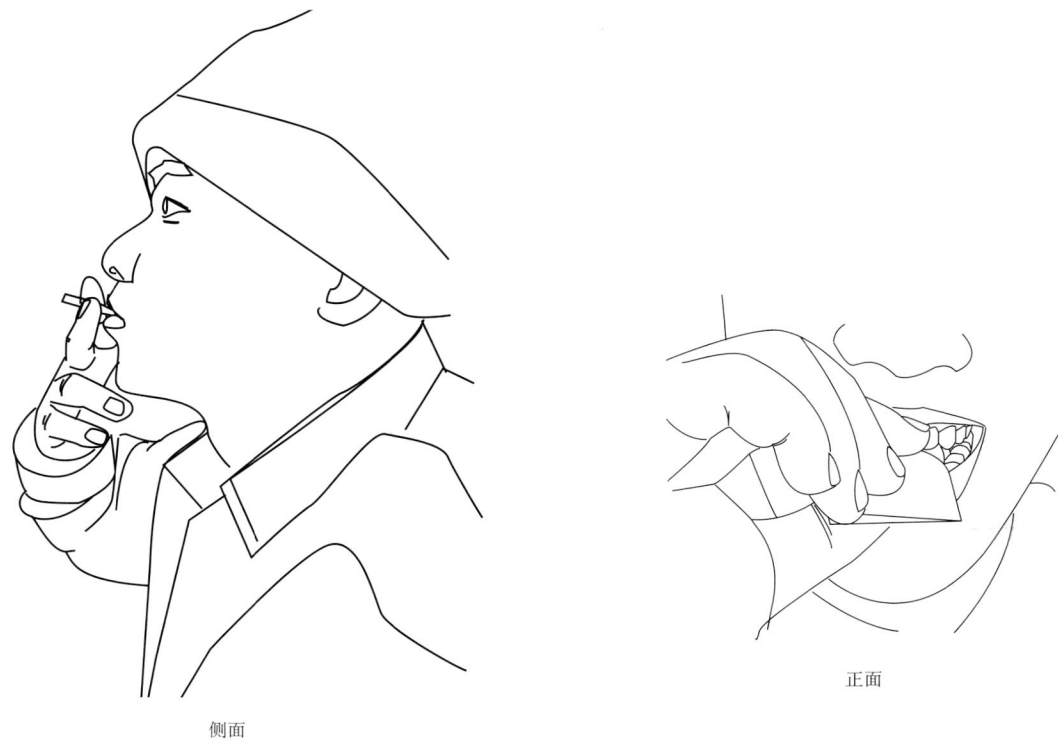

侧面　　　　　　　　　　　　　正面

图五　鄂伦春族皮卡兰操作示意图

图六　鄂伦春族皮卡兰使用情境图

鄂伦春族乌其康

图一 鄂伦春族乌其康主图

"乌其康",是鄂伦春语发音,意指猎刀。也有北部的鄂伦春人称猎刀为"考道茨库",意思是带筷子的猎刀。猎刀是鄂伦春人必备的生活与打猎用具之一。

进深山打猎,往往会有各种危险,鄂伦春族有经验的猎手会随身携带三把猎刀,分别放置于两腿和前胸。一旦遇到危险来不及用枪射击时,需要与野兽进行近身搏斗时,就用猎刀与猛兽搏斗。鄂伦春族人的猎刀还有很多用处:收获猎物之后为了方便运输就用猎刀当场剥兽皮、砍骨、剔肉;狩猎期需要露营荒野时,则用猎刀来凿穿坚硬冰雪挖出山泉,供马饮水喝;同时还可以用来砍树削枝、剥桦树皮、割野草、架斜仁柱、支蚊帐、加工物品,样样都离不开猎刀。就是守坐在篝火旁吃手把肉时,也要用猎刀切切削削,挑起一块肥美的狍子肉送到嘴里,别有风味。

最原始的鄂伦春族人的猎刀为石制猎刀,继石刀之后又有利用骨头制作的骨制刻刀,将兽骨风干之后削尖一头即可,近几百年来已经没人使用石刀或者骨刀了。猎刀主要由刀坯子、刀把、刀库等部分组成。因鄂伦春族没有铁匠,铁器都由外来输入,过去靠交换获得,后来达斡尔族人和鄂温克族铁匠来到鄂伦春族聚居地,由他们提供铁器。鄂伦春族人主要制作刀库和刀把,所使用的工具主要是剪子、钳子、锉刀等,还有铁皮、小树的叉巴拉等。小树的叉巴拉木纹细小美观,木质较软,做刀库和刀把也比较省事。

　　常见的鄂伦春猎刀总长度为33厘米左右,宽四五厘米,作为武器不会太短,作为生活用具也不会太长。鄂伦春族人自己制作的猎刀有大小之分,但外形很接近,刀鞘的细节会稍有区别。鄂伦春最大的猎刀刀柄长五寸,刀刃长八寸。其中刀柄和刀鞘的比例约为1:2,刀柄长11厘米左右,直径约为3厘米,长度和粗细程度都接近成年男子的手掌宽度和围度,方便拿握。猎刀的抓握方式主要有两种,一种是大拇指和刀尖方向一致的横向抓握方式,这种方式抓握猎刀主要用来完成割的动作,比如将肉割成肉条,割断绳索等,这种方式动作的精确度较高。还有一种抓握方式就是大拇指向上、刀尖向下的纵向抓握方式,这种抓握方式主要完成插入的动作,比如在野外解刨猎物之初将刀用力插入猎物的身体之中,这种方式力度较大。

　　猎刀与鄂伦春族人的狩猎、生活都息息相关。随着时代的进步,信息的交流,鄂伦春族人的猎刀以其精湛的工艺、干练的外表成为了当地又一特色工艺品与纪念品,受到人们的喜爱。

图片来源

图一　李栋、杨宇辉　制图
图二至图四　杨宇辉　制图
图五、图六　张红庆　制图
图七　潘云婷　制图

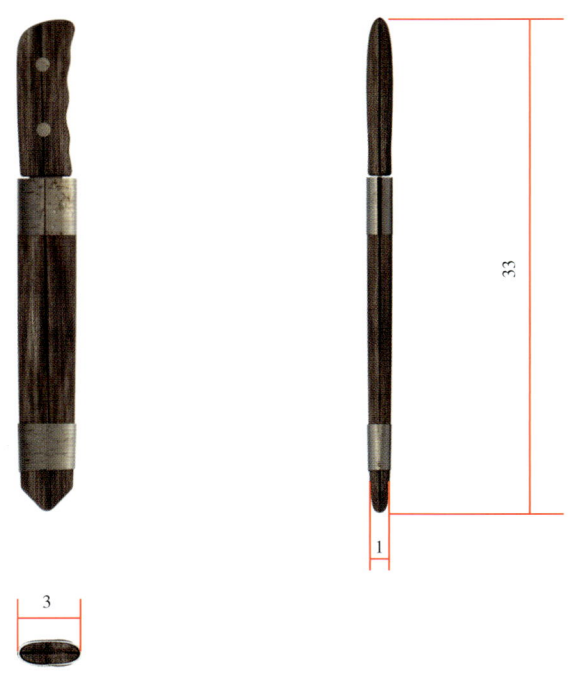

图二　鄂伦春族乌其康尺寸图(单位:cm)

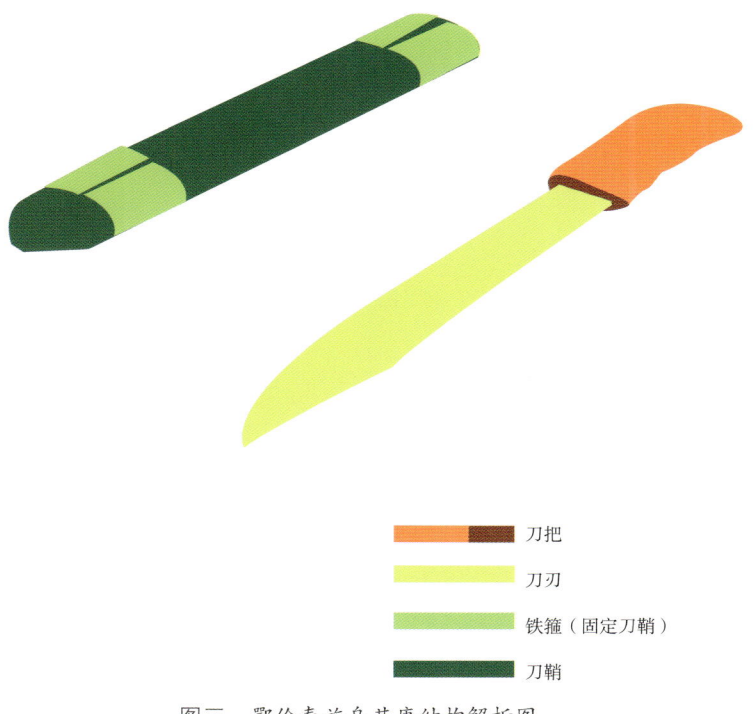

图三 鄂伦春族乌其康结构解析图

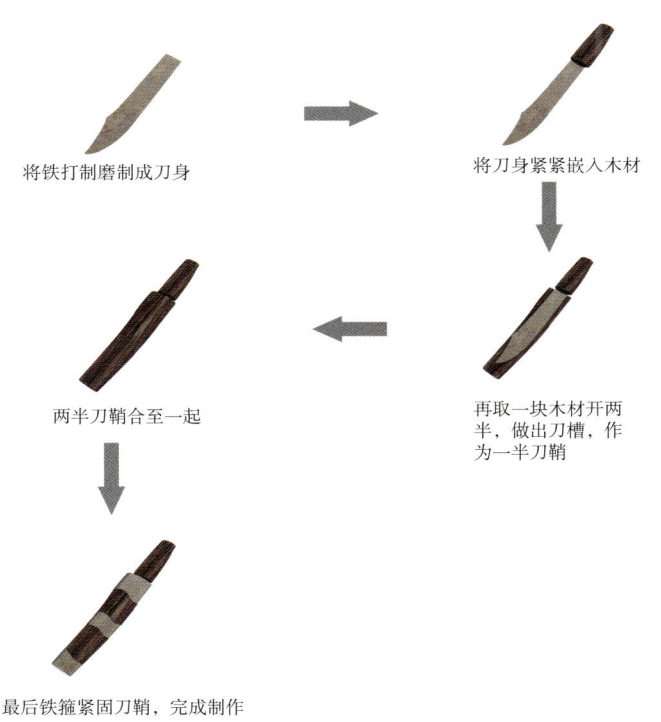

图四 鄂伦春族乌其康制作流程图

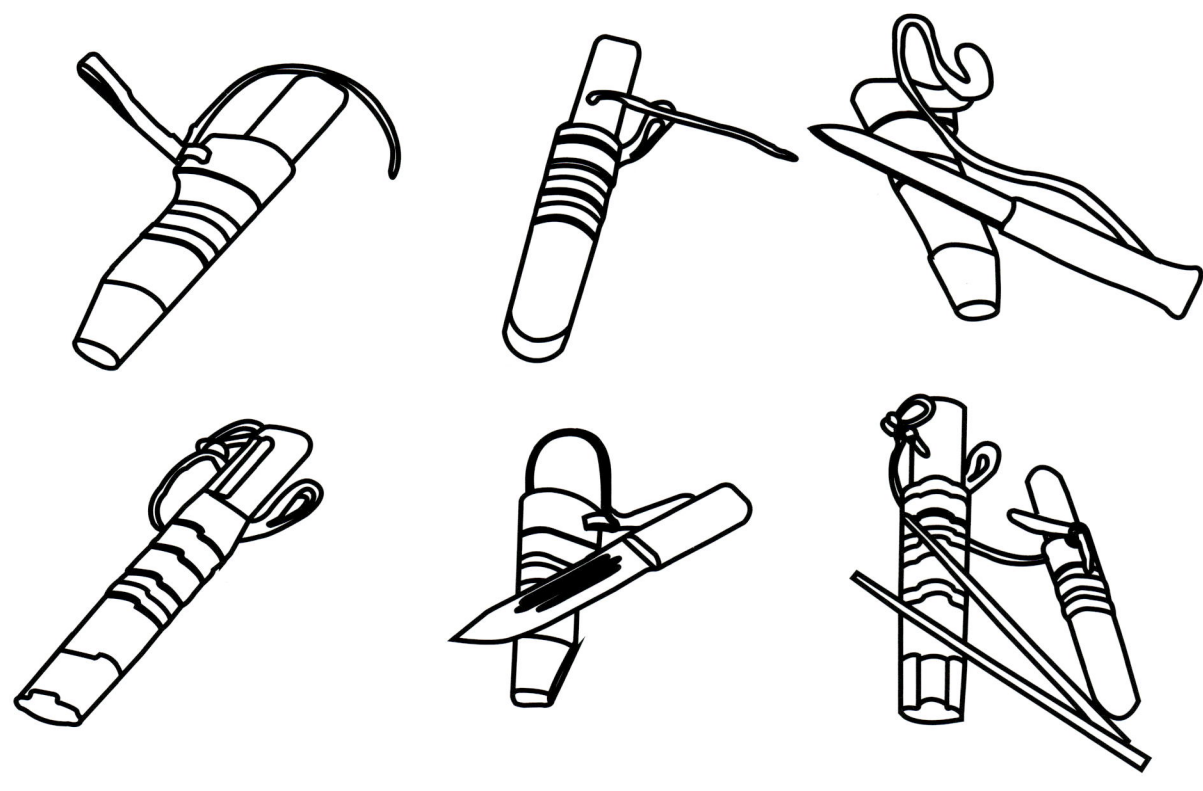

图五 鄂伦春族乌其康不同样式示意图

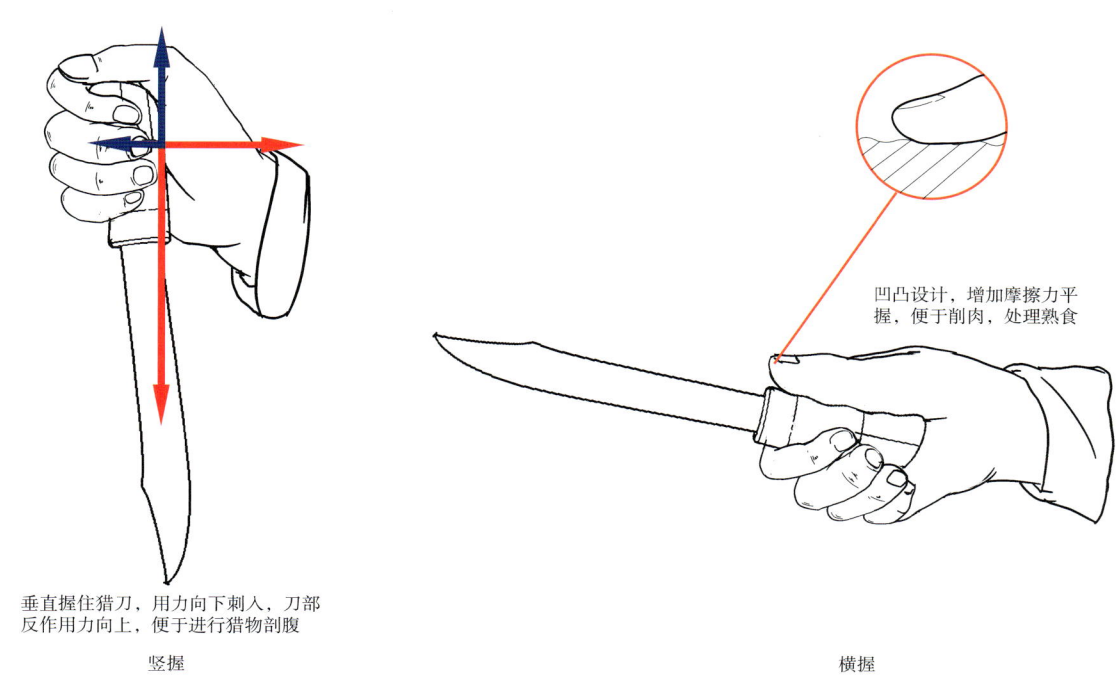

垂直握住猎刀，用力向下刺入，刀部反作用力向上，便于进行猎物剖腹

竖握

凹凸设计，增加摩擦力平握，便于削肉，处理熟食

横握

图六 鄂伦春族乌其康操作解析图

图七　鄂伦春族乌其康使用情境图

鄂伦春族桦皮船

图一　鄂伦春族桦皮船主图

桦皮船是鄂伦春族重要的水上交通工具，而且也是鄂伦春族传统体育比赛项目的器械之一。不管是狩猎、捕鱼还是出行鄂伦春族人都会用到它。鄂伦春族人生长的兴安岭地区，到处生长着桦树，桦树皮制作技艺也于2006年成为我国国家级非物质文化遗产，桦皮船的制作是桦树皮制作技艺中比较有代表性而且成熟的案例。因此制作桦皮船就成了鄂伦春族的特点。桦皮船船体较轻，适合游猎生活，迁徙时把船驮在马背上或肩扛即可方便的带走。

制作桦皮船的原材料主要有桦树皮和樟木。每年春季，当桦树皮水分含量较高的时候，鄂伦春族人选择粗壮、高而且光滑的桦树取皮，每张树皮长约2.5米宽约1米。取下桦树皮之后将桦树皮压制平整，然后利用沥青或者松树油将3到4张桦树皮连接起来形成长2.5米宽3到4米的大张的桦树皮。樟木则用来制作船帮、船底的肋条和顺条以及船中间的横撑。船帮为一根整木头从中劈开两半并扩张形成Y字形，Y字每个分支尺寸长约为180厘米，厚3厘米，宽5厘米，船底肋条和顺条均采用手工剖砍的方式制作，肋条长80厘米、宽10厘米、厚0.25厘米，顺条长100厘米、宽3到5厘米、厚0.5厘米。所有材料准备好之后将大张桦树皮弯成U字形，并利用鄂伦春族传统的木夹夹在Y字形船帮两侧，并用纯手工制作的木钉钉住，形成主要船体，接下来在船底部依次在船的长度方向摆放顺条，宽度方向摆放肋条。并将肋条插入船帮用力完成U形，与船体形态一致，并用绳子固定。最后钉上四根樟松木制作的横撑，船体就制作完成了。除了船体，桦皮船在使用时还需要用到船桨或者撑杆，船桨在深水区使用，船体依靠船桨划水前行；撑杆则在临近岸边的浅水区使用，依靠撑杆撑住水底推动船在水面滑行。整个制作完全手工制作，原材料、粘接剂、钉子都是当地的纯天然材料。

鄂伦春族人制作完整的桦皮船船身呈U型，与水面接触的底面较平整，使船能够相对稳定的浮在水面。船头和船尾有两种形式，一种是船头和船尾都是尖的，可以两个方向前进，另一种是船头尖船尾圆。尖的形态有利于减少船和水的接触面积，能降低阻力，方面船前进，但是同时接触面积小稳定性也会差，容易翻船。

桦皮船是体现鄂伦春人精良手工技艺的成功案例之一，与鄂伦春人的生活生产都密不可分。桦皮船在现代社会中不仅仅以交通工具和体育竞技器械的形式出现，很多手工艺人沿用桦皮船的造型，将结构适当简化，制作做成微缩工艺品，这类工艺品可玩、可看，作为鄂伦春族特色旅游纪念品展示和出售，一方面将传统技艺传承下来，另一方面也向世人传播鄂伦春族传统文化。

图片来源

图一　王哲哲、张智龙　制图
图二至图六　张智龙　制图
图七　杨林　制图
图八　牛信　制图

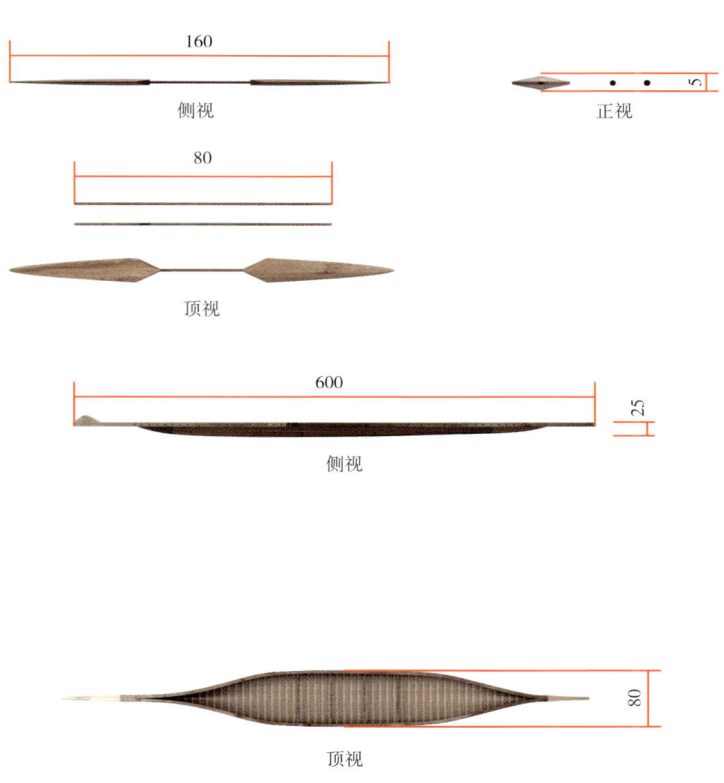

图二　鄂伦春族桦皮船三视尺寸图（单位：cm）

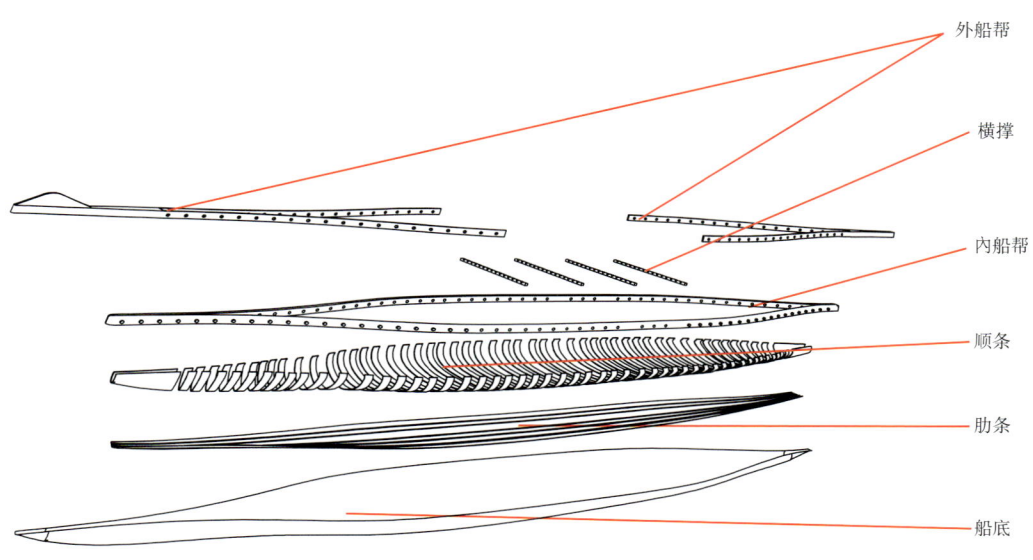

图三　鄂伦春族桦皮船结构分解图

图四　鄂伦春族桦皮船功能分区解析图

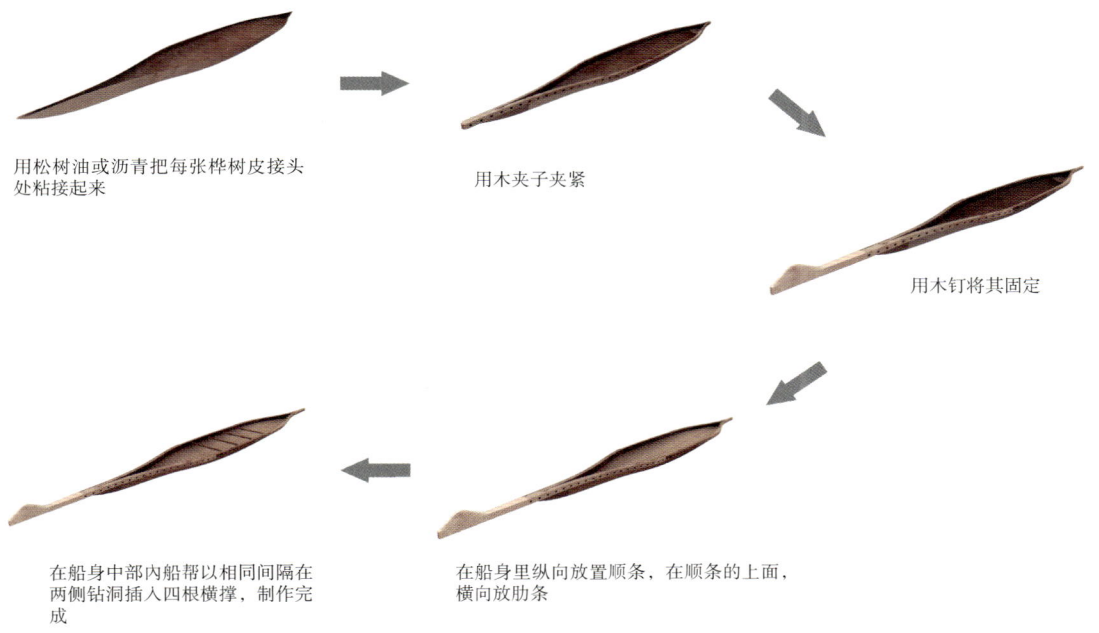

图五　鄂伦春族桦皮船制作流程图

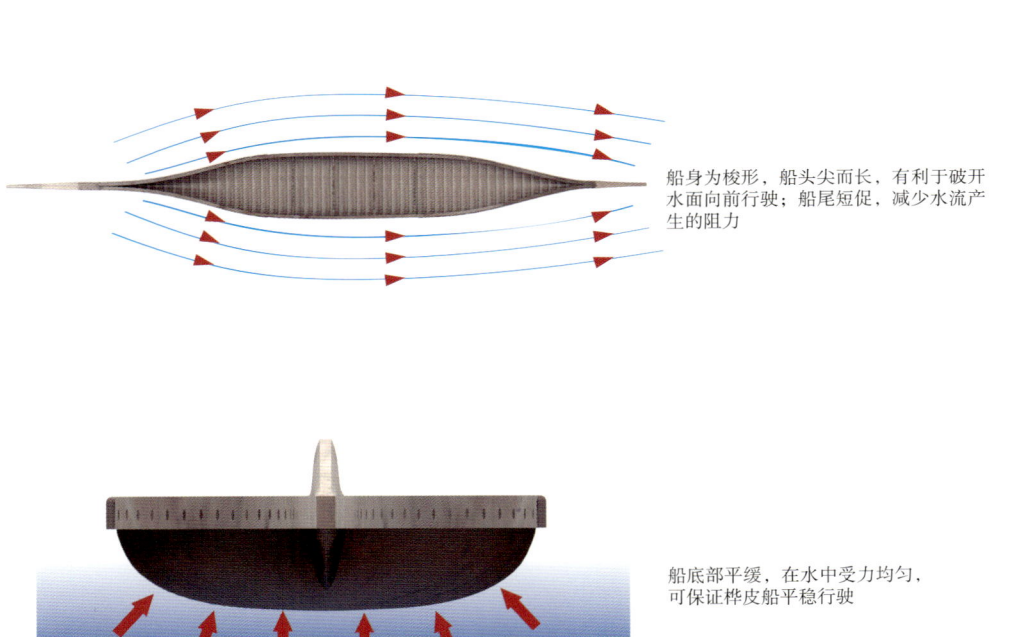

图六　鄂伦春族桦皮船流体分析图

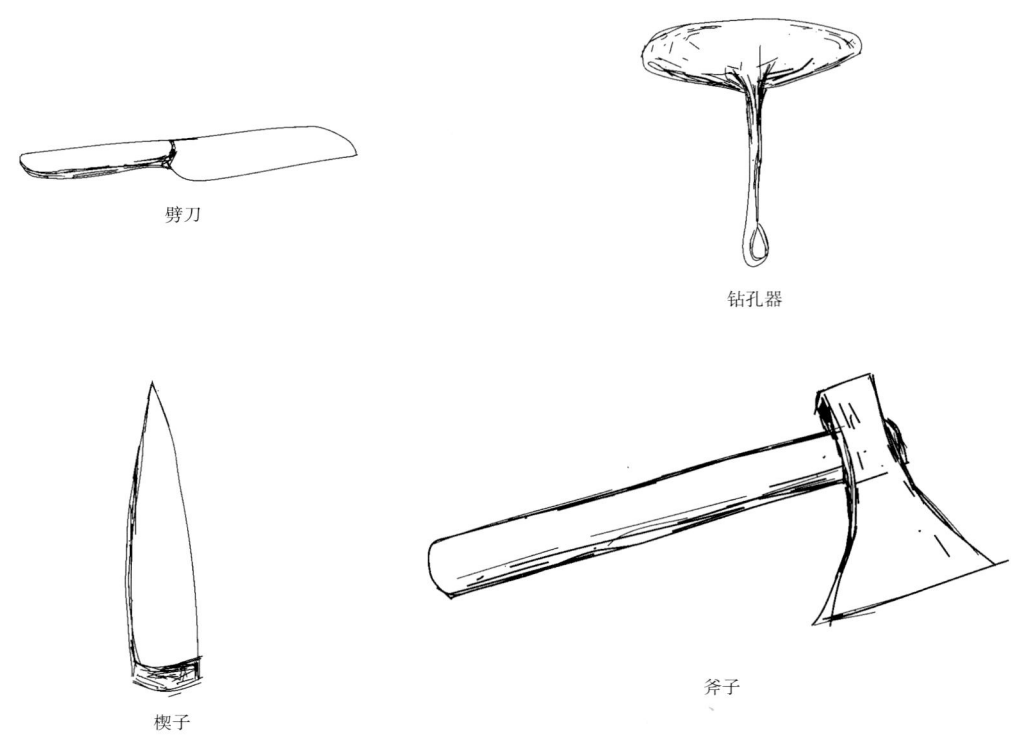

劈刀

钻孔器

楔子

斧子

图七 鄂伦春族桦皮船制作工具名称图

图八 鄂伦春族桦皮船使用情境图

第六章 鄂伦春族传统手工艺

鄂伦春族阿达玛勒盒

图一　鄂伦春族阿达玛勒盒主图

"阿达玛勒"是鄂伦春语的发音,意指桦树皮箱。鄂伦春族人世代以渔猎为生,白桦树皮易加工、不透水的特点使其非常适合当地人使用,携带轻便、不易磕碰。桦皮箱各种尺寸皆有,形状以圆形为主,也有椭圆形和方形等异形。一般根据所放置东西的大小决定盒的大小,盒底的形状决定整体桦皮盒的外形。其中,阿达玛勒属于较大的桦皮箱,该案例长约50厘米,宽30厘米,高20厘米,顶面为椭圆形。其做工和图案花纹一般都十分精细,往往用来放姑娘们出嫁时的嫁妆,类似现今常用的陪嫁皮箱,结婚后也可自用,放置贵重的衣服、腰带、帽子及头饰等。

阿达玛勒盒在桦皮制品类生活用具中属于最重要的一种,与其他桦皮制品一致,均因表面所雕刻的花纹图案而更具艺术色彩。

其上的图案是鄂伦春族人精神的寄托,不求形似,而是以抽象的手法表达美好寓意。其中,色彩的运用更是精神寄托的升华,早期颜色均提取自野生植物,如果实、植物茎叶、花卉汁液等,红色、黑色、黄色为阿达玛勒盒上最常见的花纹颜色。红色与黄色分别代表着姑娘与男子的新婚之喜,而黑色则含有坚贞爱情的寓意。如果出现蓝色或白色涂抹在阿达玛勒上时,就象征女人之遭难与守寡等。

第一种阿达玛勒盒顶面雕刻的花纹有云纹、圆点纹及波浪纹等。该案例中的图案整体以中轴线为准,以云纹为主体,形成左右对称、上下对称的均衡纹样。从色彩构成方面来看,以黄棕色为主色调,保留了原始色彩,盒面上又以红色、蓝色、绿色及白色进行了有规律的装饰点缀。

第二种阿达玛勒盒顶面雕刻的花纹主要有团式纹样、单独纹样、角隅纹样及云纹等。这些图案以中轴线为准，形成左右对称、上下对称的均衡纹样。从图案构成来看，在盒面中心的是团式花纹。团式花纹以十字型为骨架，向四面八方扩展，十分规整。盒面上下两个纹样为单独花样，与中间团式花纹相呼应，整体和谐。四周围较小的纹样为云纹，有规律的散布在四周，使整个盒面均衡。周围的角隅纹样是整个盒面更具装饰性，整体和谐均衡。

阿达玛勒盒腹部雕刻的花纹主要有回纹等纹样，整体以二方连续的方式水平展开。以桦皮本色黄棕调为主，加以蓝色、红色为点缀，使得画面生动、有变化。从构成来看，单个回纹的连续形成二方连续，单独花纹以中轴线为准，左右对称形成均衡纹样，再以散点式二方连续的形式布局，使阿达玛勒盒腹部的装饰更为均衡，富有有民族特色。

这些桦皮制品大多需镶嵌美丽的图案与花纹，鄂伦春族人民在制作时会与亲戚邻里进行交流，这种交流使桦皮器物有跟多不确定性的意外之美。在这样集体制作的方式下，使相当一部分桦皮制品保留了很强的民族感，充分展示了民族手工独特的魅力。。

图片来源
图一、图二、图六、图七 徐文静 制图
图三至图五 方亭月 制图

图二　鄂伦春族阿达玛勒盒尺寸图（单位：cm）

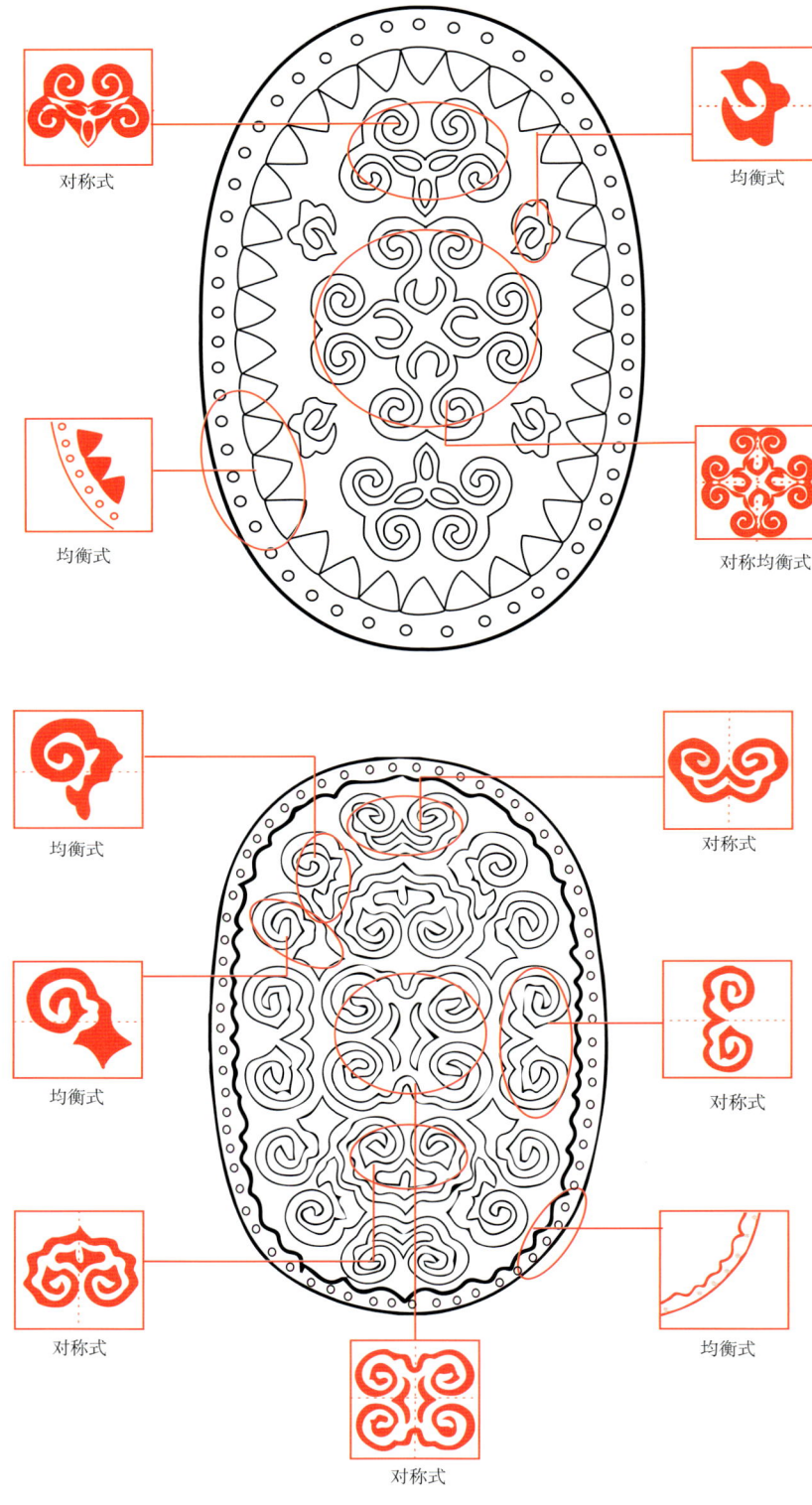

图三　鄂伦春族阿达玛勒盒盒面图案造型分析图1

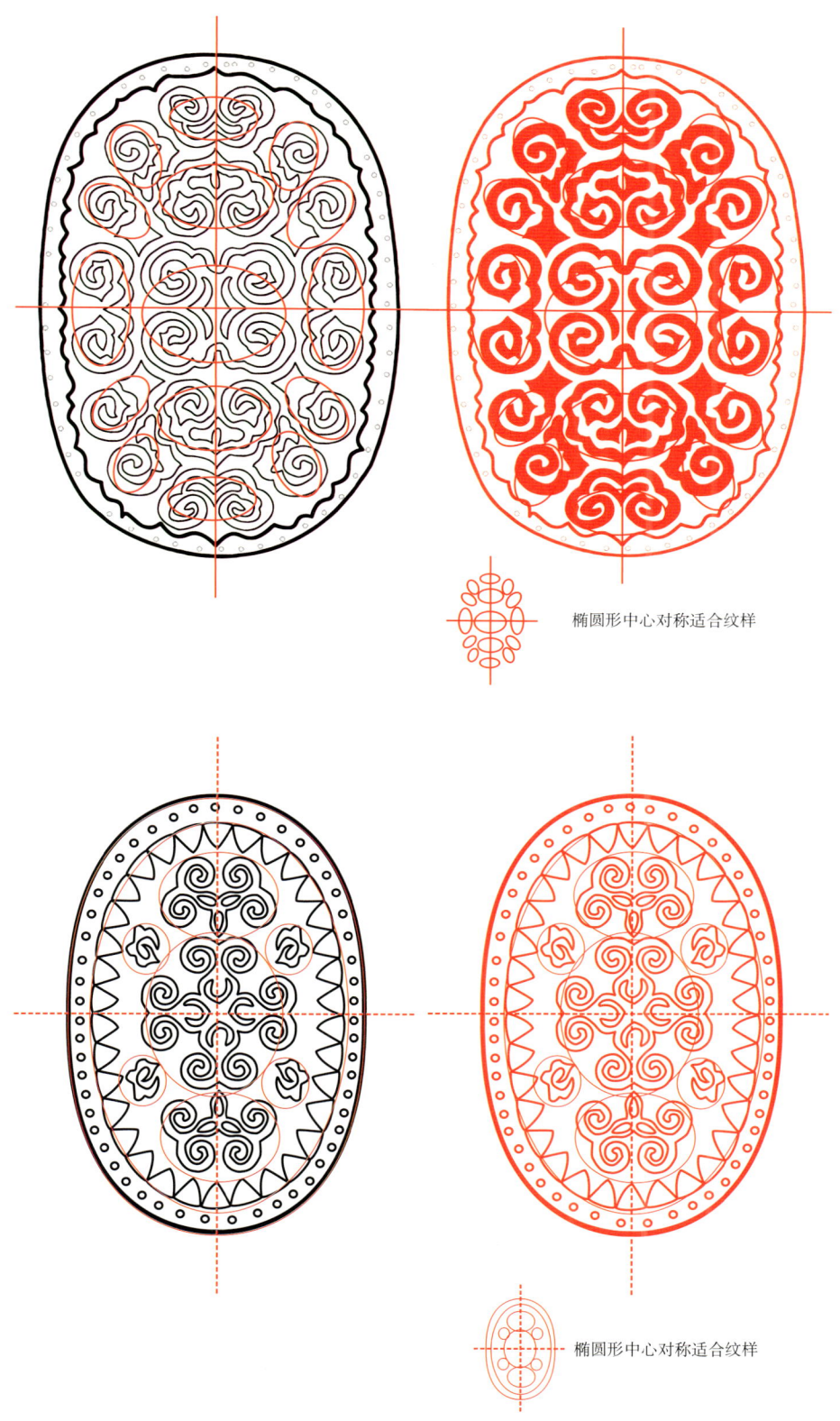

椭圆形中心对称适合纹样

椭圆形中心对称适合纹样

图四　鄂伦春族阿达玛勒盒盒面图案造型分析图2

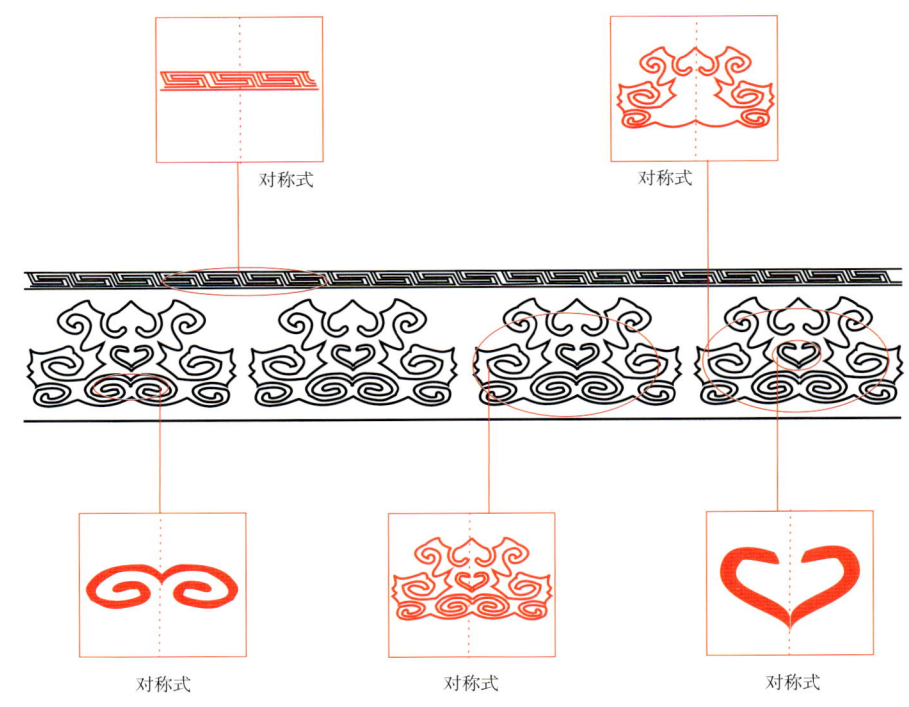
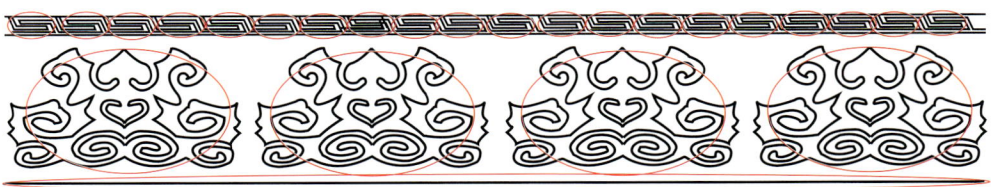

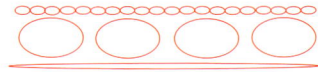

图五　鄂伦春族阿达玛勒盒腹部图案造型分析图3

图六 鄂伦春族阿达玛勒盒盒面图案设色分析图

图七 鄂伦春族阿达玛勒盒腹部图案设色分析图

鄂伦春族桦皮筒

案例1

案例2

图一 鄂伦春族桦皮筒主图

鄂伦春族桦皮筒属于较小的有盖子的桦皮桶状器物，比桦皮篓稍小一些，鄂伦春语称为"红盖"，形态通常为圆柱状，一般用来放置野果以及生产生活的零碎物品。

桦皮筒的制作一般选取生长于农历五月的桦树皮，因水分充足易于剥落整张树皮，外层为有硬结与突起的白色桦树皮，内层为带有深褐色木纹的浅褐色皮。在制作桦皮器物前一般要晒干压平，但压平之后仍有一边会产生卷曲，卷曲的方向则顺势可以制作为桦皮筒的内侧。制作工具可用到猎刀、顶针、针、剪刀、线以及量尺等，传统的线通常由动物的筋与稠李子树枝条制成，缝制时候需要力气很大，因此顶针也成为必不可少的用品，制作方式相对较为简单，且更易保存。

为了更结实耐用，桦皮筒通常为两层，制作使两层尺寸基本一致，外层则在缝制之前扎压或嵌贴好花纹，缝制时将矩形桦树皮重叠2厘米左右，重叠部分为了缝制方便一般会用猎刀削薄一些。桦皮筒盖一般是和筒底口径大小一致，盖用三层、底用四层桦树皮制作，并分别饰以精美的图案。制作好筒身、筒盖、筒底之后，运用缝合法将其连接起来，即取一长条的桦树皮，再用马尾线在接头处缝合起来。

而图案的制作则会采用刻压、烙烫及描绘的方式，在制作前，首先用刀尖或锥尖起稿，然后再进行细致刻画，左手执刻压具，右手执小锤，依据事先起好的图案痕迹刻压；烙烫则会出现深浅不一的痕迹，产生原始质朴的美感；描绘则是用天然颜色直接绘制，细腻丰富且统一。

桦皮筒筒盖边缘装饰弧圆，中心装饰相对对称花卉变形图案，花型饱满不失活泼，造型蜿蜒兼具流畅。色彩红绿搭配，色调稳重，逐渐增大或减小间距的组合，产生较强层次感，手工捻线使得图案线条奔放流畅，韵律美感十足。

桦皮筒筒身主要为花卉变形图案，主体花卉图案为二方连续形式，上下方分别装饰直线与曲线，主体纹样方圆、曲直互相衬托，使得图案造型统一而又富于变化。单元图案之间又间以精致花卉作为点缀，严整而又不失别致。图案上下方均出现彩色曲线装饰，并与筒身结构线重合。对称纹样与连续纹样使造型丰富，图案布局主次得当。在该图案设计中，充分展示了鄂伦春族的手工艺装饰手法，以及对民族装饰图案的运用。

本案例选取既有写实花卉也有变形花卉的形态，鄂伦春族在传统图案的题材及构成形式上，均体现出了他们对自然规律的理解和想象，并传达出了他们独特的创造性，其图案的装饰手法体现出的韵律与节奏感均对今天的设计有借鉴作用。

图片来源
图一 苗雨晴 制图
图二 贾西萍、朱文静 制图
图三、图五、图七 钟帅 制图
图四 苗雨晴、朱文静 制图
图六 苗雨晴、贾西萍 制图
图八 苗雨晴、石玉婷 制图
图九 钟帅、石玉婷 制图

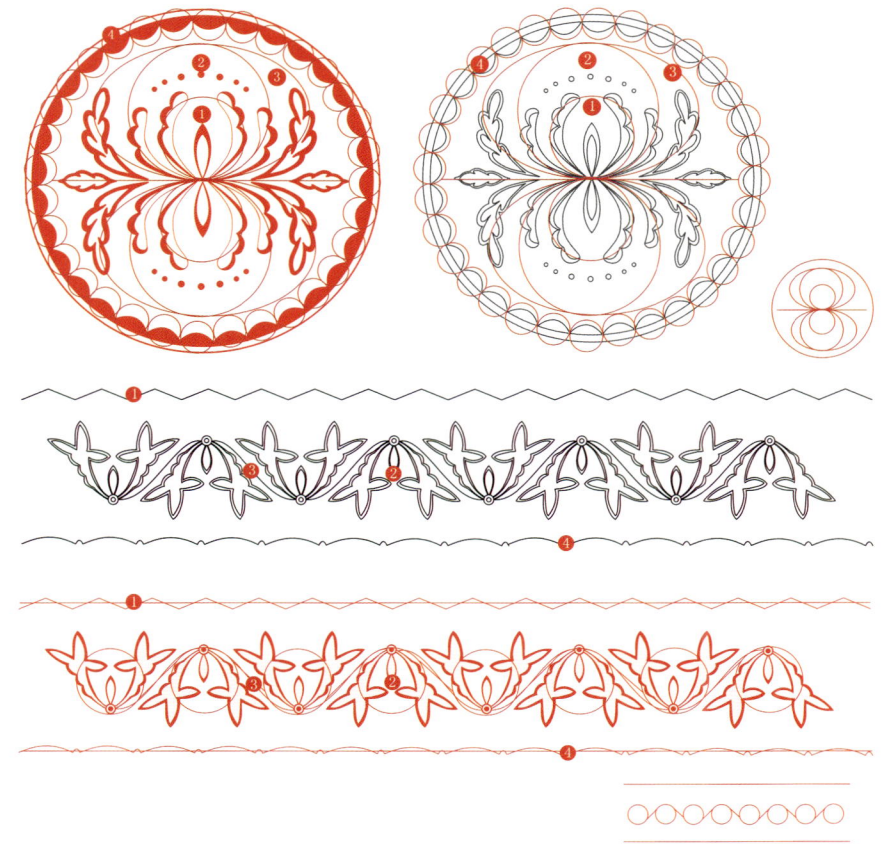

图二 鄂伦春族桦皮筒案例1图案造型分析图1

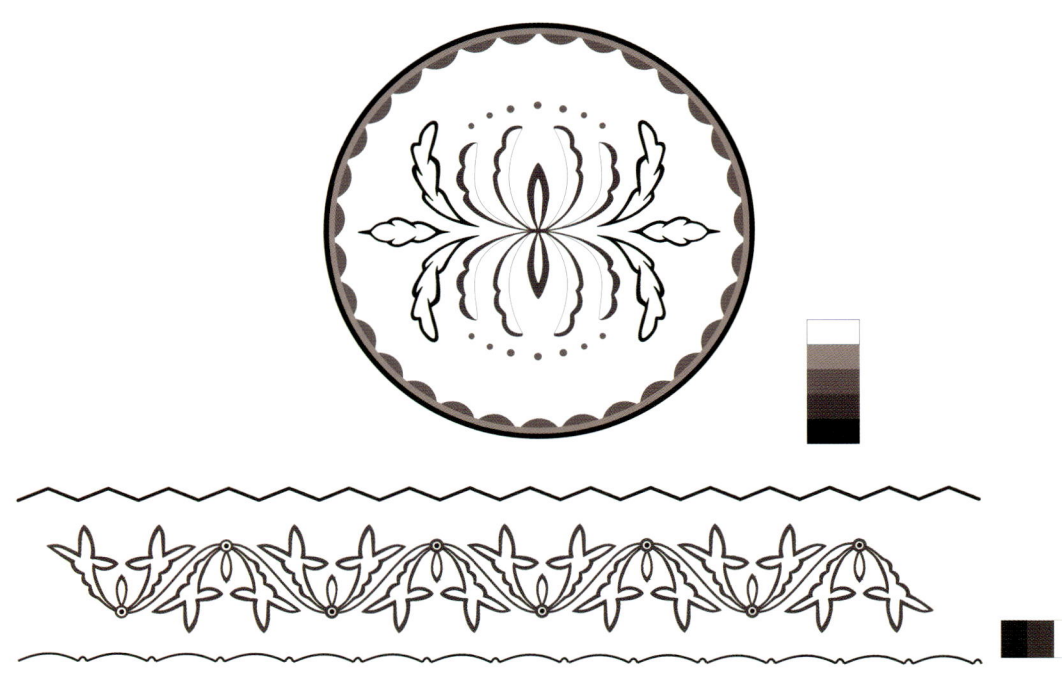

图三　鄂伦春族桦皮筒案例1图案造型分析图2

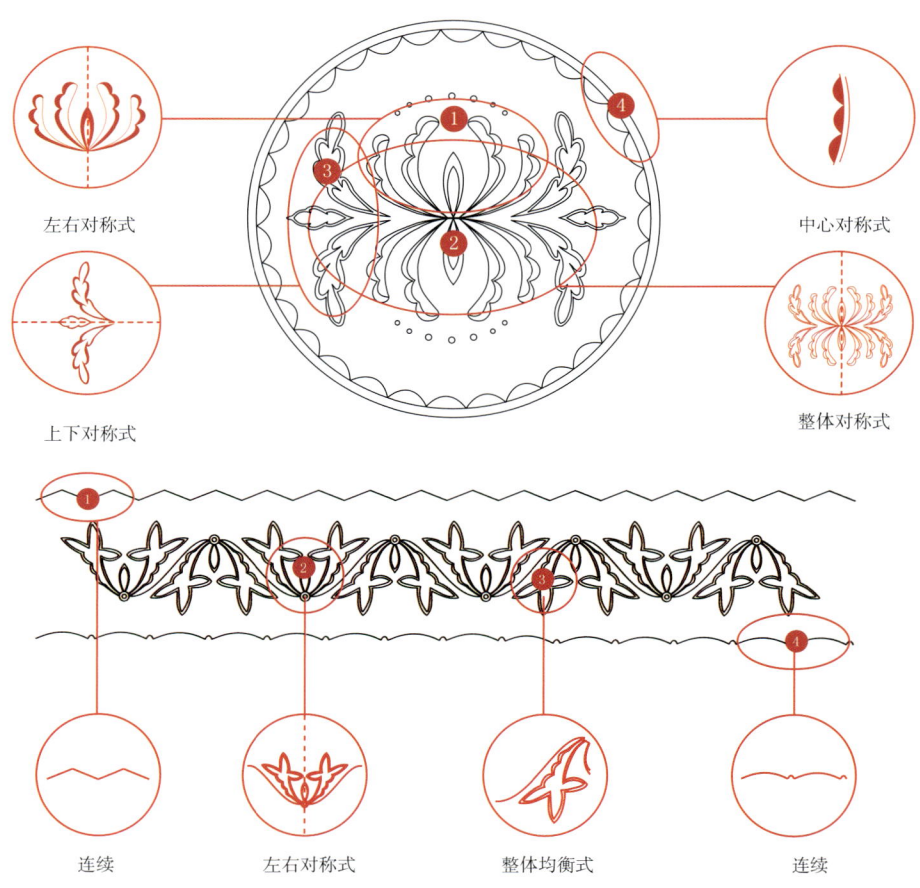

图四　鄂伦春族桦皮筒案例1图案造型分析图3

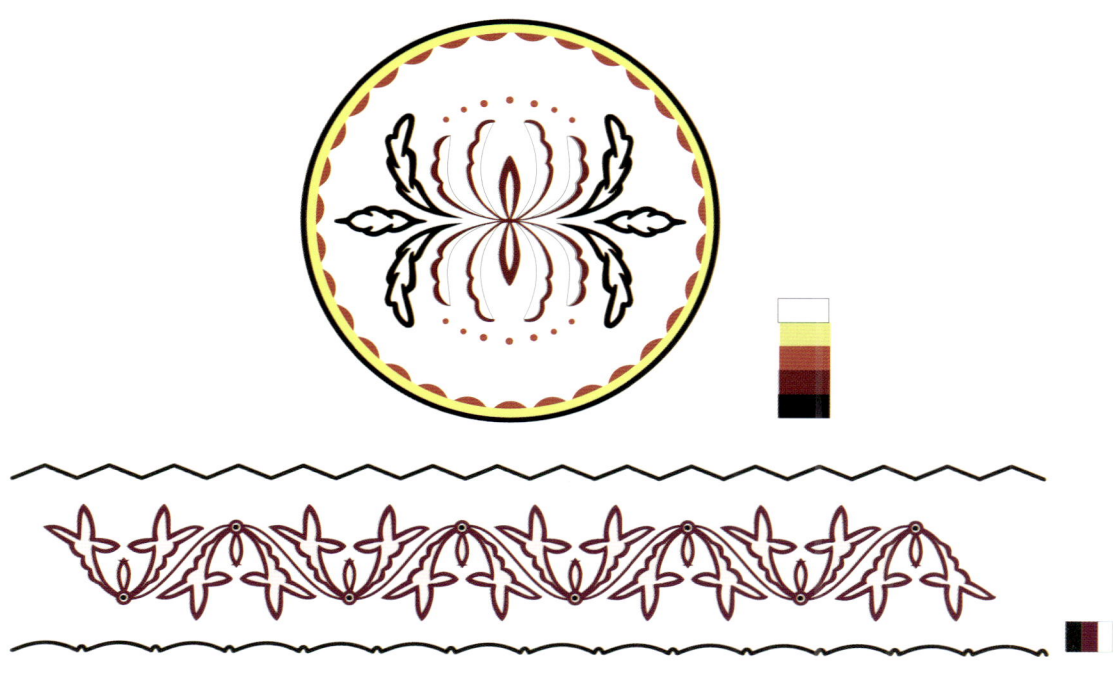

图五 鄂伦春族桦皮筒案例1设色分析图

图六 鄂伦春族桦皮筒案例2图案造型分析图1

图七　鄂伦春族桦皮筒案例2图案造型分析图2

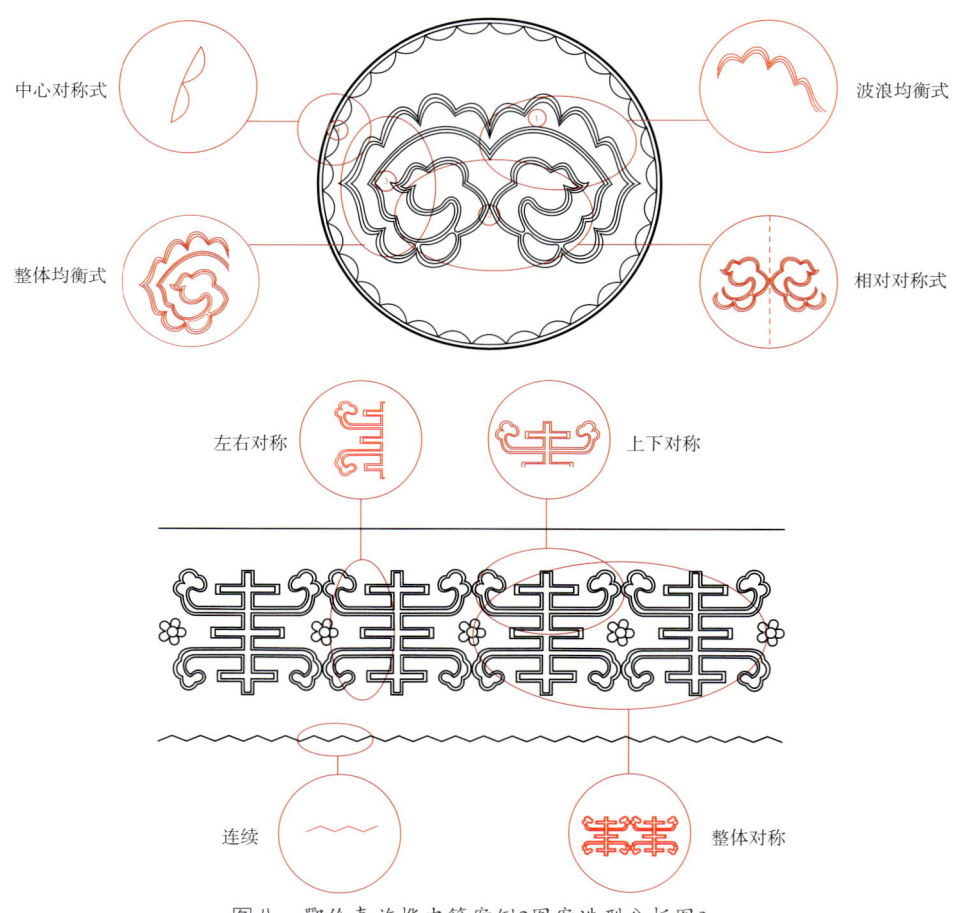

图八　鄂伦春族桦皮筒案例2图案造型分析图3

图九　鄂伦春族桦皮筒案例2设色分析图

鄂伦春族桦皮篓

图一　鄂伦春族桦皮篓主图

　　桦皮篓，鄂伦春语称"卡米"，以双层白桦皮缝制，手工制作。白桦树皮具有质地柔软、成张成片、易加工、不透水等特点。因此，桦皮篓具备轻便、易携带及不怕磕碰等特点。桦皮篓小口、大腹、方底，有子母口盖。有大有小，有的有盖，有的无盖，细分则均有不同名称，用处也不尽相同。图中为较大的有盖桦皮篓，周身有雕花图案，用以贮藏米、面、盐、干菜及肉干等食物。

　　桦皮篓的制作方法通常采用折叠法，即将选好处理过的整张较大的桦树皮，从四角剪开较深的口，然后将其折起，用马尾线缝合，一般是底大口小。四角折叠时，口部比下部要多折些，缝合后将上口剪平，镶木边；后再根据口的大小制作篓盖，盖通常比篓口大1厘米；然后根据篓口里侧的大小制作一个宽2厘米的薄木板圆圈，缝在篓盖内部，可使篓盖与篓身啮合紧，不易掉落。盖为双层，同样选用桦树皮材料，最后将刻压花纹的一层缝在最上面。

　　鄂伦春族的桦皮篓，无论是盒盖还是盒身上都有"依拉嘎"，也就是花纹图案，这些图案都有自身独特的寓意，多象征着吉祥与美好。桦皮上的纹样在制作成器物之前就已事先做好。制作步骤是首先选取平滑压制好的桦树皮，选用内层作为器物的外表，因内层更为平滑易塑，常有木纹色而非白色。然后将花纹扎压上去，所使用的工具是由鹿骨、狍子骨等动物骨头做成的有锯齿状工具。最常出现的是双齿工具，但也有单齿与四齿的。因骨齿尖面积较小，故扎压出来的花纹多是凹点构成的线形图案。

案例中所选取桦皮篓图案主要为二方连续纹样。图案以回形纹为主，上下两种纹样呈带状排列，皆采用折线式骨法，一侧折线转角为直角，另一侧折线转角为钝角，纹样视觉扩大化，形象突出，纹样与折线浑然一体，整体统一。回形纹是一种传统的纹样，古代学者以圆形回纹为云纹，以方形回纹为雷纹，统称为"云雷纹"，在新石器时代马厂文化的陶器上已有出现。这种几何纹饰也是鄂伦春族桦皮制品上常出现的纹样，一般出现在盖上或颈身上，富于变化、制作简单，易于适应各种器形，能单独成纹，也能形成二方连续、四方连续等纹样，节奏与韵律感较强。案例中回形纹颜色为棕色，凸出部分上色，与压扎的凹线形成鲜明对比。图案单纯古朴，结构鲜明，具有层次感，手工压扎的凹线流畅奔放，韵律美感十足。

桦皮篓通常可以在外出时挎在马背上，方便运输不易损坏，其饱满的造型和实用的工艺使得该器形结实耐用，而器物图案花纹则表达了鄂伦春族人的审美与象征，不过分装饰而恰到好处，该案例对今天的设计依旧具有启迪意义。

图片来源

图一　苗雨晴　制图
图二　贾西萍　制图
图三　朱文静　贾西萍　制图
图四、图五　朱文静　制图
图六　钟帅　制图

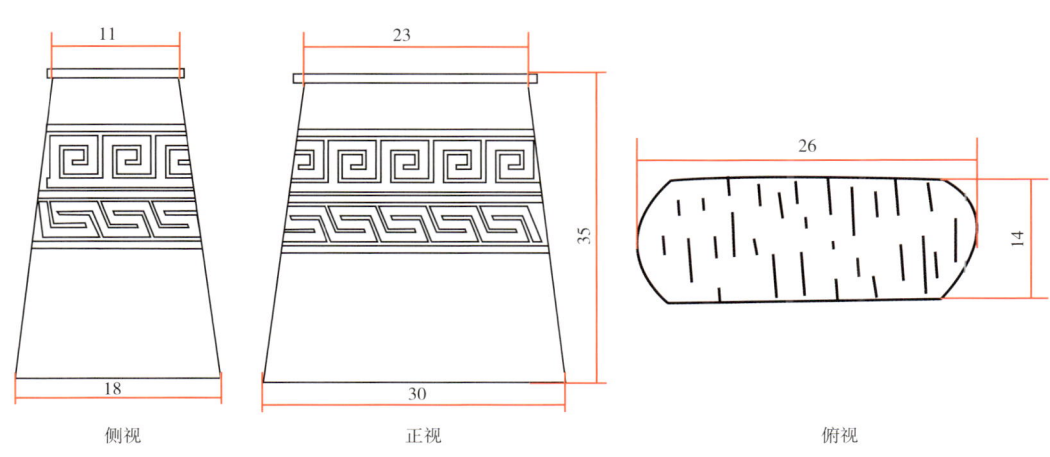

图二　鄂伦春族桦皮篓三视尺寸图（单位：cm）

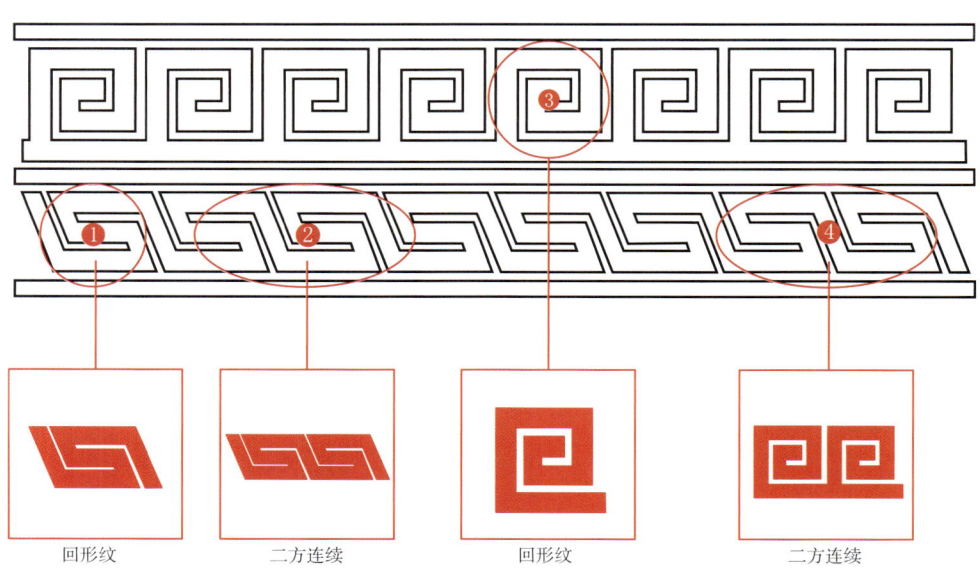

回形纹　　　　二方连续　　　　回形纹　　　　二方连续

图三　鄂伦春族桦皮篓周身雕花图案造型分析图

图四　鄂伦春族桦皮篓周身雕花图案设色分析图

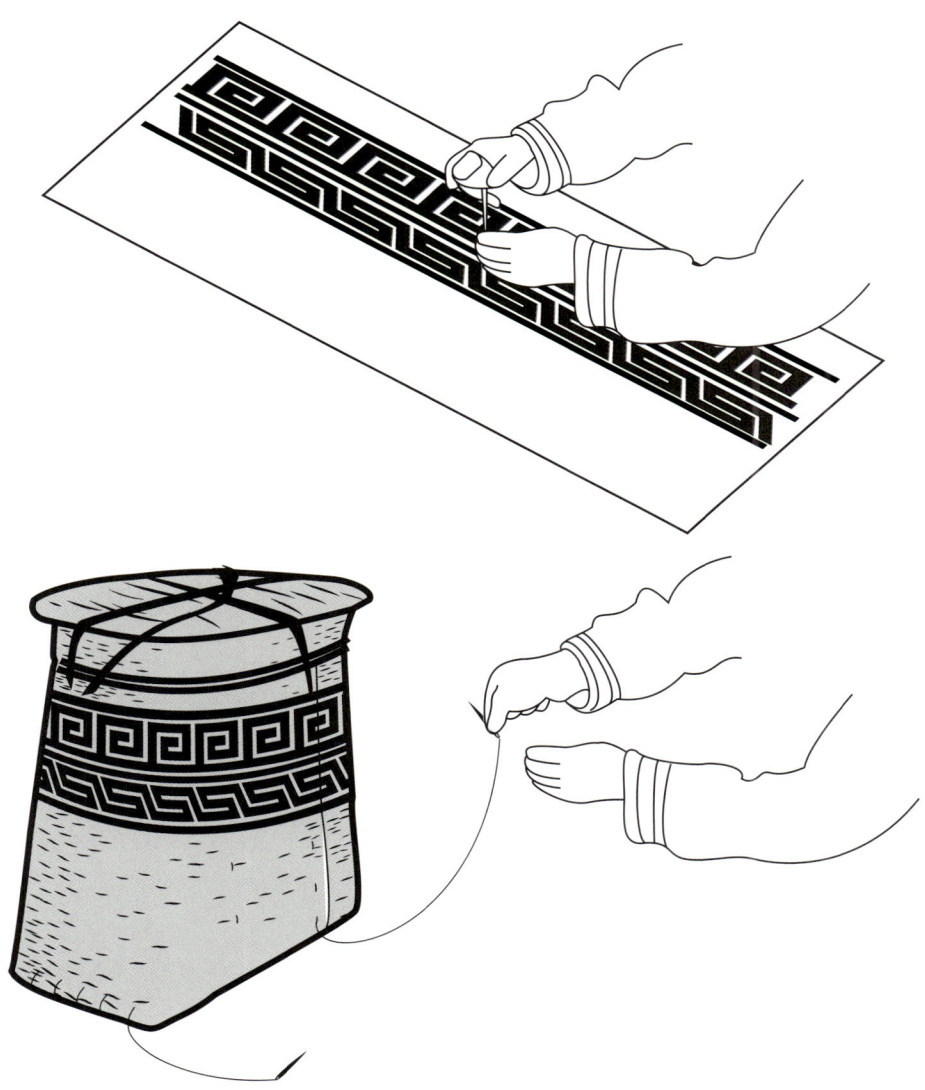

图五　鄂伦春族桦皮篓工艺分析图

第六章　鄂伦春族传统手工艺

197

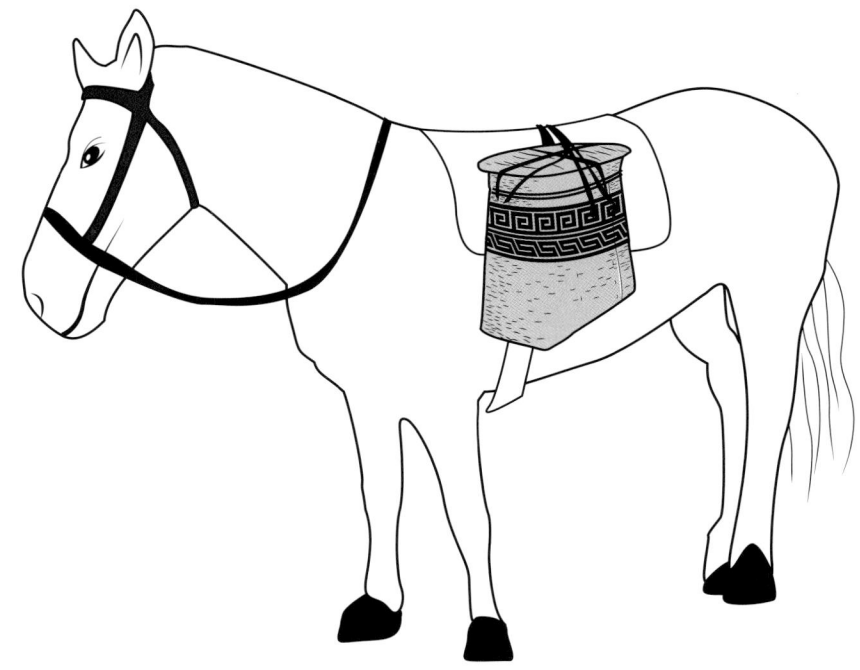

图六　鄂伦春族桦皮篓使用效果示意图

鄂伦春族针线盒

案例1

案例2

图一　鄂伦春族针线盒主图

　　鄂伦春族针线盒是鄂伦春族常见桦皮制品之一，属于尺寸较小的桦皮盒，鄂伦春语称为"奥纱"，主要用来放置妇女使用的剪刀、针线、顶针及杂物等女红用品，因鄂伦春族妇女集体创造的许多图案案例中均有精美装饰，故针线盒属于她们的常用器物。常见盒型有方形、圆形和半圆形等，盒底的形状决定针线盒的形状。因器形较小，故装饰也较为简单，但形式丰富多样，表达出了鄂伦春族人质朴的美学追求。

　　此篇所选案例中的纹饰为扎压纹饰，鄂伦春族器物上的花纹用当地语言统称为"依拉嘎"。在制作成型前先用兽骨突库突混将花纹扎压上去，非常坚固且美观。突库突混一般用鹿骨、狍子骨或犴骨制作而成，兽骨小的一头打磨成一齿至四齿不等，平时使用最多的为两齿。扎压花纹图案时要使用专用工具，用小木锤或鹅卵石击打突库突混的顶部,骨齿被扎压进桦树皮表面之后,便形成了点状的凹凸线。

制作步骤是先挑选桦树皮,通常选取较硬且厚的桦树皮作为盒盖和盒底,选取较硬且薄的桦树皮作为盒沿。盒盖与盒底一般一样大,制作时同时完成。盒沿的制作通常有两种:第一种是将盒盖和盒底制作完成后,将盒沿粘贴到盒底内侧;第二种则是制作盒底和盒盖时候,同步在盒底内侧粘上盒沿。制作好盒底盒沿和盒盖之后就加上盒帮。盒帮的制作相对较简单,选取一块软硬厚度适中且较为平整的桦树皮,将其打磨修理平整后,根据盒盖、盒底的周长确定其长度,粘贴或缝合好后即可成型。现代制作方法一般是粘贴,而传统制作时则需要运用狍筋线、鹿筋线或犴筋线进行缝制。缝制时需用到顶针,鄂伦春族的顶针使用方式较为独特,戴在手指尖上使用而不是戴在手指上使用。用兽筋缝制好的桦皮盒经久耐用,抗摔打且易保存。而盒帮与盒盖上一般装饰有精美且较为简单的纹样,制作时将剪好的桦树皮里层朝外铺平,再按照事先设计好的图案依次扎压上去,扎压出来的纹样古朴传统,井然有序,呈排列状,疏密有致,呈立体效果,具有浮雕感。

装饰的花纹一般都沿用了新石器时期的纹样,因其保存了渔猎民族的传统文化,形态也往往从大自然中进行提取,然后进行抽象与简化,其中,南绰罗花是最常用的花卉纹样,原型是当地山里常见的杜鹃花,象征着爱情永存,男女相亲相爱相互思念的寓意。有时有较为具象的形态,有时概括为十字形的抽象化图案,由简单到复杂的形态组合成需要的适合纹样。南绰罗花图案主要用于女孩出嫁前为自己未来的丈夫准备的定情信物上,象征着可以陪伴在其左右,以表达忠贞爱情像南绰罗花一样的盛开。盒帮上的波浪纹图案一般被视为水纹的抽象,受江河中波浪起伏的启发,从大自然中提取形态,也是在新石器时期的陶器上就有发现,一直延续至今。鄂伦春族认为曲线代表着水,而水象征着生命的来源,因此,情感的寄托也是其图案所表达的重点。

鄂伦春针线盒上的图案比桦皮篓上的更为精细,因其使用功能不同所致,简洁且高度概括提炼自大自然的形态,保留了渔猎民族、森林民族的审美追求,是对新石器时代传统图案的继承与发扬。

图片来源

图一　张哲　制图
图二至图四　奥霞　制图
图五、图六　陈丹　制图

图二　鄂伦春族针线盒图案例1图案造型分析图1

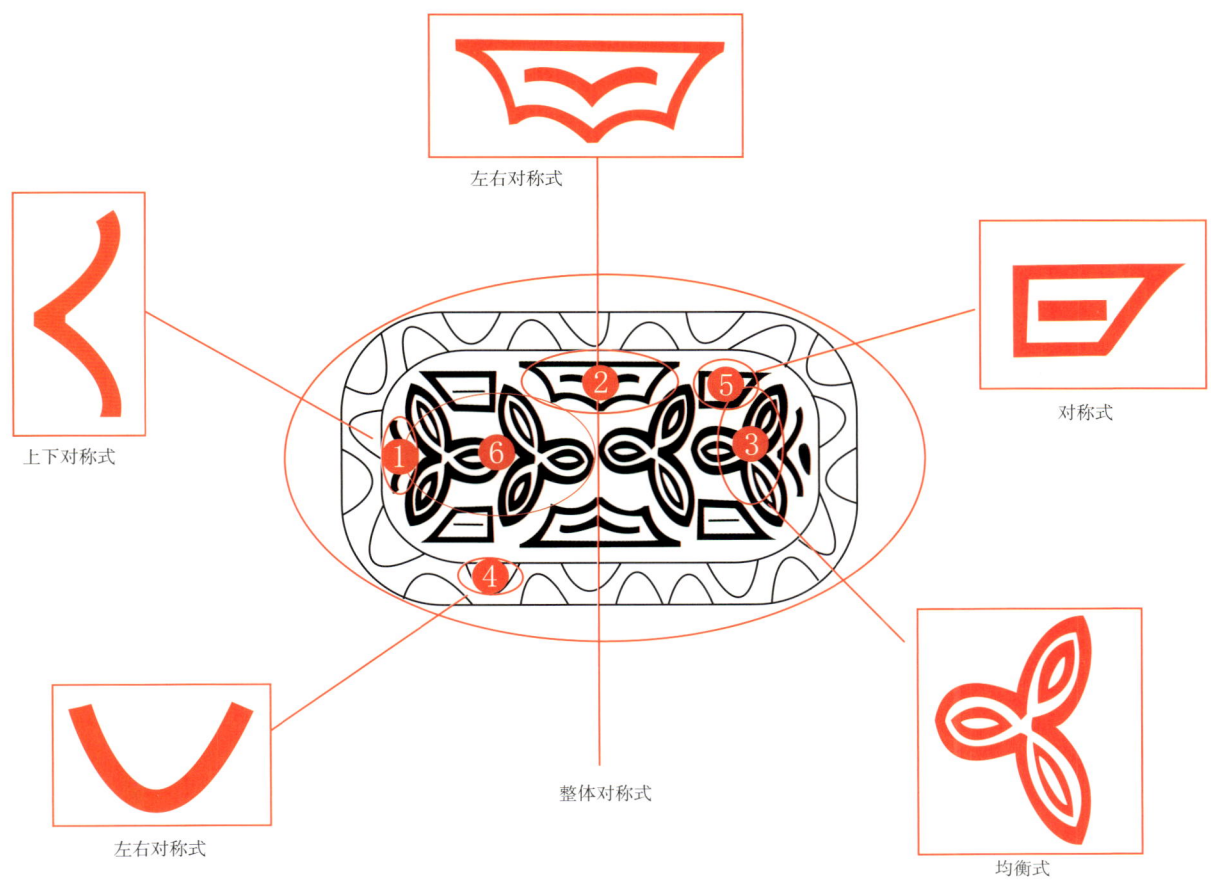

图三　鄂伦春族针线盒案例1图案造型分析图2

图四　鄂伦春族针线盒案例1设色分析图

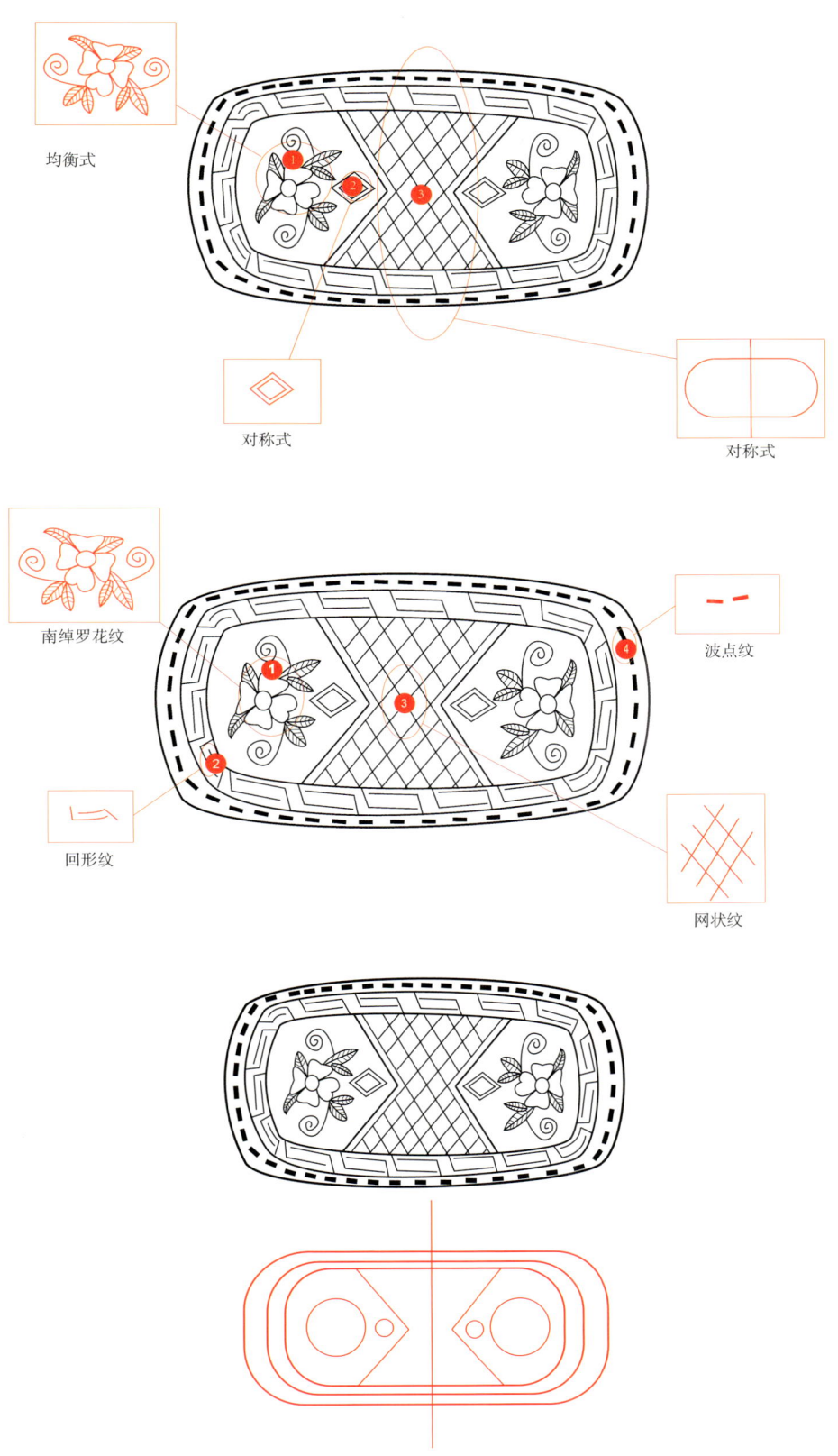

图五 鄂伦春族针线盒图案例2图案造型分析图

图六　鄂伦春族针线盒案例2设色分析图

鄂伦春族毛皮背包

大背包

小背包

图一 鄂伦春族毛皮背包主图

毛皮背包，鄂伦春语叫做"库地"，在内蒙古鄂伦春自治旗区域的鄂伦春族称为"卡皮参"，是鄂伦春族精美传统手工艺与图案艺术的典型范例。与鄂伦春族所处地理位置气候严寒相关，动物皮毛与桦树皮是他们最主要的设计物采用材料。背包也采用毛皮来制作，以达到御寒功能，同时，也与厚实的衣物相配。"库地"由鄂伦春族妇女手工制作，有大小两种，大背包为储存一些大件物品，小背包则一般随身携带，装少量的随身物品，挎在肩上使用。

毛皮背包是用动物的毛皮制作的，其工艺程序大致分为两步，第一步为熟皮，即完全用自然的材料和方法，把兽皮熟成革；第二步是把熟好的皮革用动物的筋线缝制成各种成品。

先把剥下来的皮子晾晒到八成干的程度，然后用猎刀剃掉皮上多余的肉质杂物，再把狍子的肝或脑子捣烂涂抹在上面，再喷些水卷起来，闷上一两天，使其内部产生热量发酵，沤烂残留在皮面上的肉质和脂肪。熟皮子时把皮子打开，坐好后放在两腿上，皮子前端用两脚尖夹紧，先用有齿的工具"毛丹"在皮面上反复的刮，去掉皮面上的残留物，再用贺得勒反复鞣刮，直到把皮子鞣到洁白、软绵为止最后把皮子伸拉平展就算熟好了。还有一种办法就是把皮子浸湿卷起来沤，然后再用工具毛丹、贺得勒反复鞣刮。

皮子熟好以后做皮制品的材料就有了。用狍子、鹿、犴的筋或它们的脊椎两侧肌腱晒干砸出的纤维线做缝合，缝合后做装饰图案，图案工艺有毛皮镶嵌、皮版图形衬托、刺绣等手法。做工精巧，风格独特，堪称一绝。

最初的毛皮背包一般运用毛皮的边角碎料拼接，后来由单一的毛皮拼接发展到多种材料结合的包，如毛皮与皮结合的背包、绣花与皮毛结合的背包、桦树皮背包等，这也是单一文化发展向多元文化的必然发展。毛坯部分选择色彩差别较大的毛皮进行拼接，剪出不同形状的拼接图案。毛皮部分的色彩主要为毛皮的自然花纹与颜色，黄色的鹿皮、深黄色的驼鹿皮、棕色的狍子皮、棕灰色的野猪皮、白色的野兔皮或马皮、黑色的熊皮或野猪皮。制作的样式根据材料而定，保留动物皮毛上的花纹形态，再结合其形态，装饰、拼接其他颜色的皮毛。这种形式反映了鄂伦春族造物时典型的原始自然观。

鄂伦春族的毛皮背包，大多都有装饰图案，这些图案有回纹形、南绰罗花纹、八结盘肠纹和云纹等图案。图案分布于包的表面，层次丰富，中间为主体图案，饰有角隅纹样，采用多种形式如底透花、花透底，适合纹样。另采用不同颜色的毛皮分层次的拼接。绣花与毛皮的结合，使粗犷的材质与细腻的彩色修饰结合，别有一番韵味。

图片来源
图一　苗雨晴　制图
图二　崔云晶　制图
图三至图五、图七至图九　钟帅　制图
图六、图十　王萍　制图
图十一　钟帅　崔云晶　制图
图十二、图十三　贾西萍　王佳欣　制图
图十四　朱文静　制图

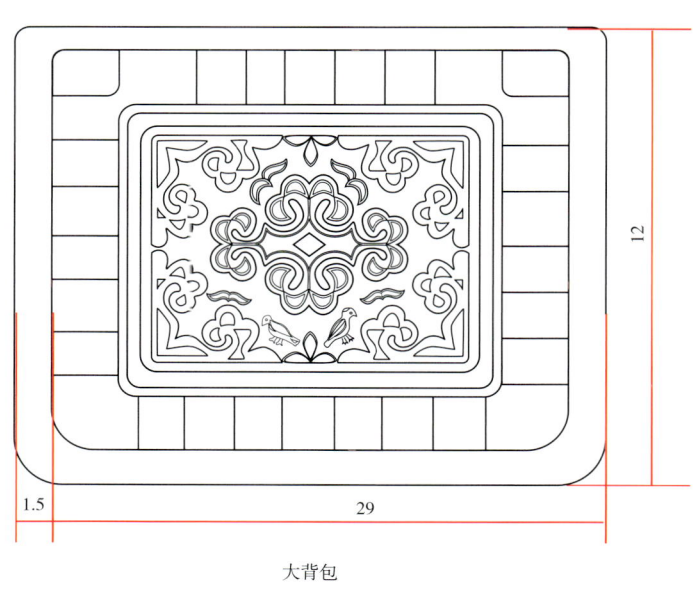

大背包

小背包

图二　鄂伦春族毛皮背包尺寸图（单位：cm）

角隅纹样
用于四角的装饰纹样,与位于图案中心的南绰萝花纹映衬,丰富整体图案,增添艺术性

适合纹样
南绰萝花纹样作为图案主体,与一定形状的外轮廓相吻合

二方连续
由一个方形图案,向左右或上下两个方向重复排列

图三　鄂伦春族毛皮背包之大背包纹样解析图

阴花

阳花

背包图案主要构成为植物纹样，阴花、阳花的形式丰富图案，提高了装饰图案的艺术性

植物纹样　　　　　　　　　　　　　　　　　　　动物图案

主体图案中除了角隅纹样和南绰萝花纹之外，点缀以动物纹样和其他植物纹样

图四　鄂伦春族毛皮大背包图案类型解析图

背包纹样　　　　　　　　　　　　　　　　剪纸纹样

南绰萝花

鄂伦春族毛皮背包中心图案南绰萝花以适合纹样出现，它大量存在于背包、手套、桦皮摇篮上。毛皮背包表面的南绰萝花纹样与鄂伦春族剪纸纹样极其相似，象征年轻人之间的爱情

图五　鄂伦春族毛皮背包之大背包上南绰萝花纹样解析图

图六 鄂伦春族毛皮背包之大背包图案单元造型分析图

图七 鄂伦春族毛皮背包之大背包图案设色分析图

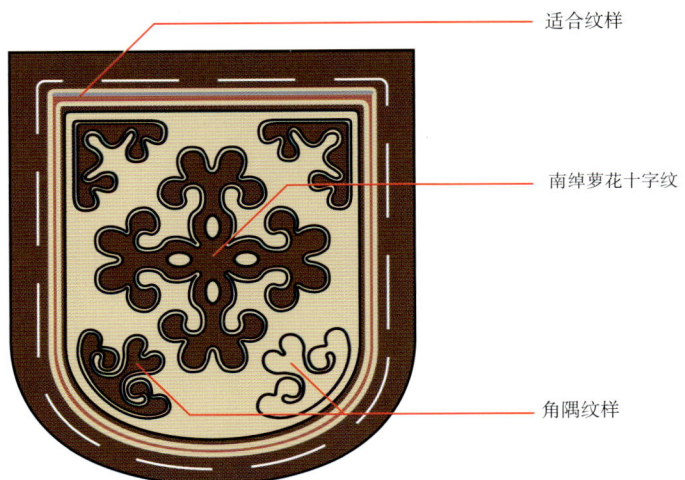

适合纹样

南绰萝花十字纹

角隅纹样

南绰萝花纹
南绰萝花十字纹作为背包主体纹样，图案简练、明确

角隅纹样
用于四角的装饰纹样，与位于图案中心的南绰萝花契合，丰富图案层次

适合纹样
多存在于背包、手套上，纹样与背包外形吻合

■ 主体图案
■ 次要图案

图八　鄂伦春族毛皮背包之小背包纹样解析图

鄂伦春语南绰罗花意为最美的花，象征纯洁的爱情。毛皮背包上的南绰萝花十字纹样与由鄂伦春剪纸纹样演变而来，此花纹多缝制在背包、手套、桦皮摇篮上

南绰萝花演变纹样

图九　鄂伦春族毛皮背包之小背包上南绰萝花纹样解析图

图十　鄂伦春族毛皮背包之小背包图案单元造型分析图

图十一　鄂伦春族毛皮背包之小背包图案设色分析图

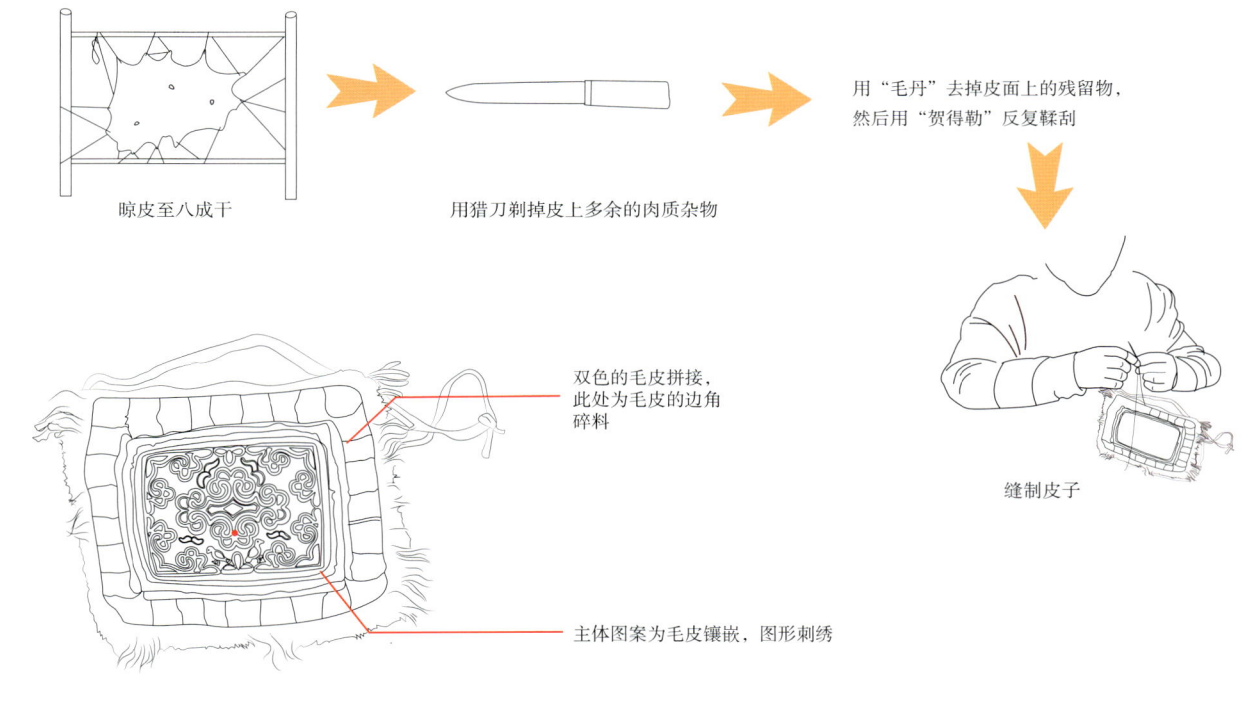

图十二　鄂伦春族毛皮背包之大背包制作流程图

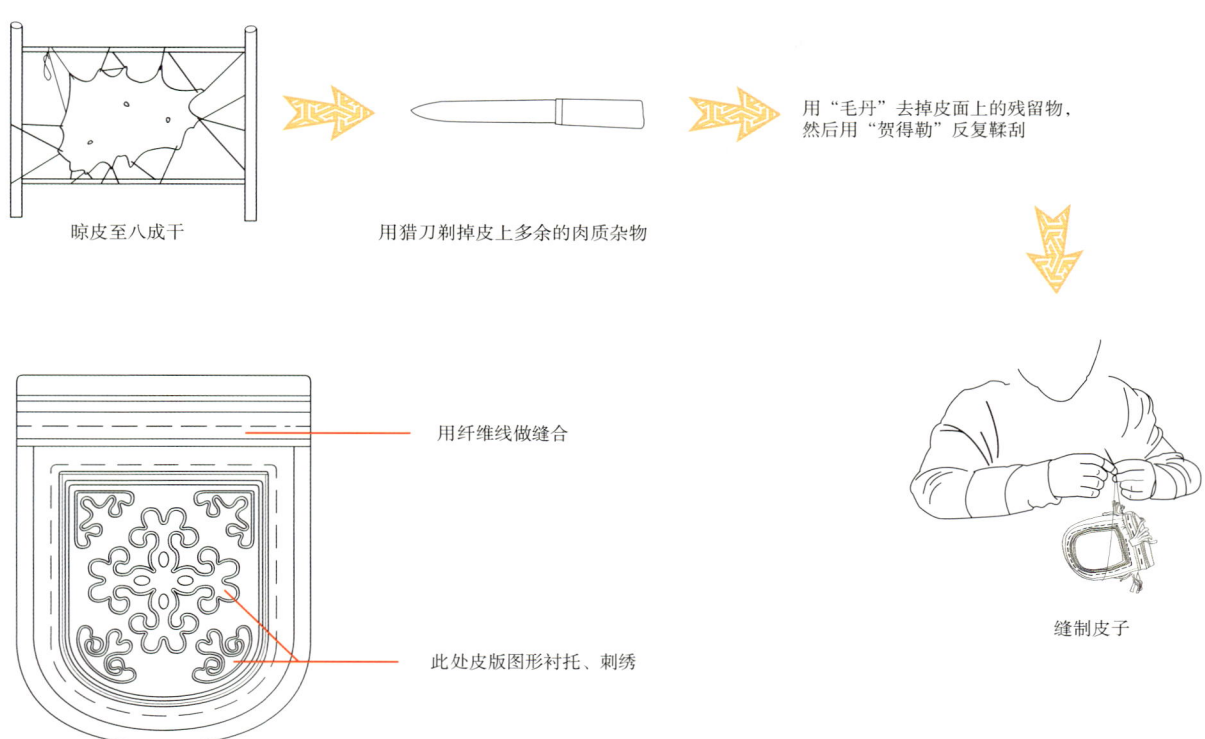

图十三　鄂伦春族毛皮背包之小背包制作流程图

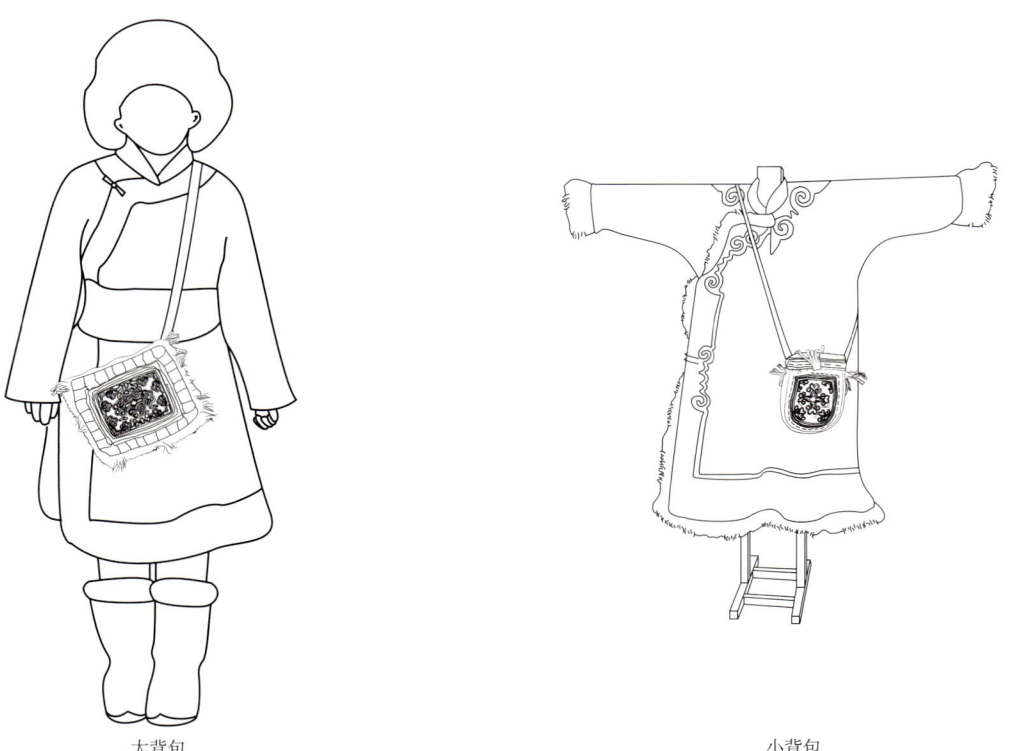

大背包　　　　　　　　　　小背包

图十四　鄂伦春族毛皮背包佩戴效果示意图

第六章　鄂伦春族传统手工艺

213

鄂伦春族手闷子图案

图一　鄂伦春族手闷子图案主图

鄂伦春族手闷子，又称为"地莫"或"瓦拉开依"，多为儿童所带，制作上相对单指手套较为简单，因严寒的地域环境所需，其保暖系数超高。时间上比五指手套出现得早，拇指与其他四指分开，与现代东北地区的手套相似。

手闷子皮子向外、绒毛向内，因没有区分除大拇指外的四个手指形状，故毛料厚实。手腕处有收紧的处理，使其保暖性更具保障。一般由一条绳线将两只手闷子连接起来，由儿童挂在颈部，防止丢失，符合儿童使用需求。

材料选取上，熟皮子时常选取初秋刚长出绒毛的狍皮，具有皮毛纯白、质地韧软的特征，选好皮子后将其作为手套背面的质料，在其上绣花与草纹等，草纹对称整齐，间隔处绣几何图形，简单稳定。

手闷子在拇指和手背上多绣有花纹图案。本文选取的案例属于手闷子的典型形式，纹样左右对称，上部为花草纹，中部为卷纹，下部为心形纹。组合排列合理，上部和底部的纹样为对称式，中部由两个均衡式的云卷纹构成，两个云卷纹又左右对称。组合起来依旧符合鄂伦春民族擅长且喜爱的十字形构图方式。上部的花型为心形，比下部心形尺寸小，突出了其对比统一的特征。

手闷子图案的选取较为简单活泼，不同于考胡鲁的阳刚厚重感，也有别于沙日比和依的艳丽精美，而是适合儿童的轻松装饰风格。因出现较早，故其美学形象也较为简单。这种不同体现了鄂伦春民族在图案设计中自觉的审美意识，反映了民族文化与民族艺术的发展。图案的出现缘于民族朴素的生活观，人们首先选取自然界中他们认为好看的花采摘下来，并装饰在自己的身体、衣物或生活用品上，以追求一种不同于实用至上的精神追求，即审美的需要。经过日积月累，渐渐觉得这种美好的形象应该被长期保存下来，于是便有了最初的图案。手闷子上的图案较为具象，能看出花的花头、花茎与叶，只是经过了艺术化的处理与概括，将其统一到对称式的美学法则中，使其视觉上更具有稳定性。图形的不断变化，经由好看的花形再现，到将花形采用对折、翻转、连续及组合等方法的尝试，则出现了越来越多的图案形态。这些日积月累的发展，使鄂伦春族的审美意识形态也逐渐成熟，于是，人们将自己的美好意愿再次主观融入图案中。那些心形的桃纹符号，表达的是鄂伦春族人对吉祥与美好的向往，对未来生活美满、长久与和谐的憧憬。

手闷子除了在手背上装饰图案外，大拇指的外侧一般也会装饰一个单独纹样，完整的花形，使其与中心图案形成呼应，既不张扬又体现美感。与沙日比和依、考胡鲁的装饰各具特色，各不相同。这体现了鄂伦春民族在民间创作时对人物使用习惯及审美需求的细微观察，反映了民族集体的审美心理与艺术修养。

图片来源
图一　王萍　制图
图二、图三　王萍　崔云晶　制图
图四　彭洁　制图

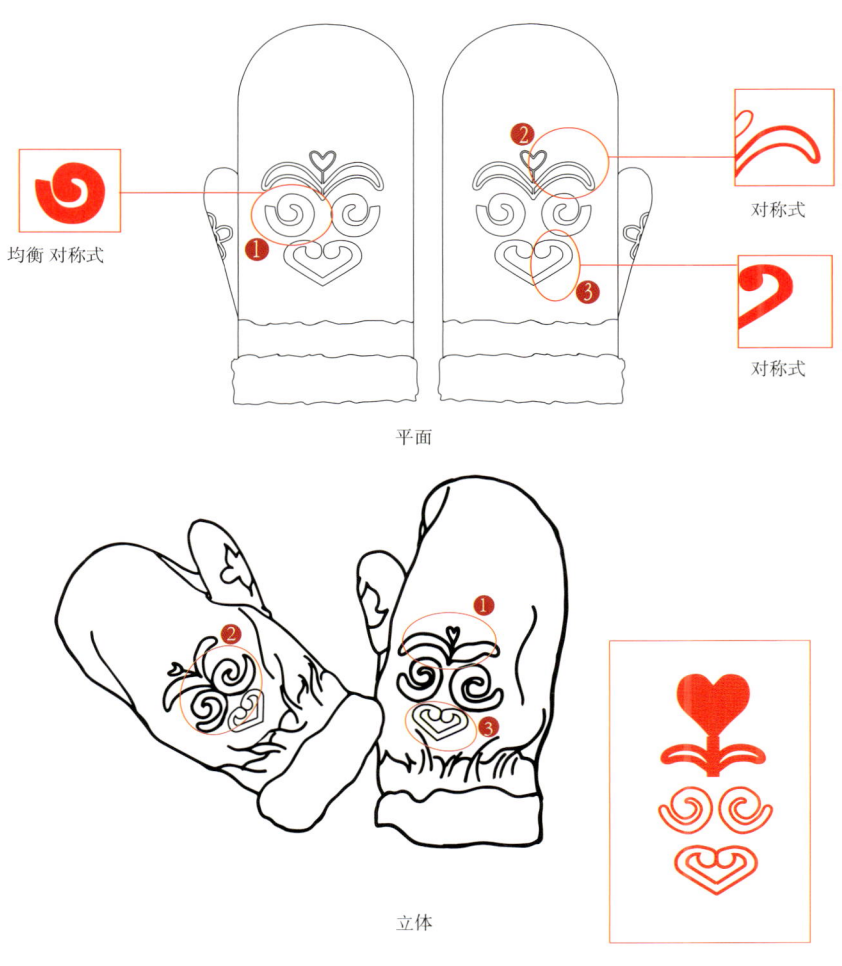

图二　鄂伦春族手闷子图案造型分析图

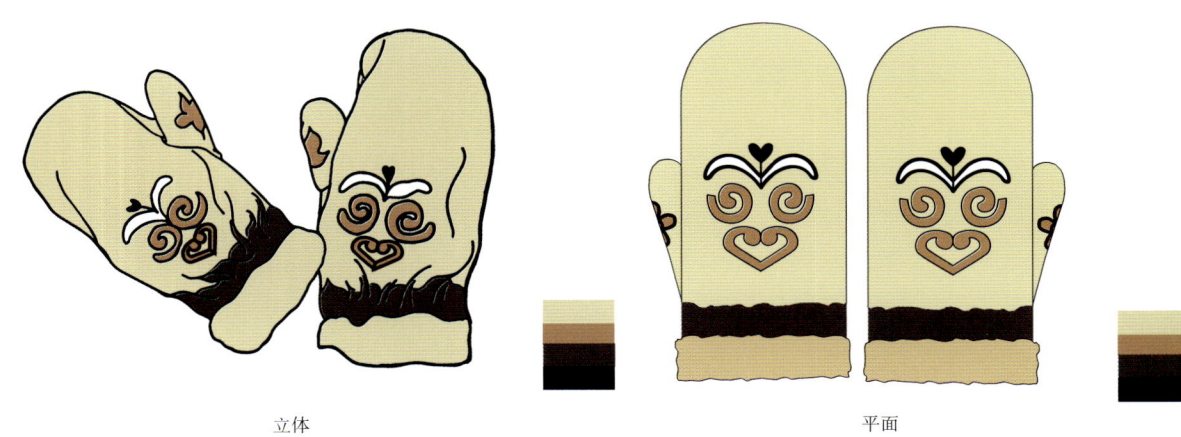

立体　　　　　　　　　　　　平面

图三　鄂伦春族手闷子图案设色分析图

图四　鄂伦春族手闷子佩戴效果示意图

鄂伦春族单指手套图案

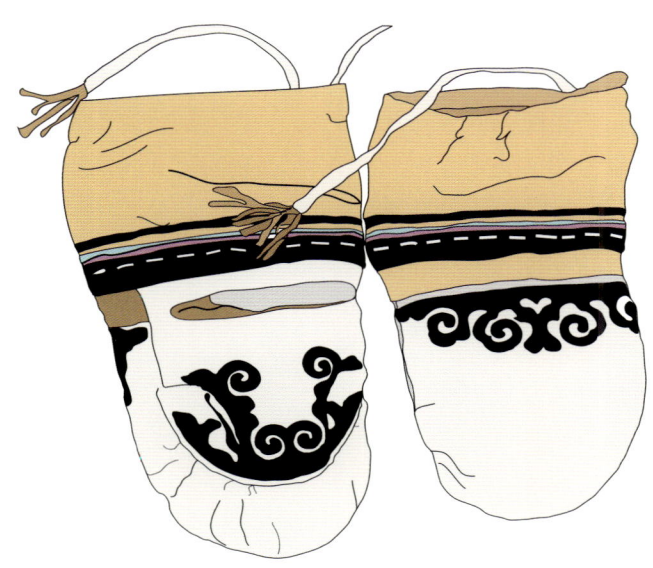

图一　鄂伦春族单指手套图案主图

鄂伦春族单指手套，又称"考胡鲁"，是鄂伦春族人在冬季狩猎时戴于手上，用以防寒的用具，用狍皮制作，是一种较为原始的手套。考胡鲁一般为鄂伦春族男子使用，鄂伦春族妇女很少使用。一副考胡鲁需用半张狍皮，手背绣花的要做三天，不绣花的也需两天，能戴两年。

考胡鲁的制作方法是先用一块40厘米×15厘米的长方形厚毛狍皮，一头剪成圆形，抽成四靿鞡头一样的摺，做成手背；再镶上一条皮子作为手心；在这条皮子上做一大拇指套缝上；掌心处横开一道口，可在前边另缀一块皮子将其盖住，也有的用皮条做成抽口。考胡鲁与其他手套形制相比，最大的特点是大拇指的位置在掌心部位，方便需要精细工作时将手伸出。后半部分用薄皮板做成筒状套，长至肘部并用皮绳系于肘部。

平时四指并在一起，开口被掩盖或抽紧，保暖性极好；而需要射击时可将手从开口处伸出，握枪和扣动扳机极其方便，因此是鄂伦春族猎人冬季狩猎最喜欢带的手套。

单指手套的纹饰出现在手背、手心、拇指与手腕处。这些装饰图案一般为彩色皮剪的虎头纹和花纹图案。拇指背部有带色的装饰皮线条或黑皮袖花，动物脸型的图案常被选用。补绣艺术是其主要的工艺特色，不同于沙日比和依常用的直接缝绣法，而是按照剪纸的方式先剪好诸如云卷纹之类的图案，用黑皮子依样复制，再用色彩鲜艳的布料补托在图案缝隙中，最后以色线将其缝合。大拇指尖的纹饰是考胡鲁装饰的主要位置，此装饰既从视觉上具有稳定感，同时使该部位更耐磨，可延长使用寿命。

考胡鲁的主要使用者是男性，因此其装

饰图案则较为简洁，一般都选用严格的对称式，不再添加均衡式的单独纹样，以保持其庄重的男性特色。

色彩的选取也与沙日比和依大相径庭，沙日比和依色彩艳丽丰富，而考胡鲁则厚重沉稳，喜用黑色、深灰为主色调，配以红色、蓝色或绿色做点缀，色彩面积对比鲜明，雅致大方，颇具阳刚之气。

考胡鲁是与狩猎生活紧密结合在一起的，随着封山收枪开始，狩猎生活已经成为过去，考胡鲁也就逐渐消失了。但考胡鲁兼顾保暖实用性与装饰审美性。在保暖性上，采用厚毛狍皮，外形比较肥大，并用皮绳系紧，使手套与外界寒冷空气隔绝，空间较大也有利于血液循环。在使用上，掌心的开口可以快速地将四指抽出，及时扣动扳机，命中猎物，同时系于肘部的皮绳也保证了手套不会因手臂活动或其他原因而脱落，保证使用。在装饰上，男性特征较为明显，纹样简单厚重。考胡鲁是鄂伦春族人在长期游猎生活中发明创造出来的，同时考胡鲁的出现极大地提高了鄂伦春族人的游猎生活水平，这是游猎文化与狍皮制作技艺相互作用的产物。

图片来源

图一　彭洁　制图
图二、图四　彭洁　崔云晶　制图
图三　崔云晶　制图
图五　彭洁　制图

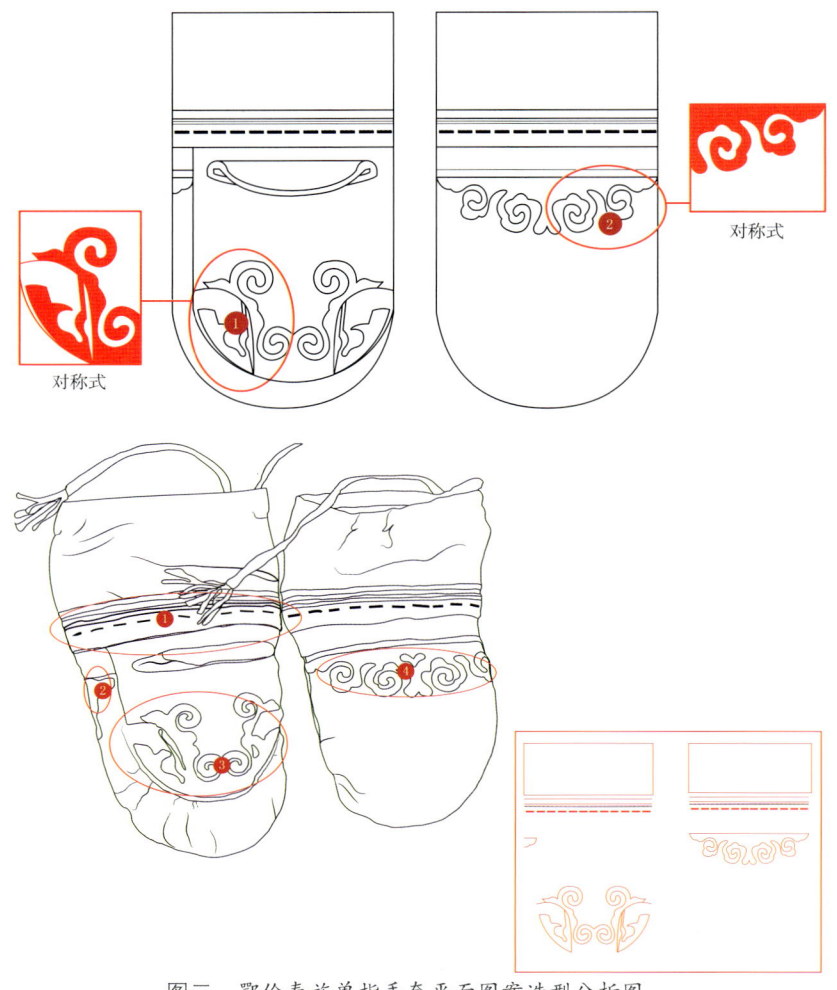

图二　鄂伦春族单指手套平面图案造型分析图

图三 鄂伦春族单指手套图案展开示意图

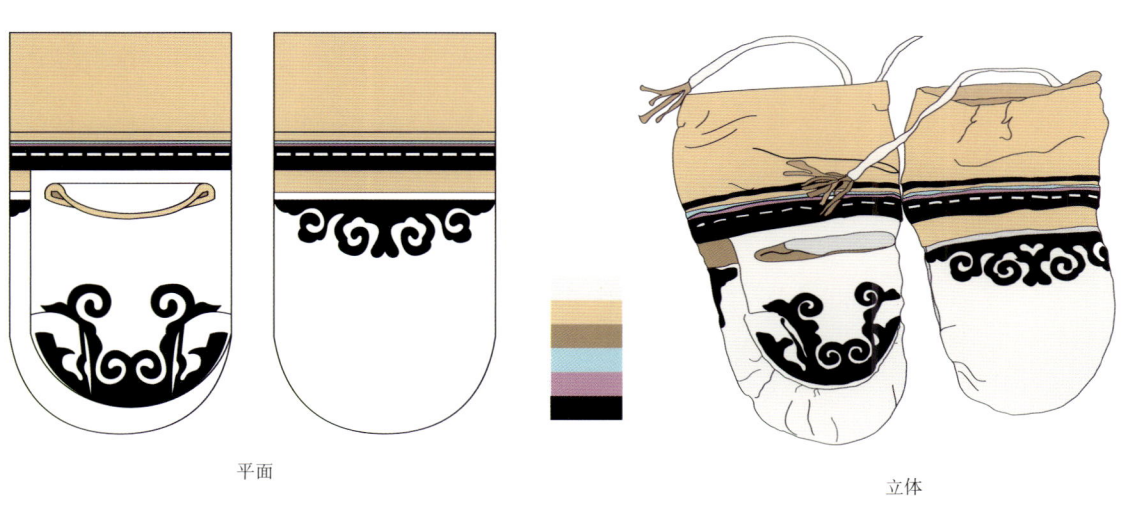

平面　　　　　　　　　　　　　立体

图四 鄂伦春族单指手套设色分析图

图五　鄂伦春族单指手套佩戴效果示意图

鄂伦春族五指手套图案

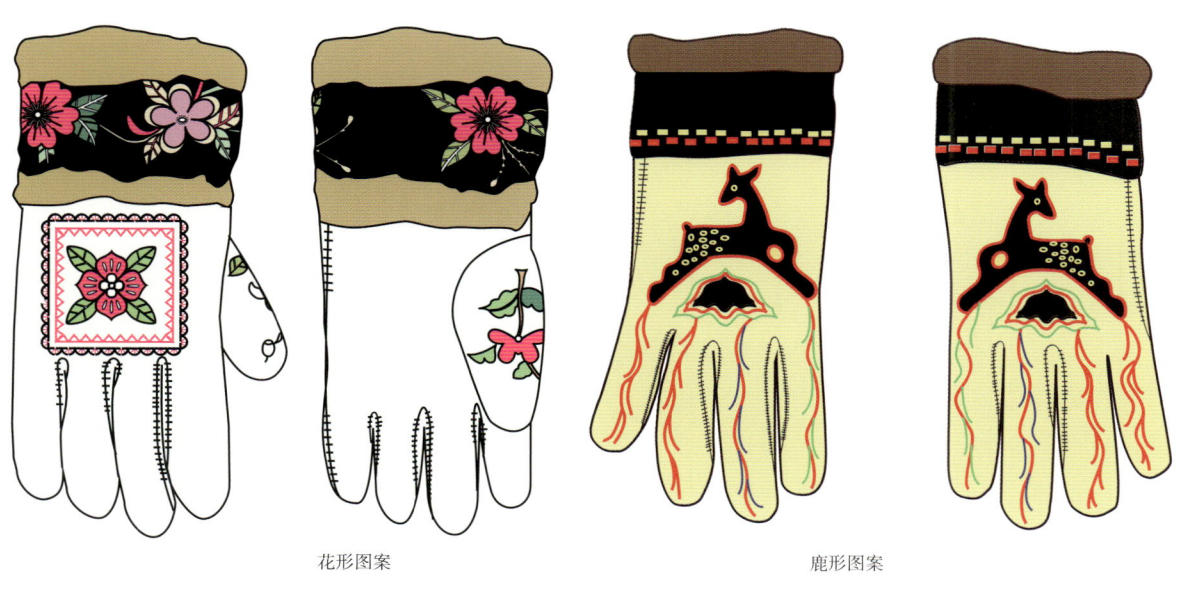

花形图案　　　　　　　　　鹿形图案

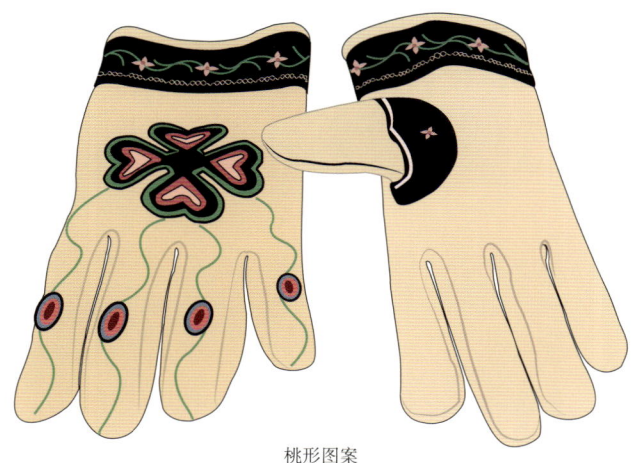

桃形图案

图一　鄂伦春族五指手套图案主图

鄂伦春族五指手套，鄂伦春语又叫"沙日比和依"或"粉巴黑"，形似现代的皮手套，是该民族制作精美的女式手套，在鄂伦春族中也作为男女之间的定情信物使用。由手闷子发展而来，将五指分开。除保暖作用外，更侧重其装饰价值。

鄂伦春族五指手套由手腕、手掌及手指三部分组成，分别运用了不同的造型方法。手套整体毛面向内，皮面向外，皮面由鹿皮或狍皮制成，毛面由灰鼠等毛制成。手腕部分用动物皮毛做装饰，并常在皮毛中间装饰一圈二方连续构成的彩绣，一方面起到装饰作用，另外也能将腕部束紧，起到防风保暖的御寒作用；手掌部分为皮制，手套背面通常饰有不同题材的绣花图案，是整个手套装饰中的主体图案；手指部分也做绣花装饰，该部分的花纹往往非常巧妙地与手掌部分图案衔接在一起。

五指手套的图案变化中有统一，点、线与面的节奏分明，韵律感较强。其中，题材选取主要涉及动物纹、植物纹与其他来自民间艺术中的现成图案。动物纹最常选取的是鹿形纹。因驯鹿是鄂伦春民族中主要的运输工具，具有高负重、耐严寒的特征，因此驯鹿被鄂伦春族人视为生活中相依为命的伙伴与帮手，每家每户均有自己的驯鹿群。在鄂伦春族人眼中，驯鹿与桦树则是与生活息息相关的事物，属于他们生命中的一部分。故鹿形纹的选取代表了鄂伦春族人对自然生物的崇拜，传递了他们对驯鹿的感情与寄托。对驯鹿形象的创造，不仅体现在具象纹样上，许多精美的图案均由鹿角造型反复变化与组合而得来。

桃形纹也是五指手套图案中常出现的艺术形象，常以十字形框架构图，由上下左右相互对称的四个桃形组成，尖角朝内，运用了向心式的图案造型法则。塑造手法又各有区别，有的用红色、绿色、紫色的线条勾勒外形，有的则有填色有线条，点、线、面的基本形式美在桃形团花纹样中均有体现。

而花形纹样更是常见图案，造型与题材最为丰富，十字形的南绰萝花是最常见的表现母题。各种花瓣的组合、团形花、蝴蝶花与各种自然界中有或无的花形均有出现。

除了主体图案外，手指部分的装饰也具有较高的审美价值，富有特色，别具一格。指关节上往往装饰有一些较小的图纹，由缠枝花或其他富有动感的曲线将其与手背部分的图案连接起来。有时，也会在指关节或指甲部位缝绣圆形彩色装饰。丝丝相连的线条则代表着手指血脉，表达了对自然与人类之间关系的理解。

色彩方面，受技术局限的影响，鄂伦春五指手套的主体底色一般只有黑、黄、白三种颜色，但同时也体现出对材料本身的合理利用。而装饰图案的色彩则丰富多样，常使用紫色、绿色、红色与黄色等艳丽的颜色，与底色形成鲜明对比，结合形式美法则，疏密有度，使这些颜色彰显出高贵典雅之感。

鄂伦春族五指手套论保暖性不及其他类型的手套，但它的使用者是鄂伦春族妇女，冬季鄂伦春族妇女主要从事纺织、炊煮等家务劳动，即使与男人一起外出打猎也主要进行做饭、后勤保障等分工，活动区域是在斜仁柱内或篝火旁，手戴五指手套外出劳动的时间短，保暖性要求较低。当今生活中，传统生活物品的使用价值发生改变，审美诉求提升，因此，既适合狩猎生活也适合农业定居生活的特征使装饰精美的五指手套不会被时代淘汰。

图片来源

图一　　　王萍、彭洁　　制图
图二至图四　王萍、崔云晶　制图
图五、图六　王萍、王佳欣　制图
图七　　　王萍　制图
图八至图十　彭洁、王佳欣　制图

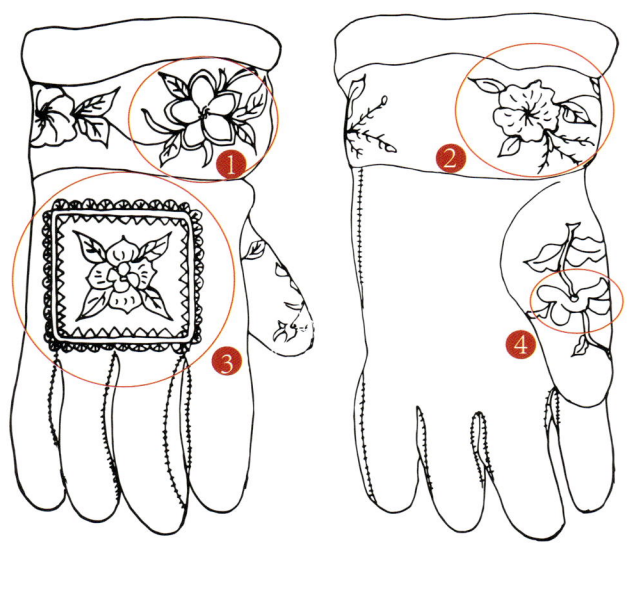

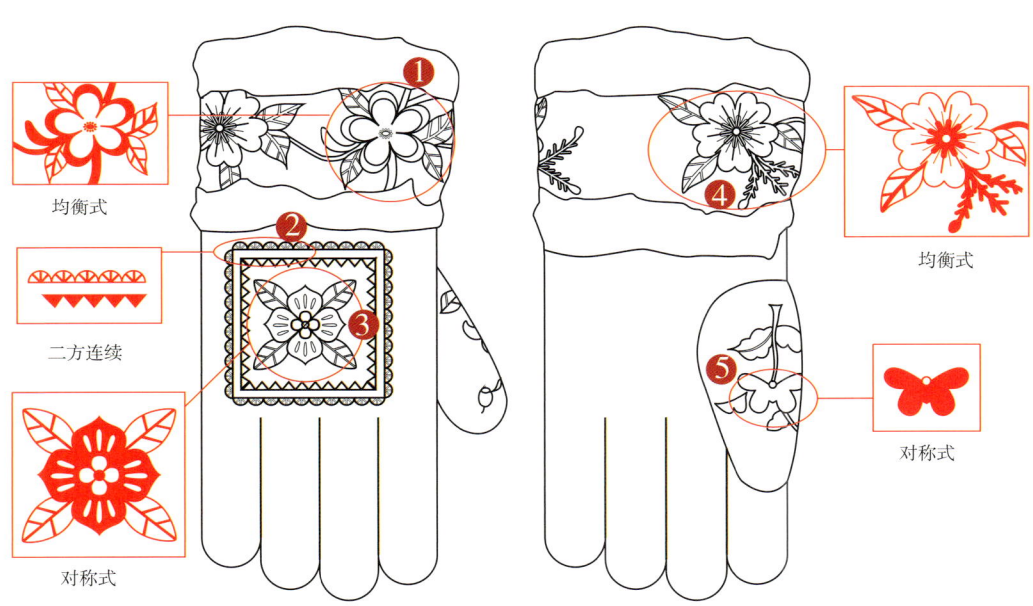

图二　鄂伦春族五指手套之花型图案单元造型分析图

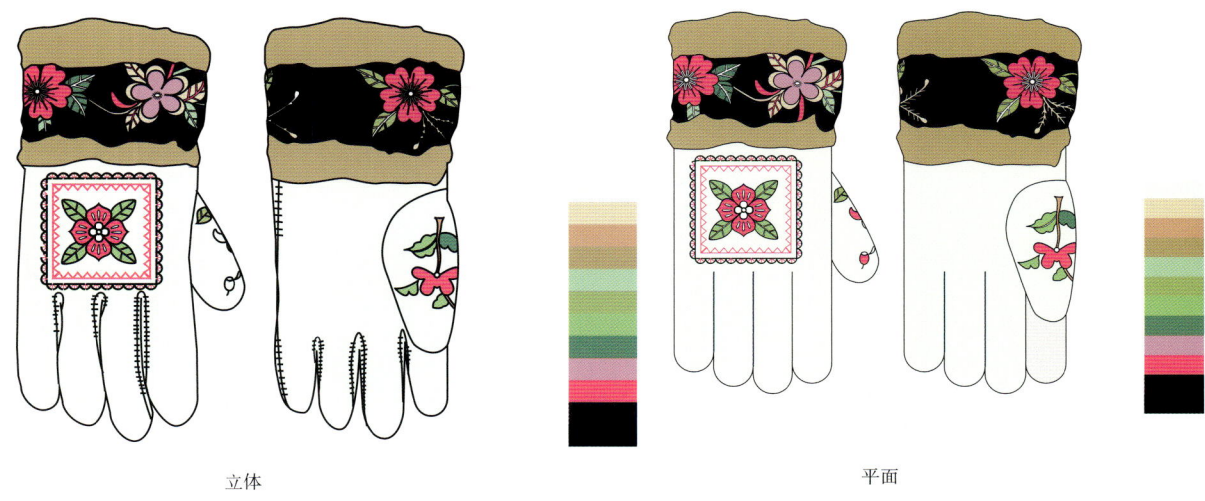

立体　　　　　　　　　　　　　　平面

图三　鄂伦春族五指手套之花形图案设色分析图

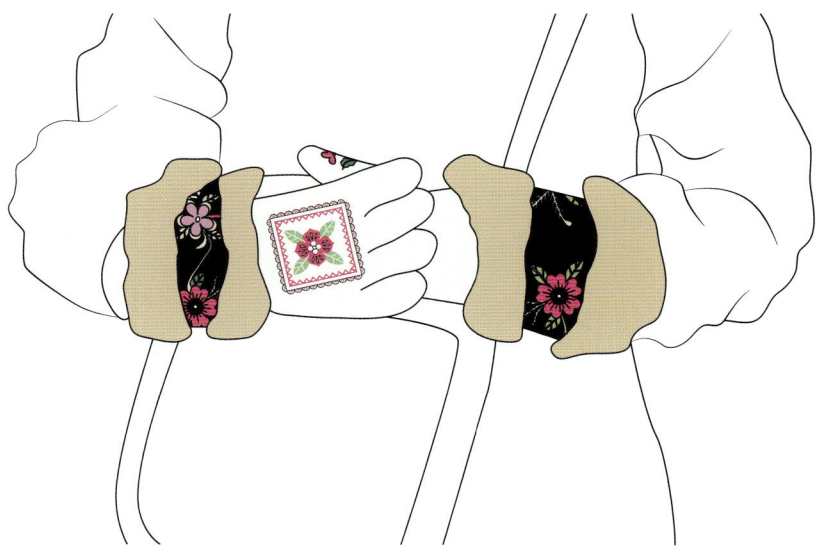

图四　鄂伦春族五指手套之花形图案佩戴效果示意图

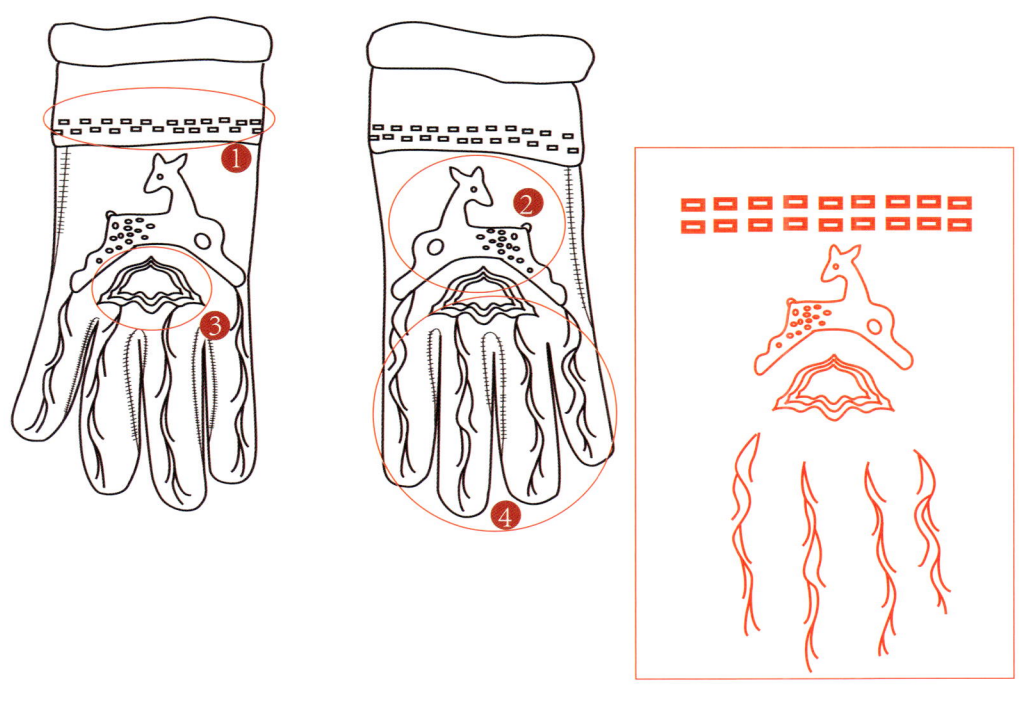

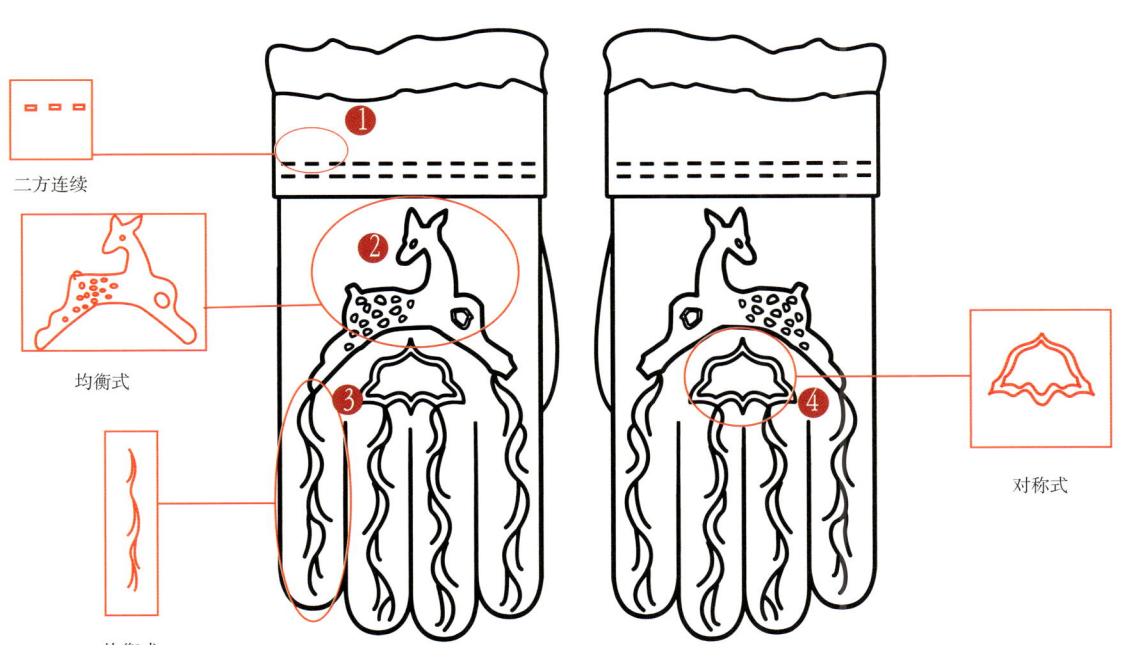

图五　鄂伦春族五指手套之鹿形图案造型分析图1

第六章　鄂伦春族传统手工艺

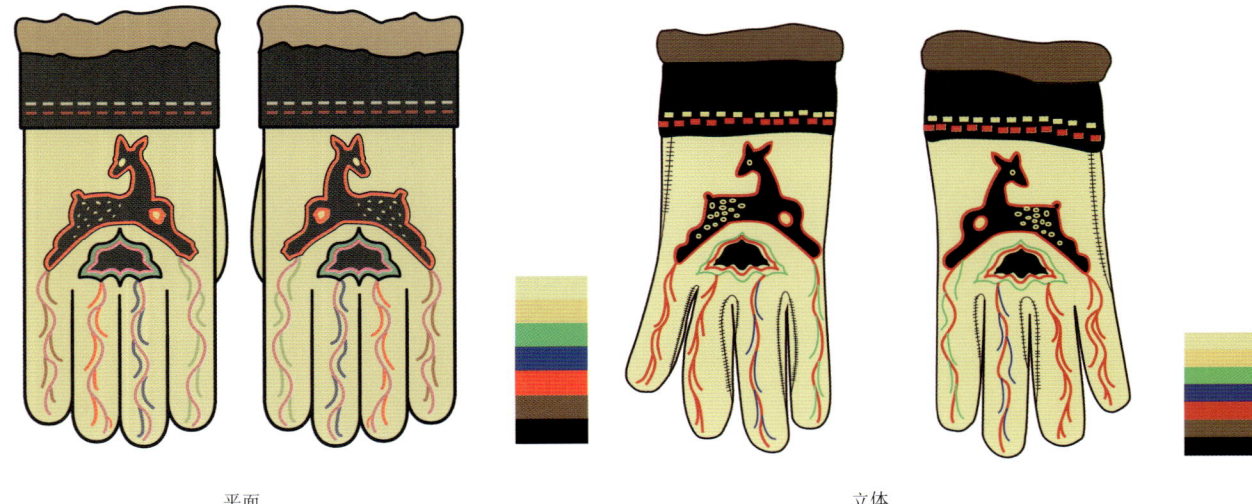

平面　　　　　　　　　　　　立体

图六　鄂伦春族五指手套之鹿形图案设色分析图

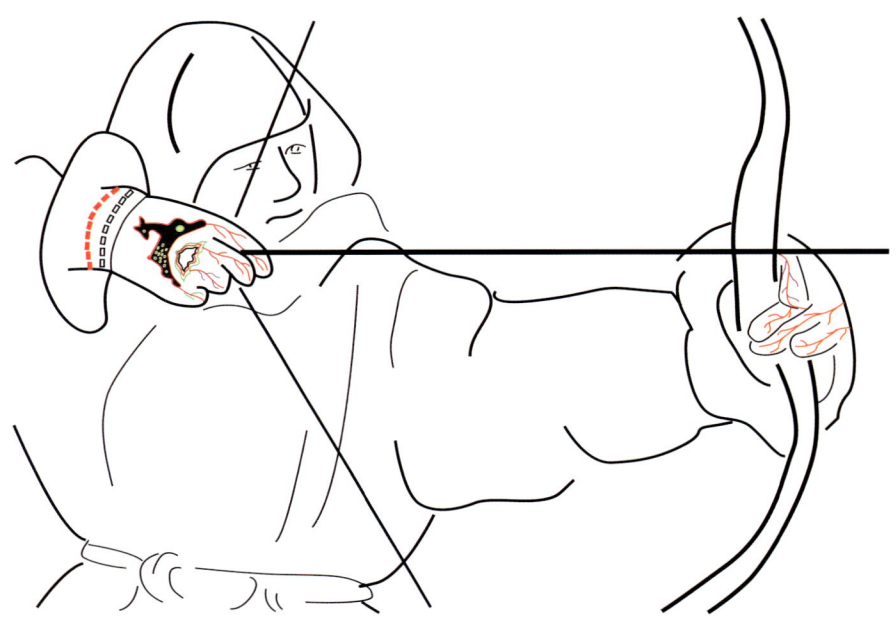

图七　鄂伦春族五指手套之鹿形图案佩戴效果示意图

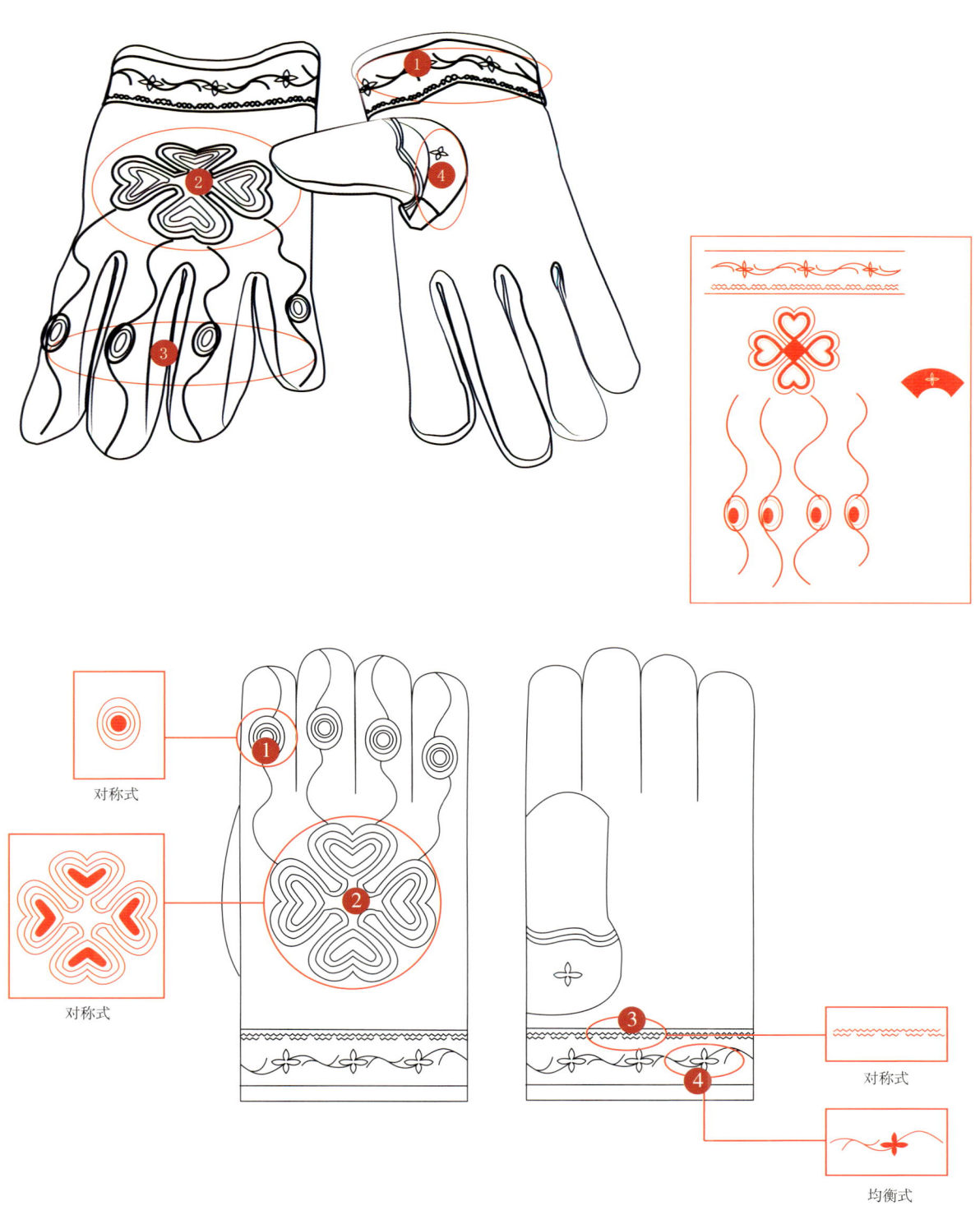

图八 鄂伦春族五指手套之桃形图案造型分析图

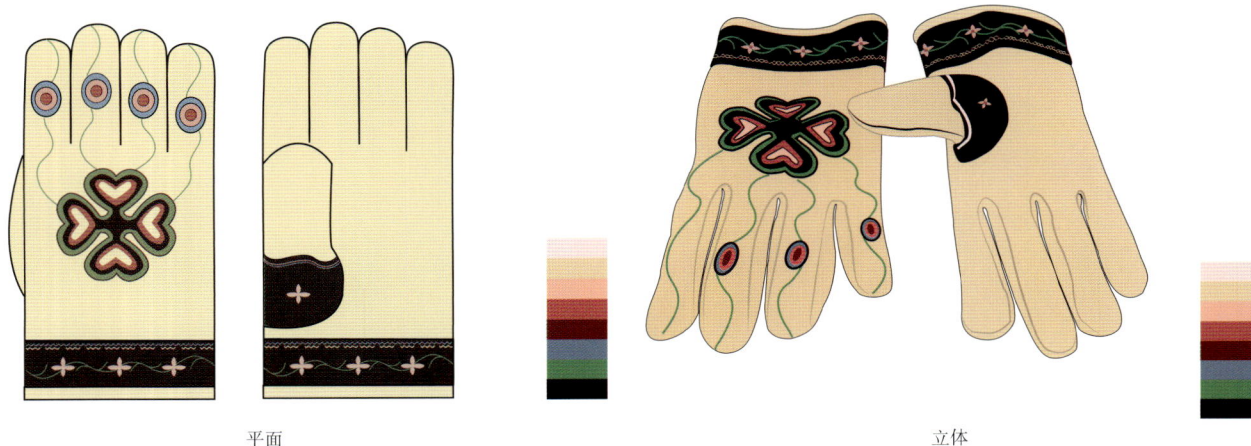

平面　　　　　　　　　　　立体

图九　鄂伦春族五指手套之桃形图案设色分析图

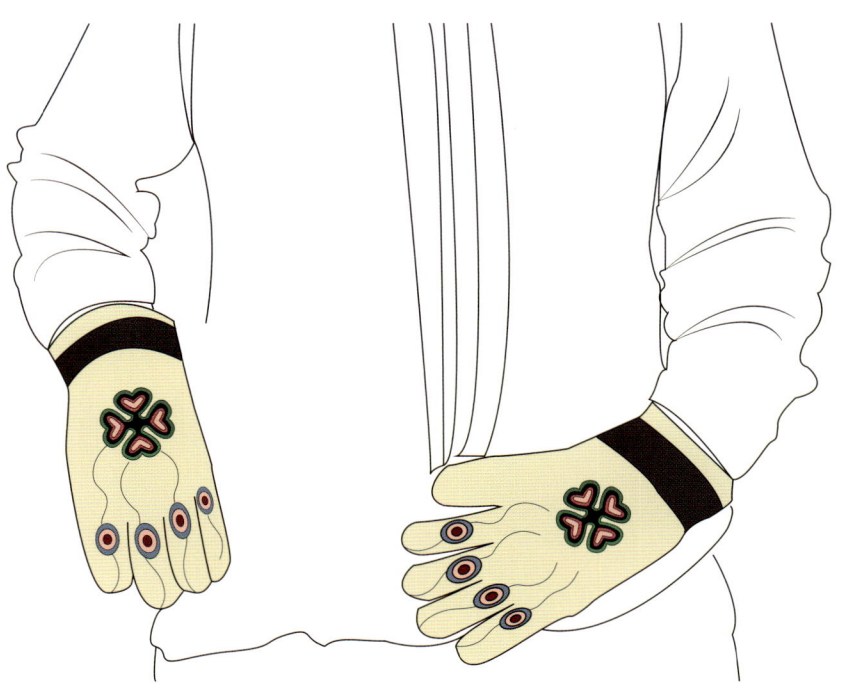

图十　鄂伦春族五指手套之桃形图案佩戴效果示意图

鄂伦春族烟荷包图案

图一 鄂伦春族烟荷包图案主图

鄂伦春族烟荷包，顾名思义，是内蒙古、鄂伦春等游牧民族男子用来放置烟草的口袋。鄂伦春语称"卡巴达拉嘎""巴达啦嘎"或"卡布吐鲁嘎"，一般分为有图案装饰和无图案装饰的两种。无图案装饰的往往是用狍子或犴的皮毛做成，而装饰丰富的则是用皮子缝制或布面刺绣制作。烟荷包从最初的以实用为主的简单造型，到外观略加修饰的美化，最终发展为后期以精美绣花或剪贴装饰为主的设计物。本文所选的案例则是侧重以装饰为主的手工刺绣烟荷包，在部分研究中该类烟荷包也被视为专门用来满足精神需求的腰佩饰物。

鄂伦春族的图案多来自剪纸，而烟荷包图案更是典型。制作时，首先选取最喜爱的颜色布料作为底布，通常选取黑色。其一，因黑色为底，缝制色彩艳丽的颜色，其视觉效果更容易凸显。其二，鄂伦春民族制作服饰时，工艺技术上更擅长染出紫黑色与黄色的布料，因此这两种颜色也是服饰中常用颜色。其三，他们认为黑色代表着吉祥如意，而黄色代表着生命与勇敢。生命离不开这两种颜色，美好的寓意赋予图案更深刻的意义。选好底布后，为了使布面更易缝绣，再用浆糊粘几层布料使其硬化。剪出需要的形状，通常有葫芦形、长条形、如意形与抽象花形等。将正反面合在一起，再用彩色的线沿边缘将其缝合。制作工艺有两面绣与单面绣，展示了绣花水平。绣花针法有平绣、网绣、补绣与套环绣等。男子将其挂在腰间，在聚会时会互相攀比。

在纹样设计上分有团花、云子卷、蝴蝶等图案。其中，来自剪纸图案的团花纹样最常被局部采用，团花纹样最大特点即是花中有花，也因剪纸时对折产生的随意效果，出现意想不到的美感。看似不经意却条理排列，对称有序。形式美感外，美好寓意也是鄂伦春民族图案制作时所追求的目的。比如，桃形二方纹样代表着心心相印，水纹象征着绵绵不断，山纹则是赖以生存的大自然的象征。这些寓意都是鄂伦春族人在长期的生活中总结出来的抽象形象，代表着该民族对图案艺术的共同创作与理解。

在颜色设计上，采用多种颜色混合搭配，但整体颜色以亮色、暖色调为主，红色与粉红色也广泛使用。这些暖色运用给人以温暖感觉，与鄂伦春族人生活环境相关。大兴安岭地区冬季漫长，颜色单一，这些暖色系颜色的运用起到调节气氛的作用。

烟荷包样式丰富，种类各异，材料迥然。最初阶段仅有毛皮一类，且兽皮均是在缝制皮衣或其他兽皮制品时剩下的边角废料，鄂伦春族妇女加以利用，精心制作成为送给丈夫或未婚夫的礼物，既体现了其朴素的实用主义价值观，又饱含了精神寄托与追求。后逐步发展到将彩色绣花工艺附着在彩色布料上的综合方法，使烟荷包从最初的实用为主转向工艺装饰的目的，也是其价值由实用到审美的体现，发展历程显示了鄂伦春族民俗文化的蓬勃之势。日渐多样的图案中蕴涵的情感表达也愈见深刻，使烟荷包成为该民族手工艺品中的经典之作。

图片来源
图一、图七、图八　安夏雪　制图
图二至图六　单诗　制图

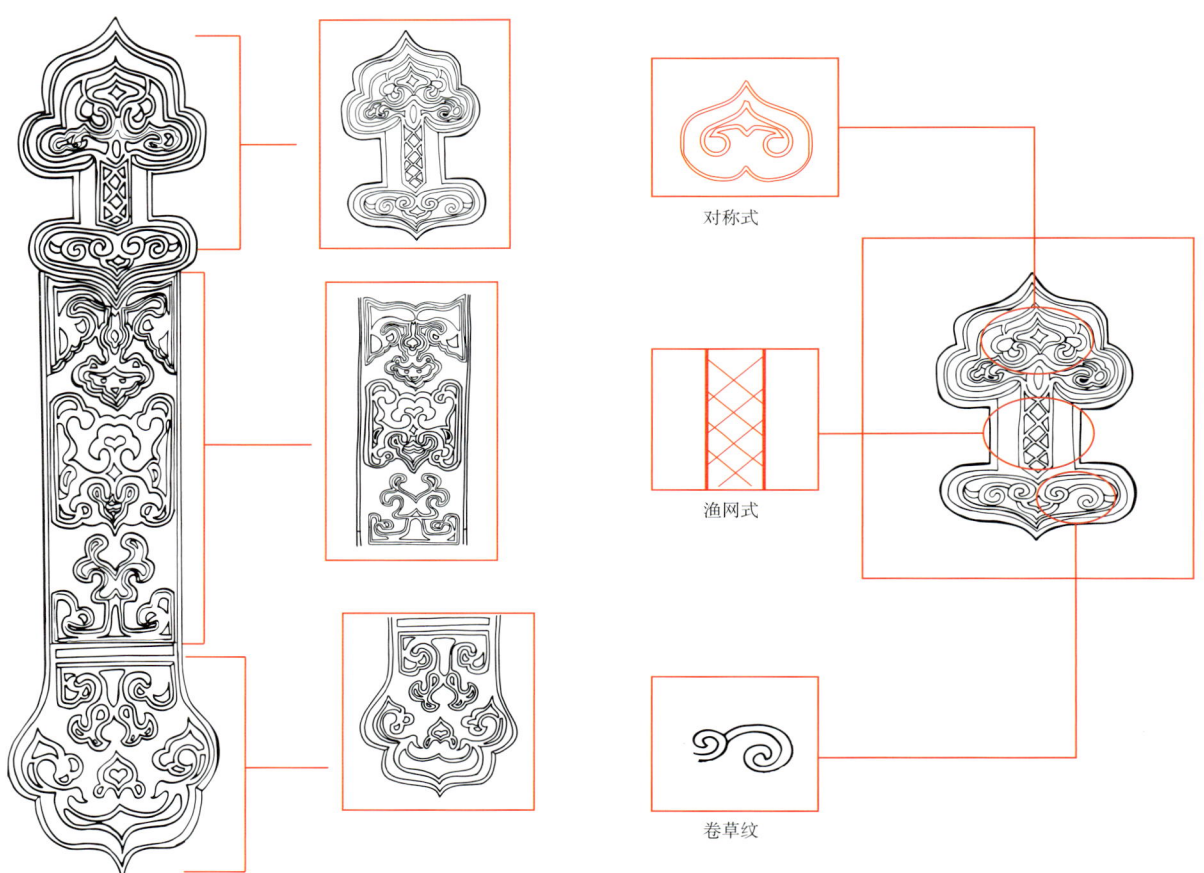

图二　鄂伦春族烟荷包图案造型分析图1

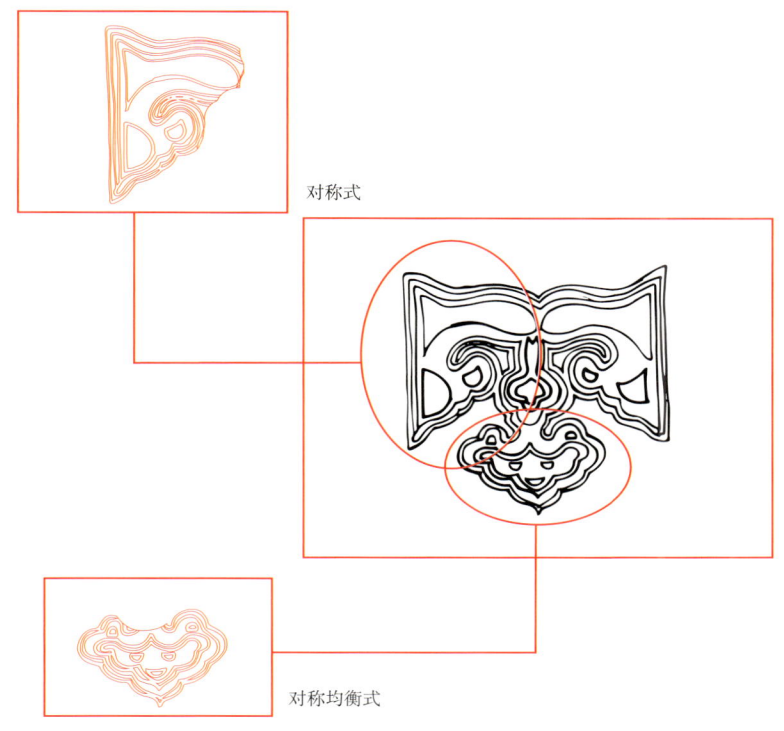

图三　鄂伦春族烟荷包图案造型分析图2

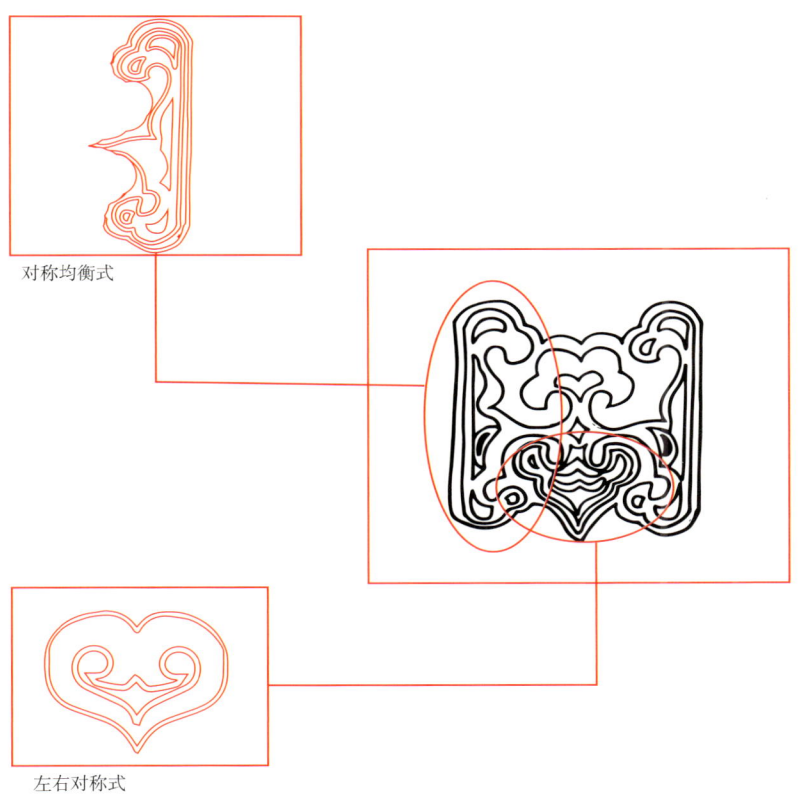

图四　鄂伦春族烟荷包图案造型分析图3

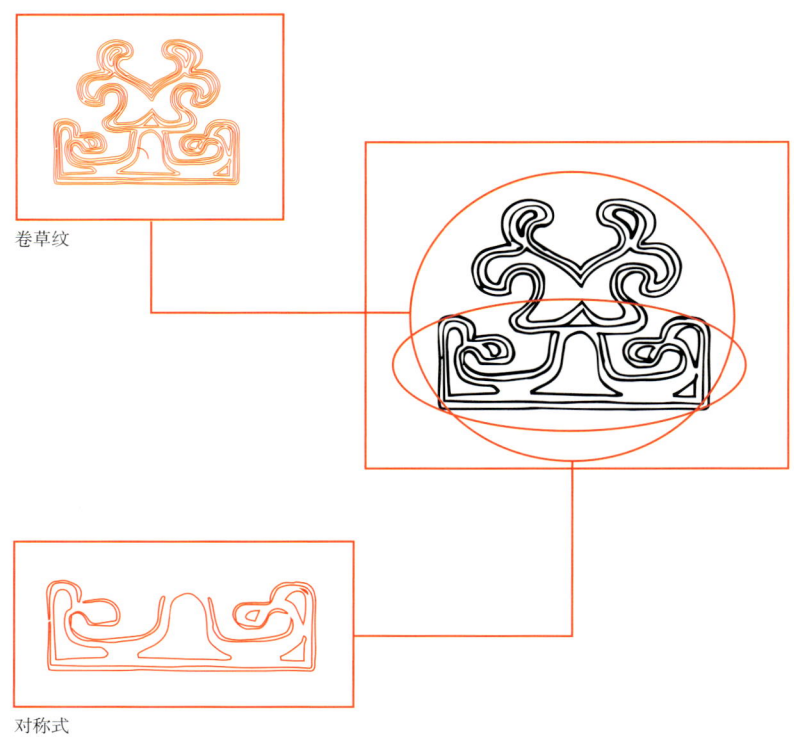

图五　鄂伦春族烟荷包图案造型分析图4

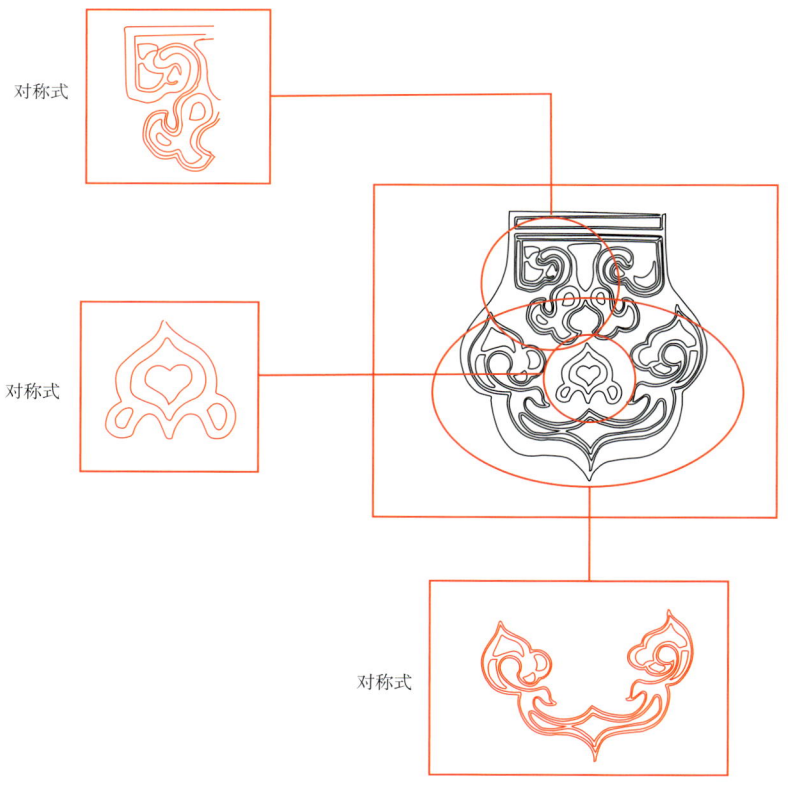

图六　鄂伦春族烟荷包图案造型分析图5

图七　鄂伦春族烟荷包图案设色分析图

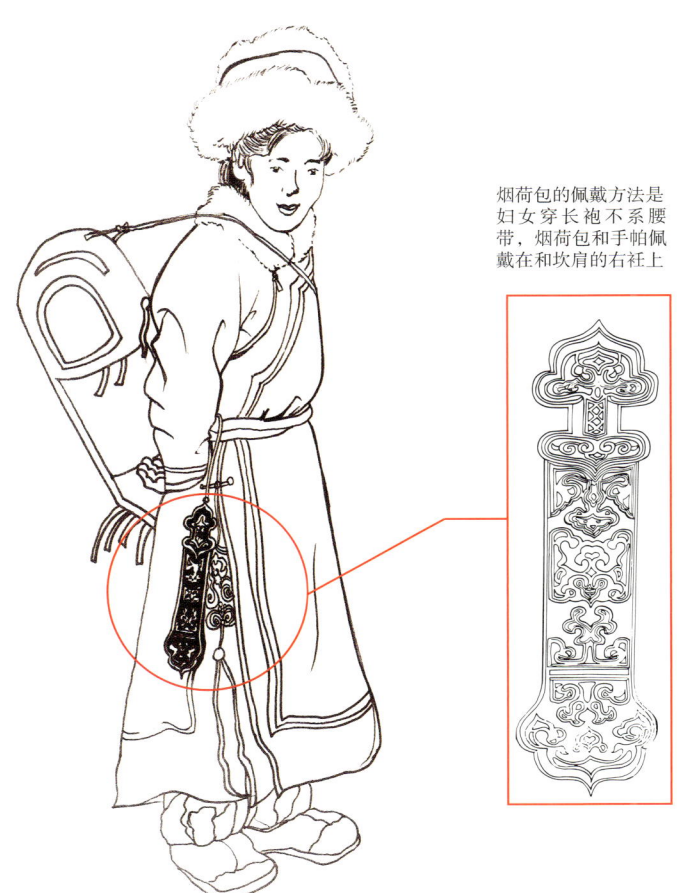

烟荷包的佩戴方法是妇女穿长袍不系腰带，烟荷包和手帕佩戴在和坎肩的右衽上

图八　鄂伦春族烟荷包佩戴效果示意图

233

第七章 鄂伦春族传统民俗和宗教造像

鄂伦春族山神白那恰

图一　鄂伦春族山神白那恰主图

"鄂伦春"意为山岭上的人，传统鄂伦春人习惯于山林中生活，鄂伦春族的先民信奉萨满教，山神白那恰是主管山林狩猎的神灵，在鄂伦春族人的心中，有着极其重要的地位，所以在鄂伦春人居住活动的山林里，会看到很多山神白那恰的形象，途经山神之时不能绕过，一定要进行祭拜来表现自己对山神庇佑的感谢。

传统鄂伦春族人每到一片山林，萨满都要选择一颗高大粗壮的树，在距离地面0.5米到1米的距离选择一块位置，然后一边祈祷一边用刀斧削去一层树皮，再用或雕刻、或碳棒绘制的方法表现出山神的眼睛、鼻子、嘴来完成山神的形象，这样就代表着他们与山林共同沐浴在神灵的庇护之中，从而得到神灵的保佑。但更多鄂伦春族人现在供奉的白那恰神像，是猎人在狩猎过程中随时制作完成的，这也正好说明了我们能看到许多大小不同、位置不同的山神形象的原因。

对山神白那恰的祭拜是很广泛的，每次出门打猎前，猎人都会对山神白那恰进行祭拜，以求得山神赐予好运，从而获得猎物，在打到猎物之后，他们便认为这是山神的庇佑和恩赐，通过把猎物的油脂或者兽血涂抹在山神的嘴上，来请求山神享受祭品的香气，从而再赐给他们更多的好运气和猎物；同样的，当多日打不到猎物，猎人们也会到山神面前诉说委屈，在没有其他祭品的情况下，还会用给山神敬烟（将点燃的香烟敬送到山神嘴里）、敬酒（用手指蘸酒，并向上弹手指）的方式来表达敬意。

在日常生活中，鄂伦春族人也有敬奉山神白那恰的习俗，逢年过节，鄂伦春族的男人、女人都会带着精心准备的祭品来祭拜山神，点燃松枝和爬山松香，把神像用火熏过，再摆上酒肉贡品，然后对山神进行叩拜。

由于地域的差异和时代的更迭，白那恰的形象并不是一成不变的。从五官分析图中可以看出，无论是雕刻制作还是绘画制作的山神，白那恰多为男性形象，有的绘有浓密的胡子表现为中老年男性的样子；有的只是单纯由人像五官组成，看起来非常概括和年轻；还有的是在人像五官的基础上在山神的左右脸颊各绘一个狭长的椭圆形，以代表适逢山神的小鬼形象；脸孔的大小和位置的高低也多是根据山林中的树木所决定的。

对山神白那恰的祭祀，实际上就是鄂伦春族人对大自然的图腾崇拜，而将山神的形象刻在大树之上，又表示着人们对大自然力量的敬畏之情。

图片来源
图一　霍雯　制图
图二　马江浩　制图
图三至图六　张鹏　制图
图七至图十　霍雯　制图

图二　鄂伦春族山神白那恰尺寸图（单位：cm）

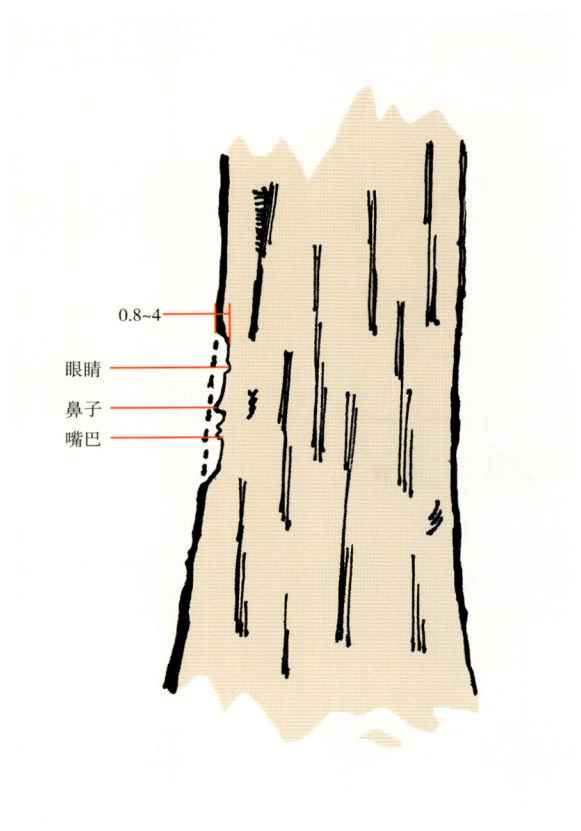

图三 鄂伦春族山神白那恰立体雕刻侧面结构名称图
（单位：cm）

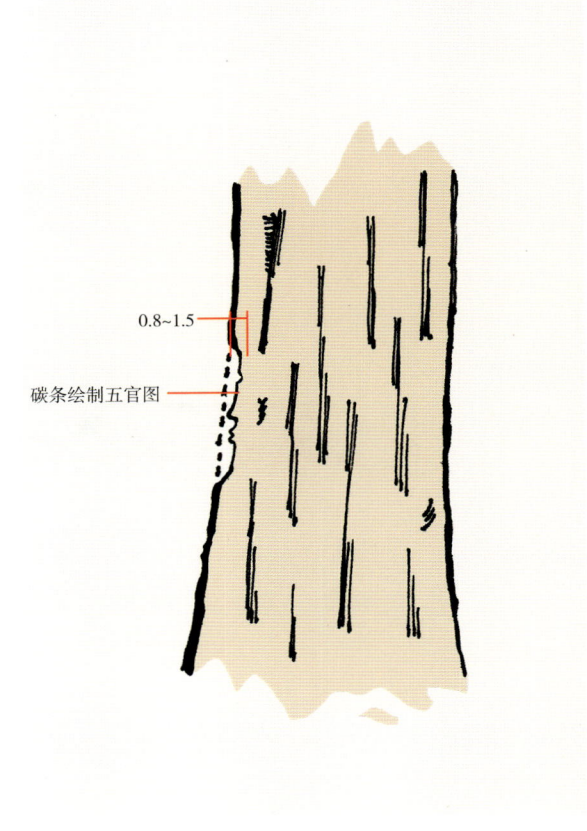

图四 鄂伦春族山神白那恰平面绘制侧面结构示意图
（单位：cm）

图五 鄂伦春族人跪立祭拜山神白那恰视点示意图（单位：cm）

图六　鄂伦春族人站立祭拜山神白那恰视点示意图（单位：cm）

图七　鄂伦春族人绘制山神白那恰情境图

图八　鄂伦春族猎人为山神白那恰敬酒情境图

图九　鄂伦春族猎人为山神白那恰敬烟情境图

图十　鄂伦春族妇女祭拜山神白那恰情境图

鄂伦春族萨满

图一　鄂伦春族萨满主图

鄂伦春族人相信萨满是沟通人和神之间的联结纽带，自己的意愿和神的旨意可以通过萨满来传达。随着社会的发展和科技的推进，在今天，萨满作为一种宗教历史文化现象而继续存在。鄂伦春族萨满教有着自己独具特色的祭祀方法和祭祀用具，下面将从萨满法具、萨满跳神两个方面来进行简要的介绍：

萨满法具：鄂伦春族萨满的法具主要有萨满神帽、萨满神衣、萨满神鼓这几个部分组成。萨满神帽外形是圆的，有的是明黄色，有的是纯黑色，帽子内有用厚皮子制成的约一厘米厚的帽骨架，并衬有帽衬，帽子正中央有驱邪用的铜片，在帽角的尖端系有小铜铃和各色的飘带，帽檐的前脸垂有长的串珠或者穗子，能挡住面部。萨满神衣也是鄂伦春族萨满很有特色的部分，用驼鹿或者是狍子的皮制成，长度过膝，在胸口、领口、袖口都缀有花纹，上面还用贝壳纽扣等进行装饰，在衣服的前襟后背都挂有许多铜质的镜盘，衣服的下襟则缀满一圈彩色的飘带，飘带上依然缝制着各种花纹,在跳神的动作中飘带纷飞且会伴有叮当的响声,以辅助萨满祭祀的神秘气氛。萨满神鼓由手鼓和鼓槌组成,手鼓是单面鼓,用驼鹿或者狍子的皮退毛后绷在木板弯折制成的圆形骨架上,背面是用绳子绷成的把手,鼓槌长约30厘米,也是用木棒裹上绷紧的动物皮,鼓槌下端绷上鹿筋和彩色飘带,和手鼓共同使用。

萨满跳神:在鄂伦春族传统习俗中,萨满跳神很常见,因为无论是家里有人久病不愈、家里有人外出长时未归或者在祭祀的时候,都会请萨满来跳神,在现代鄂伦春族人的生活中,萨满跳神也依然存在,大多是见于祭祀的时候,表达鄂伦春族人对自然神明的敬仰。请萨满跳神,要有村民提前去帮忙,准备好祭祀时的祭品、萨满的坐垫"塔绕兰"、萨满二神(萨满的助手)的位置、篝火等。当祭祀开始时,首先点燃篝火,然后萨满便身穿神衣头戴神帽、左手持神鼓右手握鼓槌,坐在"塔绕兰"上面闭着眼睛开始唱诵请神,当萨满全身开始抖动,则说明神已降临,这时便可以由萨满代村民问询事情或者代替神明接受鄂伦春族人的敬酒,期间会伴随着全身的舞动和有节奏的击鼓,这样身上头上的铃铛、铜镜会因撞击在一起而叮当作响,非常好地营造出神明降临的神秘氛围。当跳神即将结束时,萨满唱诵声音渐息、跳神的动作渐止,说明神明即将离开,这时需要一名或多名鄂伦春族大汉走上前,准备当萨满倒地时接扶萨满,此时也意味着跳神仪式的结束。

图片来源
图一至图五 霍雯 制图

图二 鄂伦春族萨满服饰名称图

萨满击鼓请神　　　　　　　　　萨满跳神

萨满敬酒　　　　　　　　　　萨满仰倒祭祀仪式结束

图三　鄂伦春族萨满跳神流程图

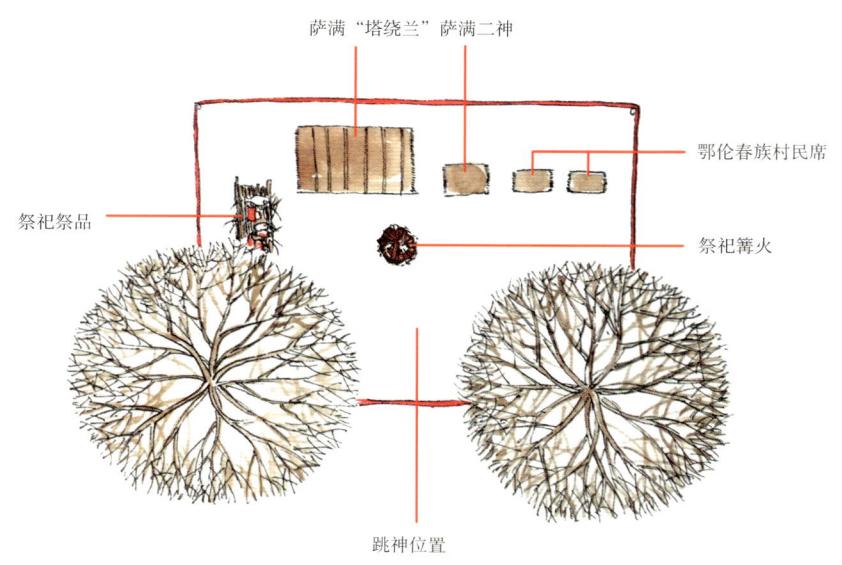

图四　鄂伦春族萨满祭祀位置示意图

图五　鄂伦春族萨满祭祀祭品情境图

鄂伦春族占卜

用烟熏猎枪　　　　　　　用烟熏斧头

将斧头摆在枕头上祈祷　　　单手举起斧头

图一　鄂伦春族第一种占卜方法示意图

鄂伦春族人崇拜自然神，如日神、月神、火神、雷神等，很多事情都会通过向神灵祷告的占卜方法来征求神灵的意见，然后根据占卜给出的指引进行，例如有病人生病、猎人外出未归、祈求猎物增多或者丢失了马匹等事情，鄂伦春族人都会进行占卜，鄂伦春族主要的常见占卜形式有以下几种：

第一种占卜方法是要用到猎枪和斧子的占卜，首先用木棍搭成架子，将猎枪或者斧子架在、吊在架子上，在架子下方点燃火堆，用火堆冒出来的烟来熏猎枪或者斧子，然后将猎枪或斧子放在斜仁柱内的枕头上，然后祈祷者一边将一只手握住枪柄或者斧子柄，一边默默低头跪地祷告祈求，祷告结束后，试着用一只手举起猎枪或者斧头，如果很轻松便能够将猎枪或斧子举起，说明所问的事情能够达成，即问对了，例如祈祷时问生病的人是否是因为某一位神灵在作祟，如果能够轻松将斧子或者猎枪举起，祈祷着就要向这位神明祈祷和叩拜，以求生病的人能够早日康复；如果不能轻易的举起猎枪或者斧头，则还要继续的祈祷，继续的尝试举起斧子或猎枪，直到能够轻松的将斧子举起来为止。

第二种占卜方法是水盆占卜法，鄂伦春族人是狩猎民族，如果多日没有捕获到猎物，便会在斜仁柱外面摆放一个洁净的水盆，在盆中注入清水，并对着月神跪地祈祷占卜，请求月神的帮助，多赏赐一些猎物给猎人，第二天再去查看，据说水盆中有动物的兽毛则说明今天出猎就一定会有收获，没有兽毛则说明今天依然不会有猎物，并且水盆中有哪种动物的兽毛，那当天的猎物便会是哪种动物。

第三种常见的占卜方式是立筷子占卜法，作法是一边将一根平头的筷子立在盛满水的碗中并一边向神灵默默祈祷，如果筷子能够立在盛满水的碗中，便说明所求能成，如果筷子立不住则表达所求未果，这是一种妇女会使用的占卜方式，现在这种占卜方式已经不常见。

最后一种占卜方法是传统的骨卜，骨卜是鄂伦春族人进行占卜的一种形式，主要是用动物的肩胛骨（哈拉巴）来进行占卜，问卜的内容几乎无所不包。占卜的时候需将野兽肩胛骨上的肉吃掉，然后将卜骨上的肉剔除干净，接着就将卜骨放进火里去进行烤焙，最后根据烤焙后卜骨上所呈现出的形状、特征及烤焙后裂纹出现的部位、裂纹的走向来判断吉凶祸福，如果卜骨上面的骨缝是顺荏的并且清晰，那就说明祈祷的事情一定能够很顺利，反之则说明不顺利。

无论是上文提到的哪一种占卜方法，都体现着鄂伦春族人对大自然和对自然神灵的崇拜，通过最简单直接、也是最淳朴的方式表达着他们对生活的期盼和祈求。

图片来源
图一至图四 霍雯 制图

桦皮盆中出现 动物毛
图二 鄂伦春族第二种占卜方法示意图

将平头筷子立在碗中
图三 鄂伦春族第三种占卜方法示意图

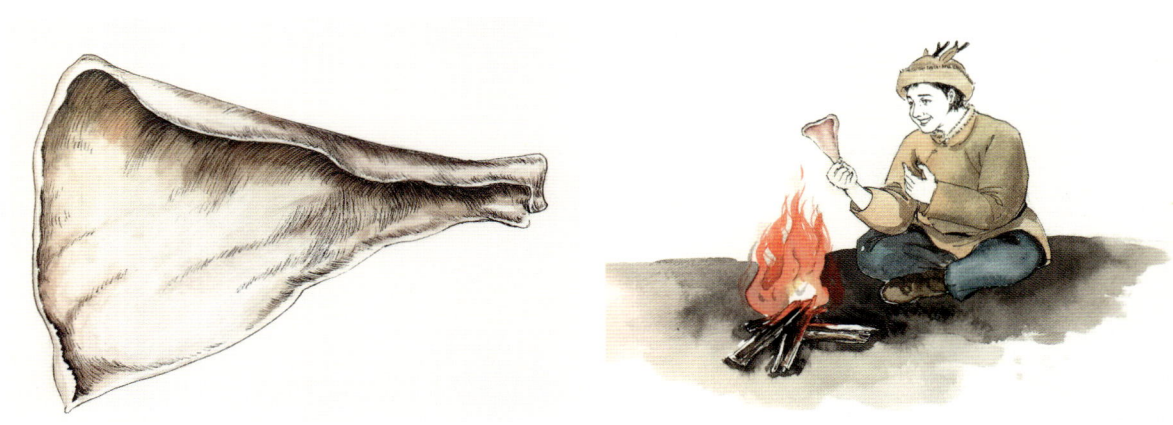

剔除干净的动物肩胛骨　　　　　　　　祈祷后将肩胛骨用火烧

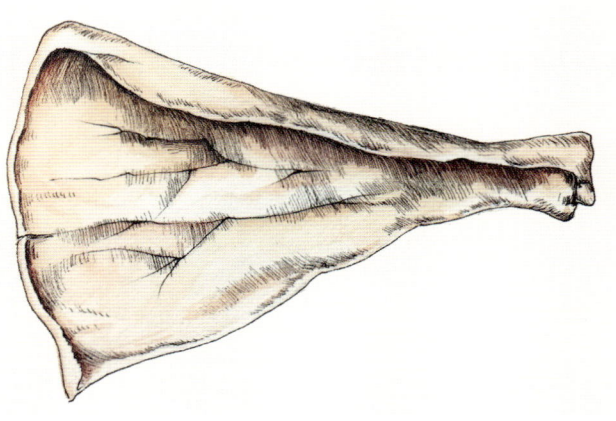

肩胛骨上的占卜预示

图四　鄂伦春族第四种占卜方法示意图

鄂伦春族祖先神偶像

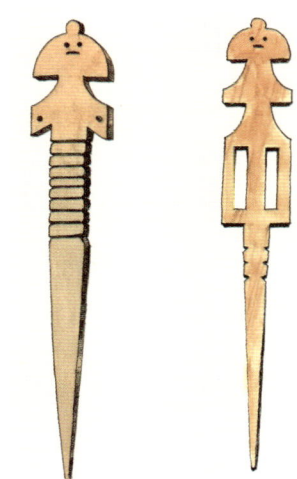

插在木座上的祖先神偶像　　　　　　　　　　　　松木刻祖先神偶像

挂在斜仁柱内的祖先神偶像　　串联吊挂祖先神偶像　　男女成对的祖先神偶像

连接成一排的祖先神偶像

图一　鄂伦春族祖先神偶像主图

鄂伦春族人对祖先非常崇敬，他们通过供奉和祭拜祖先神偶像来崇拜祖先。祖先神，在鄂伦春语里称为"毛木铁"，是鄂伦春族人根据自己的想象，通过意向表现的手法，选用桦木或松木雕成的各种神偶像，其形态各异、千奇百怪，规格大小不一，但为了方便携带和祭拜，鄂伦春族的祖先神偶像的体积都不是很大，其特征与表现形式大致有以下四种：

第一种是木质雕刻的祖先神偶像，这种偶像只雕刻上半身头像，造型非常简单洗炼，采用厚度2厘米~3厘米的木板削刻而成，是高度5厘米~10厘米的一组简易人形。雕刻完成后在头部用墨绘有简单的眼、鼻和嘴的形象，下部为尖状形可以插到做好的木座上。这种偶像是由多个站立状排插在一尺多长的木座上端小孔里的小人像组成的，整个木座长20厘米~30厘米，每个木座上有6~10个偶像；也有类似成排的祖先神偶像不用木座，只是单纯的像剪纸中的人物一样并排连成一串，同样进行摆放和祭拜。

第二种祖先神偶像也是由木雕制成，高15厘米~20厘米，用墨线勾勒出简易的眼睛、鼻子和嘴等，头部以下的躯干和手脚部分被抽象地雕刻成几何形状，有的镂空出长方形的空白，有的则分隔成均匀的节段，但最末端都是削成细长的尖状。因突出头部，所以头部显得略大，但整体比例关系很协调，头部顶端雕有方形或尖形的发髻。神偶像制作成型后，用狍皮包裹偶体或者用绳子挂在斜仁柱内。这种木雕祖先神偶都是成对的，没有明显的男女区分，但是具有非常明显的狩猎民族特征。

第三种祖先神偶像在体量上稍大一些，神偶像高度都在20厘米左右，眼、口、鼻、手和脚俱全，男性神偶头顶较为平整，女性神偶头顶则是尖状发髻造型，有的男性神偶像还描绘有胡须，这种神偶像也是男女成双的，还会在神偶像的颈部、腰部裹上兽皮，装饰成衣服。平时多装在桦树皮制成的神龛里。

第四种是单个的神偶像，每个神偶像高约25厘米，这种神偶像不仅是眼、耳、口、鼻俱全，雕刻的工艺也非常讲究，相比其他种类祖先神偶像简易的剔除雕刻加墨绘的方法，这种祖先神偶像的雕刻方法更接近于雕刻中圆雕的表现手法，所以五官更加生动，也最接近人的真实形体。神偶身着布或皮衣，有的四肢还能够活动，平时会将几个神偶像串联起来挂在斜仁柱内进行供奉和祭拜。

祖先神偶像的形象众多，姿态各异，不仅体现了鄂伦春族的祖先崇拜精神，更体现了比较高的雕刻水平和意向表现能力。从这些形象各异的祖先神偶像中可以看出，祖先崇拜在鄂伦春族人的生活中占据着重要的地位。

图片来源
图一至图五　霍雯　制图

图二　鄂伦春族插在木座上的祖先神偶像尺寸图（单位：cm）

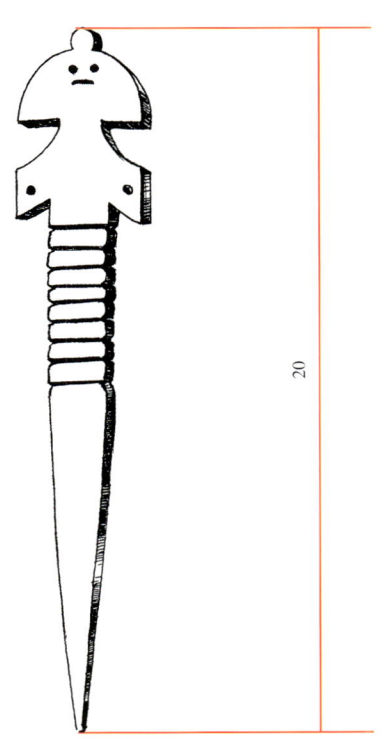

图三　鄂伦春族松木刻祖先神偶像尺寸图（单位：cm）

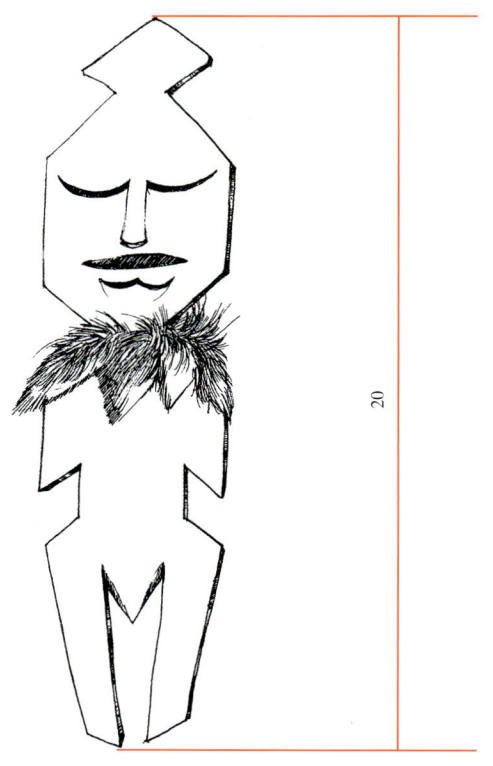

图四　鄂伦春族男女成对的祖先（女性）神偶像尺寸图（单位：cm）

图五　鄂伦春族串联吊挂祖先神偶像尺寸图（单位：cm）

鄂伦春族婚俗

图一　鄂伦春族婚俗主图

　　鄂伦春族比较流行指腹为婚和定娃娃亲，没有指腹为婚和定娃娃亲的男子到了婚龄就要请一位能说会道、辈份不高的中年妇女充当媒人，携带酒肉前去女方家求婚。因为是初次去，而且是骑马去，故被称为马镫酒，女方父母即便十分赞同这门婚事也不会一次求婚就答应，媒人需二三次上门求婚，三次求婚仍不答应说明求婚失败，如果媒人观察到女方父母心有所动，便立即给女方父母磕头敬酒，女方父母接了酒杯则说明求婚成功。

　　求婚成功以后，男方要择时到女方家举行认亲仪式，由媒人、男方母亲或婶婶、男方本人携带酒肉前往女方家宴请女方亲属，男方本人给女方所有长辈敬酒磕头，即所谓认亲。认亲当晚可同房，一位已婚妇女为他们铺床，就寝前还要让他们共用一副筷子吃一个碗里的老考太（粘稠的肉粥），老考太象征夫妻恩爱、白头偕老，共用一副碗筷代表两个人同心协力、同甘共苦。认亲仪式过后男方本人要留在女方家效力一段时间。

　　认亲仪式过后，男方父母和媒人要专程到女方家，商量彩礼的数目和送彩礼的日期，到了送彩礼的日子，男方本人由父母和媒人陪同到女方家送彩礼，彩礼中马匹、野猪肉和酒是不可或缺的，野猪肉象征离娘肉，除了商定好的彩礼外，有的地方还要送半个野猪头，寓意婚姻程序尚在半途中，举办婚礼的时候再送上半个野猪头，说明这桩婚姻圆满缔结，送来的彩礼要先请女方父母过目，满意则收下，不满意还要另行调换，所谓满意不满意主要是指马匹，所以彩礼一到，女方家族的小伙子都要争相骑上彩礼马溜一溜，还要牵出自家的马匹来比拼，收下彩礼后，女方家设宴款待亲家，男方本人此时给女方父母磕头，算是正式拜见岳父岳母，送彩礼的同时要商定婚礼的日期。

婚礼日期一旦确定，女方家开始为女儿准备嫁妆，因为嫁妆属于女方私有财产，为了让女儿在婆家多一些经济主动权，女方父母尽力多备陪嫁品，最主要的嫁妆是马匹，无论嫁妆多少，一个做工考究、被称作阿达玛勒的桦树皮嫁妆盒必不可少，箱盒中央点刺的南绰罗花纹，象征夫妻相伴、团结美满，箱盒边沿和盒子四周的图案，鄂伦春族语称奎热格音，它代表着娘家对女儿的告诫，出嫁的女子要忠于丈夫，不能随便超越规范。

婚礼前男方要制作新铺盖和新郎新娘的婚礼服，还要准备充足的猎物和酒，到了婚礼的日子，男方亲属要组成一个声势浩大的接亲马队，前往女方家迎娶新娘，女方家也要组织一个马队出迎男方接亲的人，双方队伍碰头以后，要举行一次别开生面的赛马活动，这也是两个部落的实力较量。新娘的父母不参加女儿的婚礼，由新娘的其他亲属组成的送亲队伍与接亲队伍簇拥着新娘前往男方部落，与此同时，新郎带人在中途点燃篝火等待接送亲队伍，接送亲队伍来到篝火处小憩，双方请来的歌手，双方父母的代表库达（亲家）、库达乎（亲家母）对歌，对歌内容是男方表示要接走新娘，女方千方百计的进行阻拦，正热闹间，新娘故意逃走，新郎追赶，然后手拉手返回，有些地方新娘逃跑是在将新娘迎进门时进行，其用意在于告诫男方，我家姑娘不是随随便便就能娶到手的，将来必须要重视她。娘家人一男一女将新娘扶上马，然后将马缰绳交给新郎，一男一女预示将来儿女双全。

新娘进门的时候要从马鞍上跨过，表示一辈子骑马过日子，也预示一辈子平平安安，进门以后，新郎新娘站在门西侧，新郎的嫂子给他们一人喂一口加了糖的荤油，意思是甜甜蜜蜜、白头到老，然后新娘还要迈过一小堆篝火，以示驱赶从娘家带来的邪晦。在斜仁柱内由穆昆达主持拜父母拜长辈，新郎新娘向每一位客人敬酒行请安礼，平辈的要还礼，穆昆达还要带领新郎新娘祭祀火神。

次日晨，新郎新娘跪拜初生的太阳，祈求太阳给他们温暖让他们幸福，嘎仙洞祭祖是定居以后住在鄂伦春旗的人新加进的一项婚礼内容，请祖先保佑一对新人事业有成、生活美满。

送亲队伍返回，为新娘父母捎回一份最好的婚礼酒肉，新郎新娘向娘家送亲人敬酒送别，在送别的聚会上还流传着一个抢酒杯的习俗，娘家人抢走酒杯离开，婆家人要千方百计追赶抢回酒杯，否则会被认为无能。

图片来源
图一至图十　霍雯　制图

图二　鄂伦春族婚俗之媒人带礼物上门求亲情境图

图三　鄂伦春族婚俗之认亲后新郎新娘共吃老考太情境图

图四　鄂伦春族婚俗之已婚妇女在斜仁柱左侧奥路为新郎新娘铺床情境图

图五　鄂伦春族婚俗之女方送亲队伍情境图

256

图六　鄂伦春族婚俗之女方送亲队伍将缰绳交到新郎手中情境图

图七　鄂伦春族婚俗之新娘进门时要从马鞍上跨过情境图

图八　鄂伦春族婚俗之新娘从篝火上跨过情境图

图九　鄂伦春族婚俗之穆昆达带领新郎新娘祭祀火神情境图

图十　鄂伦春族婚俗之嘎仙洞祭祖情境图

鄂伦春族风葬

图一　鄂伦春族风葬主图

传统鄂伦春族人的丧葬形式比较丰富，主要有风葬（也称树葬）、土葬和火葬。其中最有特色的便是风葬。风葬，顾名思义，让逝者的遗体"葬于风中，随风而逝"，而风葬的形式又可分为树杈卡尸葬、吊棺葬和抬棺葬等多种类型。

树杈卡尸葬仅限用于死去的婴孩，首先将婴儿的尸体用干净的水清洗过，用棉布或者棉被包起来，再用桦树皮进行最外层的包裹，在树林中找一个一人左右高度的树杈，将包裹好的尸体卡放在树杈上，即完成树杈卡尸葬；吊棺葬和抬棺葬的做法相对复杂一些，盛殓遗骨的器物为桦树皮或者木板制成的船型棺，在吊棺葬中，首先要找四棵距离相近的树，在每棵树一人高度左右的位置用绳子的两端分别系在船型棺下的木板和树干上，这样四条绳子就可以吊起两根横向木板，最后将船型棺放置在两根横向木板上就是吊棺葬的形式；抬棺葬的形式最为复杂，虽然都是将船型棺抬架支撑于树干上，但是表现为两种形式：其一是找两棵相邻距离为一人高度左右的树，将两棵树一人高度以上的树冠等其他部分砍掉并找平，在树干的中心开出一个槽口，使两棵树干上的槽口平行,然后在槽口中分别放置横向的木板,使树干和木板呈现"T"字型,最后将船型棺放置在两块木板之上,即完成抬棺葬;另外一种抬棺葬的形式和第一种抬棺葬的形式很像,不同之处是需要四棵树木才能完成,找到相邻并基本位置呈长方形分布的四棵树,在一人高度的位置由长方形内部开水平方向的槽口,不需要将树冠等部分去除,在开好的水平槽口中两两放置木板,即两棵树之间放置同一块木板,木板需要有一定的宽度,用四棵树架好两块内向的平行木板后,将船型棺放置在上面即完成抬棺葬。

结合上面的叙述我们可以看到,无论是树杈卡尸葬、吊棺葬还是抬棺葬都是用棉布、树皮、绳子或者木板这种天然的材料来完成,但是这些天然的材料经过长时间在大自然中的放置都会慢慢被侵蚀老化,当绳子或者木板破损之后,架吊在上面的船型棺便会掉落在地面上。所以,在鄂伦春族的风葬习俗中,逝者的亲属要在一段时间后去逝者风葬的地方捡拾掉落的船型棺和船型棺破损后掉落出的逝者遗骨与遗物,然后再一并将这些东西埋入土中,完成丧葬的最后仪式。

从丧葬中材料的选择到入殓的形式,都能看出传统鄂伦春族人丧葬风俗的质朴自然,在广袤的森林中走完自己人生最后的旅程,也尤其体现了鄂伦春族人对于养育陪伴他们的大森林那深深的热爱。

图片来源

图一　霍雯　制图
图二至图八　张鹏　制图
图九至图十二　马江浩　制图

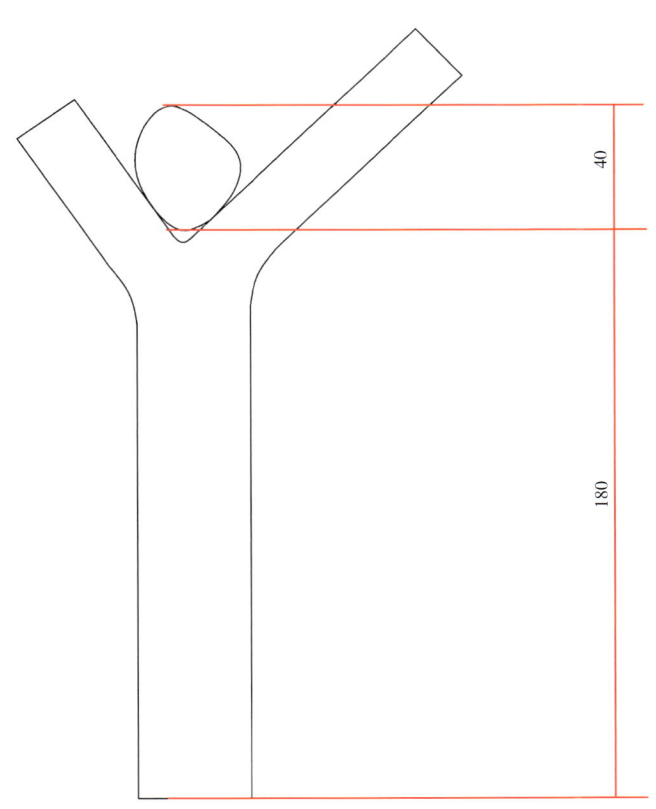

图二　鄂伦春族风葬之树杈卡尸葬尺寸图(单位:cm)

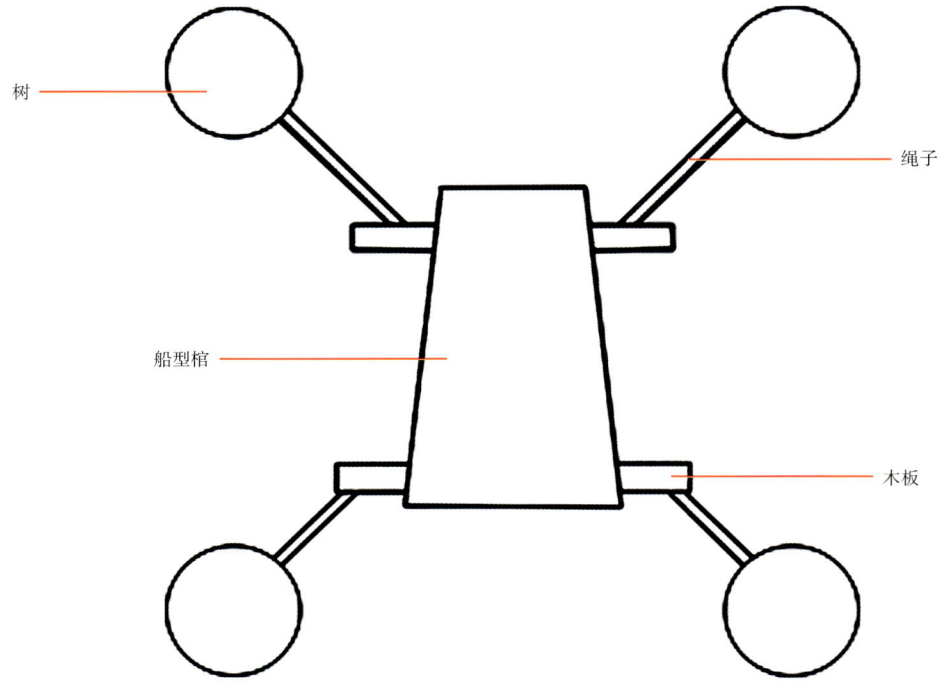

图三　鄂伦春族风葬之吊棺葬平面结构名称图

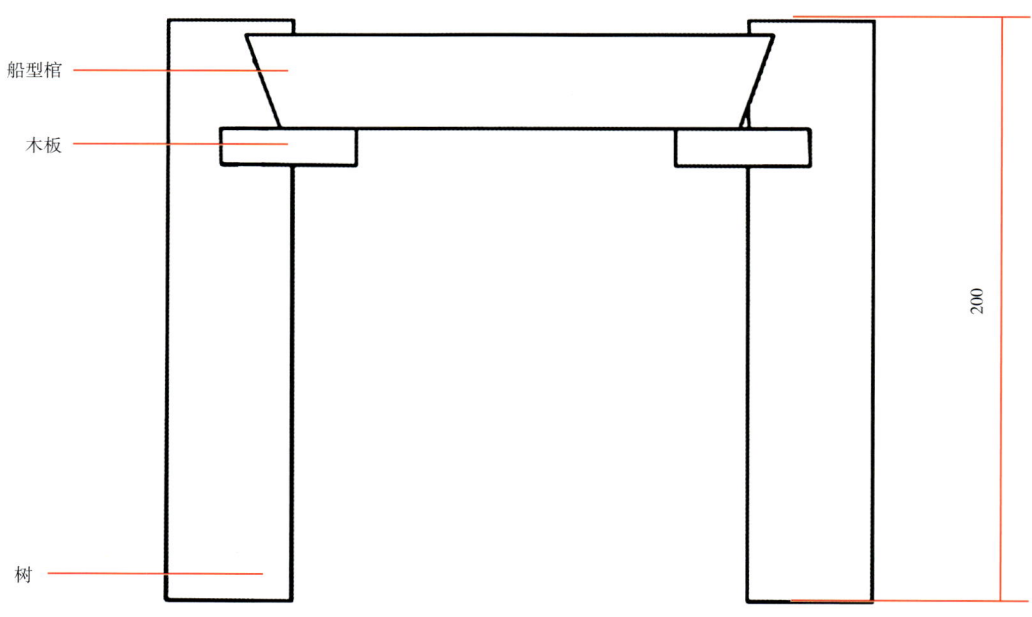

图四　鄂伦春族风葬之第一种抬棺葬立面结构名称图（单位：cm）

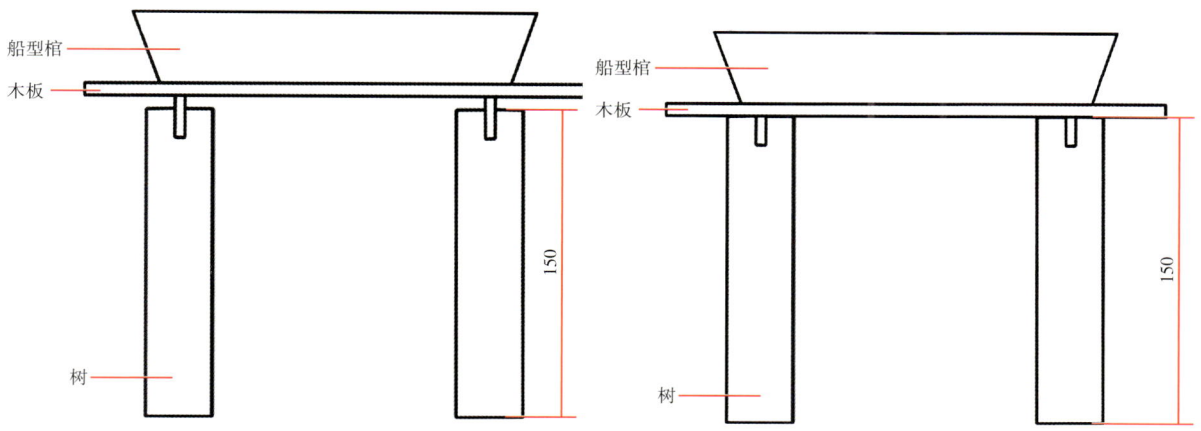

图五　鄂伦春族风葬之第二种抬棺葬立面结构名称图（单位：cm）

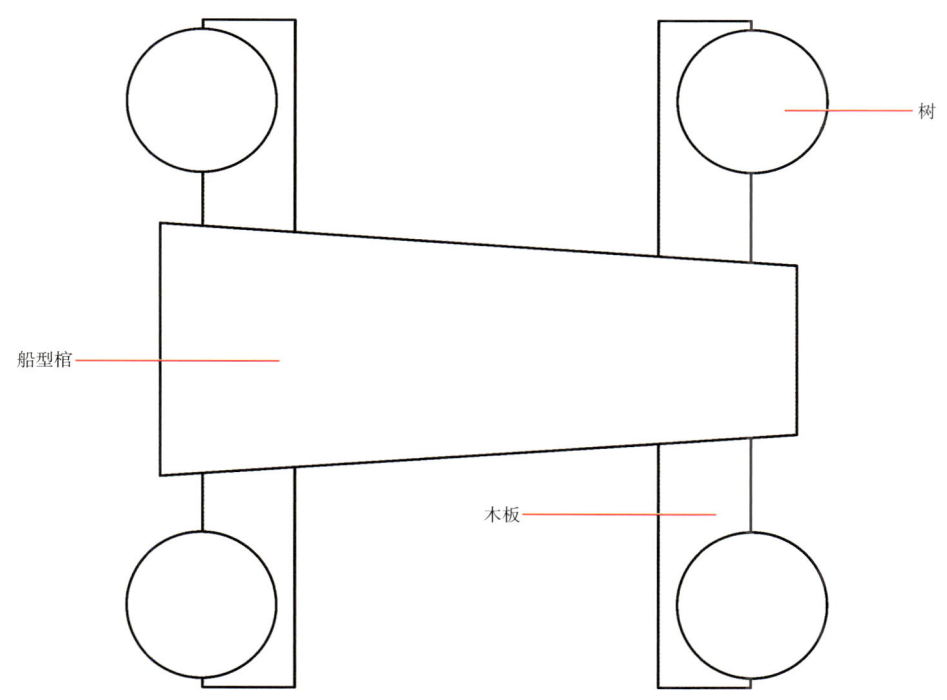

图六　鄂伦春族风葬之第二种抬棺葬平面结构名称图

图七　鄂伦春族风葬之破损的船型棺实物图

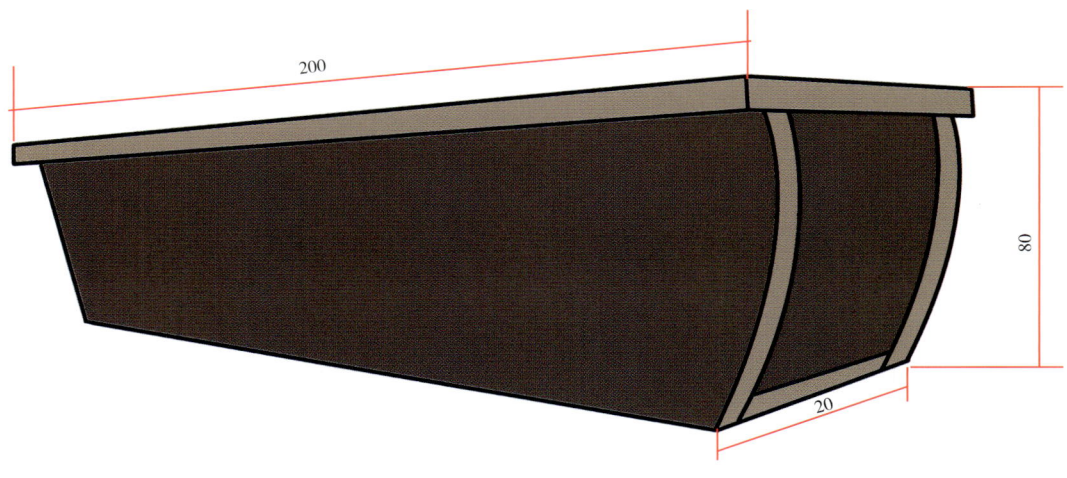

图八　鄂伦春族风葬之船型棺尺寸图（单位：cm）

图九 鄂伦春族风葬之树杈卡尸葬情境图

图十 鄂伦春族风葬之吊棺葬情境图

图十一　鄂伦春族风葬之第一种抬棺葬情境图

图十二　鄂伦春族风葬之第二种抬棺葬情境图

鄂伦春族春节

图一　鄂伦春族春节主图

　　春节是鄂伦春族的传统节日，和其他民族一样，他们也非常重视这个节日，认为这是辞旧迎新的好日子。每当节日将至的时候，鄂伦春族人提前一两个月就开始为春节储备食物，例如猎人打到好的猎物、从河里捕捞上来的好鱼都要作为过年的肉食提前储存起来，然后在春节来临前，用储备充足的猎物和鱼到山林外的城镇上去换取米、面、糖果等过年必须的年货。在外打猎或者在别处居住的子女也会在春节前带着过年的礼物回到父母的家里，帮着一同准备过年期间的食物和打扫住处，以便能度过一个干净且富足的春节，以清洁美满的状态来迎接新的一年。

　　鄂伦春族人的春节从除夕晚上就开始了，这一晚上鄂伦春族人是不串门的，在太阳落山的时候，家家户户门口都要点燃一堆篝火，因为鄂伦春人信奉火神，祈祷火神保佑未来一年的日子红红火火，并且用篝火来驱散蚊虫蛇蚁以保护马群的健康。在晚上的团圆饭开始前，会打开家里的神龛，全家对着祖先神叩拜祈祷，祈祷结束还要到道路的交叉路口去给逝去的亲人们烧纸过节，随后便可以开始吃除夕的团圆饭了，这顿饭非常丰盛，不仅家里的每个人都要吃的饱饱的，连家里的猎狗和圈里的猎马也要喂饱，以预示在未来一年里食物和猎物的富足。鄂伦春族人过春节也有守岁的习惯，即一晚上不睡觉，觉得这样在新的一年里才会神清气爽、精神饱满，在守岁的夜里大人小孩会围坐在一起玩一些小游戏，并且在守岁的夜里也忌讳吵架喧闹，再大的事情也要和和气气的解决，因为这样来年才能平平安安的度过。

初一的早上，天刚亮的时候，家庭里的男人就要用猎枪向天空鸣枪，用枪声迎接新一年的到来，然后煮上新包的饺子，用美味的饺子来迎接美好的新年。吃完饺子后全家便要带着烟酒和其他祭品去向山神白那恰祈福，祈求伟大的山神在新的一年赐予他们更加富足的猎物。当祭拜结束回到屋里之后，就开始拜年的活动了，长辈坐在上座的位置，晚辈开始给长辈敬酒并叩头拜年，在晚辈拜年时，长辈一手端着晚辈敬的酒，另一只手要用中指沾上碗里的酒液在空中点三下，意味着给天地敬酒，还要对晚辈嘱咐一些新年生活的事情和寄语，给长辈拜完年之后，平辈之间也要相互行礼拜年，热热闹闹欢欢喜喜的开始新的一年。

初二之后的日子便是大家走亲访友互相祝福的时间了，老辈人谈天喝酒，年轻人则会自发的组织赛马、射箭等娱乐活动，这样的热闹欢聚要一直持续到初四，因为大年初五被鄂伦春族人认为是"鬼日"，在这一天里，不出门走亲访友也不宜大声喧闹，到了初六便又可以继续新年的欢乐，一直到正月十五的团圆节过完整个节日庆祝才会结束。

图片来源
图一至图十一　霍雯　制图

图二　鄂伦春族春节之储备猎物情境图

图三　鄂伦春族春节之为春节储备冻鱼情境图

图四　鄂伦春族春节之点燃节日篝火情境图

图五　鄂伦春族春节之给祖先神偶像磕头情境图

图六　鄂伦春族春节之全家围坐吃团圆饭情境图

图七　鄂伦春族春节之喂饱猎马情境图

图八　鄂伦春族春节之喂饱猎狗情境图

图九　鄂伦春族春节之向天空鸣枪情境图

图十　鄂伦春族春节之祭拜山神白那恰情境图

图十一　鄂伦春族春节之给长辈拜年磕头情境图

鄂伦春族古伦木沓节

图一　鄂伦春族古伦木沓节主图

古伦木沓节是鄂伦春族重要的节日，是由祭祀火神的仪式演变而来。"古伦木沓"为鄂伦春语，意为祭祀火神"透欧博如坎"。鄂伦春族人认为火神是自然的灵魂，祭祀火神时，家家门前要燃起篝火，因此此节也称为"篝火节"。

鄂伦春族人每年春季（约为6月）都会举办"篝火节"，夜晚拢上篝火，请萨满跳神，祭神祭祖，白天则举行赛马、射箭、摔跤及唱歌、跳舞、讲故事、下棋、打布鲁等活动。由于"篝火节"并非单一的祭神祭祖活动，同时还蕴含着丰富的文化内涵，因此该民俗经国务院批准列入第一批非物质文化遗产名录，并确定每年的6月18日为古伦木沓节，在这一天，鄂伦春族人不论男女老少，都要穿上节日盛装，精心打扮，带着好酒好肉及帐篷等物，举家骑马或者赶马车到预定的地点参加活动。

如今的古伦木沓节活动内容更加丰富多彩，主要分为开幕式、传统体育比赛、篝火娱乐晚会三部分。开幕式上"穆昆达（族长）"在彪悍的猎手簇拥下走上祭坛，手持桦皮碗，以柳蒿枝撒酒祭祀天地，用鄂伦春语颂唱祭文。上千名鄂伦春族男女老幼都带着虔诚的面容朝向祭坛，左手持桦皮碗、右手拿柳蒿枝毕恭毕敬的跟"穆昆达"一道撒酒祭天，颂唱祭文，场面非常庄严肃穆。随后，"穆昆达"敲"神鼓"，十几位猎装青年吹起鹿哨迎接节日的到来。

传统体育比赛主要有赛马、射击射箭、摔跤、拉棍、拉抻、打布鲁、掰腕子等。赛马、射箭、拉棍、拉抻、摔跤、颈力、掰腕子等项目都非常凸显鄂伦春族游猎文化中对力量的崇拜，其中拉棍、颈力、打布鲁都是非常具有鄂伦春民族特色的传统体育项目：拉棍时，比赛的两人将双脚相抵，上身均向前倾，共同伸手握住同一根木棍，比赛开始后便尽力将木棍拉向自己的胸前；颈力也是力量比拼的项目，比赛的两人同样将双脚相抵、上身坐直，两人的脖颈上挂着同一条绸带，比赛开始后两人均奋力将脖子后撤，是努力用颈部力量将对手拉至自己方向的比赛；拉抻类似于单人拔河，比赛时参赛的两人双脚相抵，仅用一根手指相握，进行力量角逐；相对于纯力量的比赛，打布鲁就是一项男女老少都非常适合的体育项目了，参加比赛的人站成一排，在比赛开始后奋力将手中的布鲁（布鲁是一略带弯曲的木柄，头上多以铁皮装饰和包裹）奋力扔出，谁扔的最远便赢得比赛。其他有意思的传统体育项目还有很多，就不在此处一一赘述了。

篝火娱乐晚会在天黑以后进行，先由萨满燃起火把，按民族礼仪拜颂祝词，然后将火把交由族长点起火堆，鄂伦春族人一边祈祷一边洒酒祭火神，之后便开始跳舞唱歌，一直持续到天亮。

图片来源
图一至图十一　霍雯　制图

图二　鄂伦春族古伦木沓节之大家驱车赶往预定地点情境图

图三　鄂伦春族古伦木沓节之猎装青年吹响鹿哨情境图

图四　鄂伦春族古伦木沓节之传统体育比赛——拉棍情境图

图五　鄂伦春族古伦木沓节之传统体育比赛——掰腕子情境图

图六　鄂伦春族古伦木沓节之传统体育比赛——颈力情境图

图七　鄂伦春族古伦木沓节之传统体育比赛——打布鲁情境图

图八　鄂伦春族古伦木沓节之传统体育比赛——拉抻情境图

图九 鄂伦春族古伦木沓节之传统体育比赛——射箭情境图

图十 鄂伦春族古伦木沓节之萨满拜颂祝词情境图

图十一　鄂伦春族古伦木沓节之洒酒祭火神情境图

声　明

　　本书编写时收入的个别图片，因条件所限，未能同相关著作权人取得联系，获得授权，敬请谅解。请相关著作权人及时与编者联系，以便奉上稿酬。谢谢！